〈반야학〉입문

미륵보살이 반야경을 해설한 『현관장엄론』

대승불교의 근본

〈반야학〉입문

미륵보살이 반야경을 해설한 『현관장엄론』

Tanaka kimiaki 해설

석혜능 옮김

부다가야

『八千頌般若波羅蜜經』 - 티베트어 譯(세릭빨캉 板本)

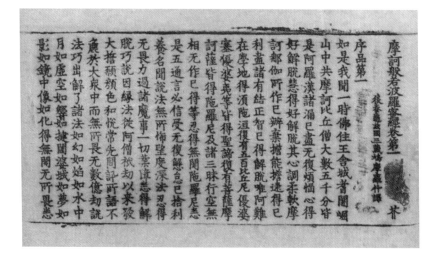

『摩訶般若波羅蜜經』(大品) - 鳩摩羅什 譯(高麗大藏經 板本)

머리말

필자와 『반야경』의 관계는 동경대학 문학부 인도철학과에 진학했을 때, 타카사키高崎直道 교수로부터 『팔천송반야경』의 「일체상지품一切相智品」과 「상제품常啼品」의 연습을 지도받은 때부터 시작됩니다.

그 후, 동대학 대학원 졸업 후 문화교류연구시설에서 조수로 있으면서, 야마쿠치山口瑞鳳 교수 밑에서 대영도서관에서 소장하고 있는 돈황 출토 티베트어 문헌의 목록을 편집하게 되었습니다. 그중에서도 가장 귀찮은 것이, 방대한 『십만송반야경』 단편의 정리였습니다. 아주 작은 단편을 찾아 맞추는 일은 모래 언덕에서 조개껍데기 하나를 찾는 것에 비할만큼 정신이 아찔한 작업이었습니다. 그러나 『십만송반야경』은

『이만오천송반야경』에서 설하는 교리와 주제를 대입법에 의해 4배로 증대시킨 것이기에, 같은 구문의 교리와 주제가 집요하게 반복된다는 특징을 가지고 있습니다. 그래서 이러한 구문이 나오는 단편은 「초분난신해품初分難信解品」이고, 이것은 「초분찬반야품初分讚般若品」이라고 하는 방식으로 익숙해 짐에 따라 작은 단편이라도 바르게 찾을 수 있게 되었습니다. 이렇게 하여 필자는 점점, 세계에서도 유례가 없는 이 성전에 대해 독특한 흥미를 느끼게 되었습니다. 『반야경』은 붓다와 수보리 · 사리불과 같은 불제자, 혹은 제석천이나 「항하천녀」라는 신들과 문답하는 체재를 취하고 있지만, 대승불교가 진리라고 생각하는 교리 · 주제의 나열이 전 권의 대부분을 차지하고 있습니다. 같은 대승 불전이라도 『법화경』이나 『화엄경』과 같은 극적인 희곡적 구성이 없습니다. 또한 그 내용은, 기원후 1세기경부터 서서히 형성되어 왔을 뿐, 애초부터 일관되고 체계적인 설명은 되어 있지 않았습니다. 그런데도 『반야경』이 대승불교의 근본 성전으로써 널리 숭배되어 온 것은, 그것이 대승불교의 근본 사상을 가장 단적으로 나타낸 것이기 때문입니다.

그래서 이러한 『반야경』을 체계적으로 이해하려는 논서가

『현관장엄론』(Abhisamayalamkara)이며, 그 시도를 더욱 발전시킨 것이 티베트에서 「반야학」(셸친) 혹은 「바라밀학」(팔친)이라 불리었던 교리학임이 틀림없습니다. 더구나 현재 티베트에서는 「반야학」보다 「바라밀학」의 용례 쪽이 압도적으로 많습니다. 그러나 바라밀에는 「반야바라밀」 이외에 5바라밀 혹은 9바라밀이 포함되는데, 티베트불교의 교학은 오로지 반야바라밀을 설하는 『반야경』에 근거하고 있으며 다른 5바라밀을 설하는 경전이 참조되는 예는 없습니다. 또 티베트에서 「바라밀승」이라 하면 일반적으로 밀교密敎에 맞서는 현교顯敎를 가리키는 것이 되기 때문에, 본 책에서는 오해를 피하고자 「반야학」이라는 호칭을 사용하기로 하였습니다.

그 후 필자의 흥미는 티베트불교와 그 핵심을 이루는 밀교 그리고 밀교 미술의 연구로 향했는데, 티베트 밀교의 교리는 그 대부분이 『현관장엄론』에 기초를 둔 『반야경』의 해석학을 업고 있어서, 반야학의 지식 없이는 티베트불교를 이해할 수 없다는 것을 깨달았습니다.

그래서 2003년부터 동경대학의 비상근강사로서 「티베트불교 문헌 강독」을 담당하게 된 것을 계기로 세라·제춘의 『현관장엄론 주』를 읽기 시작했습니다. 이 책은 너무 권수가 많아 겨우 제8장 「법신」의 개론을 읽었을 뿐인데 학기 말을 맞이하게 되었습니다. 그래서 2004년부터는 좀 더 간결한 다르마린첸의 『남세 · 닝뽀겐』(釋說心髓莊嚴)을 교재로 하여, 2006년까지 Ⅷ「법신」의 전편을 다 읽었습니다.

필자는 대학에서 문헌 강독으로 티베트 · 반야학을 선택한 것은 자신이 처음이라 자부하였는데, 그 후 같은 시기에 오오 타니大谷 대학에서 효오도오兵藤一夫 교수가 『남세 · 닝뽀겐』을 강의하고, 그 성과를 교수의 「반야경 석 현관장엄론 연구般若 經釋現觀莊嚴論研究」(文栄堂)로 정리하여 출판한 것을 알았습니다. 더구나 효오도오兵藤 교수는 필자와는 반대로 책의 첫머리인 「섭의攝義」부터 읽기 시작했는데, 역시 책 마지막까지 문헌 강 독을 진행할 수는 없었다고 합니다.

대학의 강의는 통상 봄학기와 가을학기로 90분 강의가 각 12회나 13회, 합쳐서 25회 전후가 됩니다. 그렇지만 티베트 의 사원에서 반야학을 배우는 학승은 사미沙彌로 입문한 후 10년에서 15년 걸려 겨우 학업을 완성하고 「게세-」 혹은 「켄 뽀」의 학위를 취득합니다.

이런 과정을 겨우 1년의 강의로 대학의 학부 학생이 이해 할 수 있도록 강의하는 것 자체가 아주 곤란한 작업이라 하지 않을 수 없습니다. 그래서 이번에는 필자가 부회장을 맡은 『티베트문화연구회보』에 연재해 온 「티베트불교의 근본 교리 -반야학 입문」가 금년도 중에 완결되는 것을 계기로, 내용을 대폭적으로 가필, 수정하여, ㈜대법륜각大法輪閣에서 한 권의 책으로 간행하기로 하였습니다. 그러나 연재가 장기간에 걸쳐 행해졌으므로 초기와 후기에 술어나 문체가 일치하지 않는 문제가 있었습니다. 그래서 이번에 한 권의 책으로 묶으면서 연재의 각 회를 1장으로 하고 각 장의 체재를 정돈하였습니다. 또 전체를 24장으로 한 것은 1회씩한 1년 강의를 전부 읽을 수 있도록 하기 위함입니다.

반야학의 내용은 여러 갈래에 걸쳐 있어서, 이 24가지 논제로 끝날 것은 아닙니다. 그러나 모든 논제를 취급하면 1년의 강의로 마칠 수가 없게 되고, 입문서 · 개설서로서의 간결함도 잃어버립니다. 그래서 이번에는 굳이 400자 원고지 200매 정도의 원고량으로 멈추고, 더 배우고 싶은 독자를 위해 문헌목록과 색인을 덧붙였습니다.

『현관장엄론』이나 반야학은, 다수의 전문적인 용어가 나열되어 있어 무엇을 설명하고 있는지 모르겠다는 평가가 종래부터 불교학자 사이에서도 있었습니다. 이것은 『현관장엄론』

은 대승불교의 근본 성전인 『이만오천송반야경』의 해석이라는 것을 잊어버리고, 하나의 독립된 논서처럼 보기 때문이라 생각합니다. 게다가 반야학의 문헌으로서 가장 대중적인 「하리바드라」의 『현관장엄광명』(아비사마야-랑카-라로카)은 『이만오천송반야경』에 근거하는 『현관장엄론』 「팔현관八現觀 칠십의七十義」의 체계를, 본래는 다른 체계였던 『팔천송반야경』에 적용한 것이었습니다. 「하리바드라」의 이런 시도도 그와 같은 오해에 낳게 한 계기가 되었다고 생각합니다.

그래서 본 책에서는 『현관장엄론』의 논제를 가능한 한 『이만오천송반야경』의 경문까지 거슬러 올라가 고찰하는 방법을 채택하였습니다. 그렇지만 이 책에서도 보듯이 반야학에서 교증教證으로써 인용되는 『이만오천송반야경』의 경문 몇 개는 한역의 『대품반야경』이나 『대반야바라밀다경』 「제2분」에서는 대응하는 부분이 발견되지 않습니다.

그래서 이 책에서는 네팔에서 발견된 산스크리트어본 원전이나 티베트 역에 보이는 경문을, 구마라집이나 현장玄奘이 본다면 어떻게 번역했을까를 생각하면서, 현행의 『이만오천송반야경』에 합치하는 한역漢譯을 가상적으로 만들고, 그 한역을 번역하여 인용하였습니다. 이때 『십만송 반야경』에 해당하는 『대반야바라밀다경』 「초분」을 번역한 『국역일체경』 「반야부」(椎尾辨匡訳, 大東出版社)를 참고하였는데, 현장玄奘의 새로운 역어[新譯]로 일반에게는 보급되지 않은 것, 가령 「선현善現」을 「수보리」라고 하는 옛 역어[舊譯]로 바꾸어두었습니다.

이와 같은 방법에 대해서는 물론 학문적인 비판이 있겠지만, 이 편법에 따라 종래 난해하였던 『현관장엄론』에 근거한 반야학이 동아시아 불교권에서 불교를 배우는 학생도 충분히 이해할 수 있게 되었다고 자부합니다.

또 복잡한 『현관장엄론』과 『이만오천송반야경』의 구조를 이해하기 위해 각 장에 다수의 〈표〉를 첨부하였습니다. 이렇게 원전을 단락으로 나누고, 그들의 관계를 분명하게 하려고 상세한 과문科文을 제작하는 것은 티베트의 전통적인 학습 방법입니다. 이러한 측면에서 티베트불교는 「과문科文의 불교」라고 해도 과언이 아닙니다. 다시 한번 『현관장엄론』 「팔현관八現觀 칠십의七十義」의 체계를 나타내기 위해, 8장[팔현관]의 각 장에는 Ⅰ「일체상지」, Ⅱ「도종지」와 같이 로마숫자로 표시하고, 「칠십의七十義」 각각에는 ⑴발심, ⑵교계와 같이 괄호 묶음의 번호를 붙였습니다. 또한 「칠십의七十義」 각각에는 전체의 일련번호가 아닌 각 장의 번호를 붙이고 있습니다. 그리고

「칠십의七+義」보다 밑의 분과에는 ①②③과 같이 둥근 원의 숫자를 사용하여 과문의 단계를 쉽게 이해할 수 있도록 신경을 썼습니다.

『이만오천송반야경』의 산스크리트어본 원전은 키무라木村高尉 교정본(山喜房佛書林)을 사용하였습니다. 한편 『이만오천송반야경』의 티베트 번역본은 중국장학연구소 편 『깐규르』(제50~51권) 수록 본을 사용하였습니다. 아직 『깐규르』의 신뢰성에 대해 의문을 제기하는 구미의 연구자도 있지만, 이 책은 델게 · 나르당 · 북경 · 쵸네의 4가지 출판물을 비교 대조한 유일한 간행본이며, 현재로서는 제일 나은 선택이라 생각합니다.

한편 『현관장엄론』의 일역日譯으로는 마노眞野龍海의 『현관장엄론의 연구』(山喜房佛書林)를 참조하였는데, 단 어떤 부분에서는 『이만오천송반야경』의 경문과 대조하여 더 적당하다고 생각되는 번역문으로 변경한 곳도 있습니다. 또한 『현관장엄론』에서 인용하고 있는 것 가운데 한역에 없는 것은 한문으로 번역하지 않고 일본어로 바로 옮긴 부분도 있습니다.

본 책이 이루어지기까지 ㈜대법륜각大法輪閣의 사사키佐々木隆씨의 많은 도움을 받았습니다. 대법륜각에서 『티베트 밀교 성취의 비법』을 간행했을 때, 사사키 씨는 일반적인 편집자가 할 수 없는 티베트 문자의 교정을 정성 들여서 해 주었습니다. 그 이후, 한번 사사키 씨와 티베트불교 관계의 일을 해 보고 싶었는데 이번에 그 염원이 이루어져 기쁩니다. 또 동아시아 불교권에는 친숙하지 않은 티베트 반야경에 관해 연재하는 기회를 준 티베트문화연구회의 여러분께도 인사를 드리고 싶습니다.

또한 본문이나 문헌 목록에서 언급한 이외에도 많은 연구자의 저서와 논문을 참조하였는데, 여기에 기록하며 감사를 드립니다.

목차

IV. 일체상현등각一切相現等覺

VI. 점현관漸現觀

VII. 일찰나현등각一刹那現等覺

VIII. 법신法身

●● 부 록　현관장엄론 본송

[표지 사진 「대반야설상도」에 대하여]

본 책 표지에 게재한 작품은 붓다의 탄생부터 입멸까지를 그린 붓다 전기傳記의 탕카·셋트 1폭으로 전법륜 즉, 붓다의 설법을 그리고 있습니다. 이 구도는 동티베트 출신의 불화사佛畫師 뺄브체링의 원화에 근거하여 「델게 인경원」에서 판각된 불전도佛傳圖 9폭 셋트(제빠그탄)의 도상圖像을 답습하고 있습니다.

불전도佛傳圖의 전법륜으로는 사르나트에서 붓다께서 최초로 설하신 설법, 이른바 「초전법륜」을 그리는 것이 통례입니다. 그렇지만 본 작품의 붓다는 전법륜인轉法輪印이 아니고 오른손에 연꽃을 가지고 있고, 그 위쪽에는 『대반야경』을 존격화한 반야불모, 그 좌우에는 5존씩 시방불이 배치되어 있습니다. 이것은 초전법륜이 아니고, 영취산에서의 「대반야경설법」을 그린 것입니다. 티베트에서는 『대반야경』의 설법을 그린 「십만송반야연기도」라는 탕카가 그려진 일이 알려져 있습니다. 이것은 붓다께서 『대반야경』을 설하기에 앞서, 미간의 백호에서 광명을 내보내면 그 빛이 시방세계에 이르고, 시방세계의 붓다는 각각 한 명의 보살을 사바세계의 영취산으로 보내어 금색 연꽃을 공양하고 『대반야경』을 청문하게 하였다는 『십만송반야경』 「연기품」의 내용을 그린 것입니다.

본 작품에서는 시방불이 각각 연꽃을 보살에게 맡기는 장면이 그려져 있으므로 『대반야경』의 설법을 그린 것을 확인할 수 있습니다. 이것은 티베트불교가 대승불교에 속하고, 사르나트의 초전법륜보다 대승의 근본 성전인 『대반야경』을 중시하고 있는 것을 나타내고 있습니다.

대반야설상도
(가와쩬 소장)

표지 탕카 원본
(가와쩬 소장)

〈반야학〉 입문
미륵보살이 반야경을 해설한
『현관장엄론』

서 론

제1장

반야학이란 무엇인가

첫머리에

　필자가 티베트불교 연구를 시작한 지 40년이 지났습니다. 티베트불교의 가장 큰 특징은 일찍이 불교의 본토 인도에서 번영한 대승불교와 밀교의 전통을 오늘날까지 충실히 계승하고 있다는 점입니다.

　티베트불교는 현재, 세계 각지에서 성황을 맞이하고 있기에 인도 · 네팔이나 구미로 가서 티베트불교를 배우는 젊은이들이 증가하고 있습니다. 그중에는 우리보다 훨씬 유창하게 경전을 독송하고, 일류 밀교 행자처럼 선정을 닦는 수행자도 있습니다. 그러나 필자는 과연 그들 중 몇 명이 티베트불교의 본질을 깊이 이해하고 있을까 라고 생각한 적이 있습니다.

티베트불교가 서양으로 전파될 때 불교의 기초학을 생략하거나 현저하게 간략화하였습니다. 1959년 중국 의 티베트 침략으로 티베트에서 인도로 망명한 티베트 불교도들은 역사도 풍토도 다 다른 망명지에서 우선 신도信徒를 결속해야 했습니다. 그래서 불교에 입문한 후 최저 10년은 걸린다고 하는 「티베트불교의 기초학」에 대한 부분은 생략하고, 바로 「높은 단계의 밀교 수행법」 을 일러주는 편법이 행해진 것입니다.

티베트불교가 서양으로 전파된 지 반세기가 지난 요 즈음에는, 서양의 불교도들에게도 불교 기초학의 중요 성이 인식되면서 불교 기초학에 관한 서적들이 많이 간 행되고 있고, 인터넷 사이트도 개설되고 있습니다. 그러 나 동아시아 불교권에서는 티베트 불교의 수행체계에 따라 실천 수행한다는 이들이, 불교의 근본 가르침에 대 한 이해나 신념이 확립되지 않은 상태에서, 갑자기 근행 이나 높은 단계의 수행을 시작하는 것을 당연한 것으로 여기며 버젓이 행하고 있는 상황입니다.

　이런 모습은 연구와 계몽 활동을 병행하면서 발전하고 있는 서양의 티베트불교에 비해 현저하게 뒤처져 있다고 할 수 있습니다. 동아시아 불교권에는 1600여 년에 이르는 불교 전통이 있으며 그 연구성과도 세계적으로 높은 수준에 있었습니다. 그런 동아시아 불교권에서도 티베트불교에 관한 지식이 서양과 비교해 뒤떨어진다는 것은 유감스럽지 않을 수 없습니다.

　티베트불교란 도대체 무엇일까요? 그 가르침의 본질은 어디에 있는 것일까요? 동아시아 불교권의 대승불교와는 어디가 같고 어디가 다른 것일까요? 이와 같은 본질적 문제에 답하기 위해서는 티베트불교의 기초학을 배우지 않을 수 없습니다.

◈ 4대 종파의 교법

　티베트불교의 4대 종파에는 각각 종파의 바탕을 이루는 교법이 있습니다. 그것은 닝마파에서는 「족첸」[大圓

滿], 사캬파에서는 「람데」[道果], 까규파에서는 「마하무드라(착첸)」[大手印], 겔룩파에서는 「람림」[菩提道次第]입니다. 이 교법들은 각각의 종파를 특징 짓는 것인데, 서로 대립하는 것으로는 보이지 않습니다.

옛날, 티베트불교 사캬파에 귀의한 몽골제국의 쿠빌라이칸은 사캬파 이외의 종파를 금지하려 하였는데, 그것을 단념시킨 것은 다름 아닌 사캬파 출신 황제의 스승[帝師] 팍빠[八思巴]였습니다.

각파의 특징적인 교법은 다른 자질을 가진 중생을 위해 설하여진 것입니다. 따라서 다른 종파를 금지하면 티베트불교의 다양성을 잃게 되어 중생구제의 문호를 좁힌다고 여긴 것입니다.

따라서 「람림」[보리도차제]이나 「족첸」[대원만]은 각각의 종파에서는 최고의 교법敎法일 수는 있으나, 티베트불교 전체의 기초나 토대가 되는 이론이 될 수는 없습니다.

❁ 티베트불교의 공부 과정

여기에서 티베트불교의 수학修學 제도를 살펴봅시다. 티베트불교에서는「논의論義」가 중시됩니다. 그러나 논의를 한다 하더라도 닥치는 대로 마구 논쟁하는 것은 아닙니다. 티베트불교의 고전이라 여기는 원전原典을 익히고, 그 올바른 해석에 대해 논의를 하는 것입니다.

티베트에서는 예로부터, 용수(龍樹:나가르주나)가 저술한『중론』, 미륵(彌勒:마이뜨레야)의『현관장엄론』, 세친(世親:바수반두)의『구사론』, 덕광(德光:구나프라바)의『율경律經』이라는 4개의 고전에 정통한 학승이「4개의 어려운 고전에 정통한 학승」(카시빠)으로서 특히 존경받았습니다.

한편, 논의하기 위해서는「불교 논리학[因明]」의 지식이 없어서는 안 됩니다. 티베트에서 불교 논리학의 고전적 명저로 널리 연구된 것은 다르마끼르띠(法稱)의『쁘라마나 · 바릇띳까(Pramāṇavārttika:『釋量論』)』입니다. 특히 쫑카빠 대사는 이 책을 단순히 논리 교과서가 아니라 사상서思想書로서도 중시하고, 그가 개산開山한 겔룩파의 사원에서는 앞에서 언급한 4개의 어려운 고전에『쁘라마나 ·

바룻띳까』를 더한 5개의 고전을 익히도록 하였습니다.

그러나 학승의 일반적인 수학修學에서 논리학은 초급 과정의 교육과정이 되어, 다르마끼르띠의 종교철학까지 깊이 연구하는 학승은 드물었습니다. 한편 설일체유부의 교리를 집대성한 『구사론』은 대승 연구에 들어가기 전 단계에 자리 잡고 있습니다. 일본에서도 남도南都의 학문사学問寺에서는 「구사俱舍 8년, 유식唯識 3년」이라 하여 『구사론』이 대승의 유식사상에 들어가기 전의 기초학이라 여겨졌다는 것에 비할 수 있을 것입니다.

🏵 티베트 반야학

티베트불교에서는 모든 불교를 세 단계로 분류하는 「삼시교판三時教判」chos 'khor rim pa gsum이 일반적입니다. 이것에 의하면 붓다는 깨달음을 연 후 베나레스의 북쪽 녹야원에서 사성제四聖諦의 가르침을 설하였습니다. 이것이 「제1 전법륜」입니다. 그 후 붓다는 라즈기르(왕사성)의 영취산에서 『반야경』을 설하였는데, 이것이 「제2 전법륜」(대승·중관)입니다. 그리고 마지막으로 바이샬리에서 『해심밀경』을 설하였는데, 이것이 「제3 전법륜」(대승·유식)이라는 것입니다.

대승불교 초기에 인도에서는 중관·유식의 2대 학파가 양립하여 논쟁을 벌여왔습니다. 이 삼시교판三時敎判은 『해심밀경』이, 유식唯識을 『반야경』에 의한 중관中觀보다 우위에 자리매김하기 위해 설한 것이라 합니다.

그러나 티베트불교에서는 이것을 반대로 취하여, 「제2 전법륜」인 『반야경』이야말로 붓다가 설한 최고의 교법이며, 대승불교의 근본 성전이라 하는 것입니다.

그래서 『중론』과 『현관장엄론』은 모두 『반야경』의 교지敎旨를 부연한 논서라 여기고 있습니다.

그리고 『중론』이 『반야경』의 「표면적인 의미」를 연구하는 것에 비해, 『현관장엄론』은 그 「비밀의 의미」sbas don를 탐구하는 「반야학」의 근본 원전이라 여기고, 티베트에서는 종파 구별 없이 널리 연구됐습니다.

앞에서 언급한 쫑카빠 대사도 19세가 된 1375년부터 유학의 여행을 나서는데, 이 일도 「(반야)바라밀의 따꼬르(사원 순회)」라 하고 있고, 그가 반야학을 수학修學한 뒤

미륵으로부터 현관장엄론 등을 전수 받았다고 하는 無著(아상가)

총결산으로 쓰인 저작이 『현관장엄론』의 주석서 『렉세
·셀텡』(善說金鬘)입니다.

그리고 그가 새로 시작한 겔룩파의 근본 사상인 「람
림」(보리도차제)에서는 중관파의 「심심관甚深觀」에 비해 『현
관장엄론』의 학계가 「광대행廣大行」이라 칭하고, 「람림」
을 구성하는 2대 조류의 하나로 중시되고 있습니다.

이처럼 티베트불교의 교리에 관해 가장 중요한 원전은『현관장엄론』이라 해도 과언이 아닙니다.

그렇지만 동아시아 불교권에서는『반야경』이 일찍부터 전파되어 널리 독송·강설되었음에도 불구하고『현관장엄론』은 끝내 전해지지 않았습니다. 또 근대에 네팔에서『현관장엄론』의 원전이 발견되어 오기와라荻原雲來에 의해『현관장엄광명』의 범본이 교정 출판되었지만, 티베트 반야학이 동아시아 불교권 학계에서 주목을 모으지는 못했습니다. 동아시아 불교권에서는 중관이나 유식의 논서가 1000년 이상에 걸쳐 연구되어 온 것에 비해,『현관장엄론』에는 학문적 전통이 없고, 성립도 8세기까지 내려가야 했으므로 그 중요성이 간과되어 온 것입니다.

❖ 반야학 연구의 의미

그래서 아래에, 종래 동아시아 불교권에는 알려지지 않았던 반야학 즉,『현관장엄론』에 근거한『반야경』의 해석학을 간단히 소개하고자 합니다.

　앞에서 언급한 것과 같이 티베트에서는 중관파의 불교 철학을 대승불교의 근본 사상으로써 배워왔습니다. 그러나 중관파는 『반야학』에 근거하여 일체법이 공·무자성이라는 것을 주장할 뿐, 스스로 적극적으로 교리체계를 구축하지 않았습니다. 이에 비해 부파불교(小乘)의 교리를 정리한 『구사론』이나 유식의 논서는, 경전에서 설한 다양한 교설을 모순 없이 설명하는 체계적인 교리를 가지고 있었습니다.

　그러나 티베트의 삼시교판三時敎判에서는 부파불교(小乘)나 유식唯識은 불교의 궁극적인 가르침은 아니고, 최고의 교법은 『반야경』이라 여기고 있습니다. 따라서 『반야경』에 근거하면서 대승의 교리를 모순 없이 체계화한다는 역할이 『현관장엄론』에 주어졌다고 해도 좋습니다.

　깨달음이란 무엇인가? 깨달음에 이르는 과정에는 어떤 단계가 있는 것인가? 깨달음을 얻은 붓다란 무엇인가? 아무리 일체법이 공·무자성이라 하더라도, 이러한 문제에 일단 꼭 들어맞는 설명이 주어지지 않고서는 대승불교는 무엇을 목적으로 하고 어떻게 중생을 구제하느냐는 문제에까지 의문이 생겨납니다. 즉, 대승불교의 존재의의를 묻지 않을 수 없습니다.

그래서 티베트에서는 『반야경』과 『현관장엄론』에 근거하면서 대승의 교리를 체계화하는 노력이 행해졌습니다. 이것이 티베트 반야학의 과제라 할 수 있습니다.

티베트 반야학에서는 『현관장엄론』이 직접 설하지 않는 화제話題까지, 다른 대승 불전佛典이나 유식唯識의 논서 등을 수용하여 논의가 진행되는 경우가 많습니다. 이처럼 반야학은 『반야경』이나 『현관장엄론』의 테두리를 넘어, 대승불교 전반에 적용할 수 있는 교리체계의 구축을 지향한 것입니다.

티베트에서는 『현관장엄론』이 종파의 구별 없이 고전으로써 존중되어왔습니다. 물론 각 종파에는 일부의 화제에 대해 다른 것에는 없는 독자적 해석이 있는데, 티베트에서는 대승의 교리에 대해 각 종파가 공통의 토대 위에서 논의를 깊게 하는 경우가 있었던 것은 중요합니다.

앞에서 언급한 것과 같이 『현관장엄론』은 동아시아

불교권에서는 크게 주목받지 않은 원전으로 생각해왔습니다. 그러나 티베트에서 저술한 『현관장엄론』의 주석서에는 논의의 교증敎證으로서 다수의 대승 경전과 논서가 인용되고 있으며, 그 대부분은 우리에게도 매우 친숙한 원전입니다. 따라서 티베트 반야학은, 단순히 티베트 불교의 기본적인 교리를 아는 것만이 아니라, 동아시아 불교를 포함한 대승불교 전반의 교리를 생각해보더라도 중요한 힌트를 부여해 주고 있습니다.

제2장

『현관장엄론』의 구성

앞장에서는, 티베트불교의 교리를 알고 난 후『현관장엄론』과 그것에 근거한 반야학이 얼마나 중요한가를 소개하였습니다. 본 장에서는『현관장엄론』이 전체적으로 어떠한 구조로 되어 있는지를 살펴보겠습니다.

❁ 「시·람·데」와의 만남

필자가 티베트학의 첫걸음을 내디디게 하신 분은, 동경대학에서 공부할 때 문화교류 연구소의 교수였던 야마쿠치山口瑞鳳 박사입니다. 야마쿠치山口 박사는 프랑스에서 티베트학을 배웠는데, 그때 당시는 아직 드물었던 동아시아 불교권에서 온 유학생을 따뜻하게 맞아 주고, 친절하고 자상하게 지도해 준 선생님이 고 R·A 스팅 박사였습니다. 그래서 야마쿠치山口 박사는 강의하는 중에 이 프랑스 은사의 이야기를 하는 경우가 많았습니다.

R·A 스팅 박사는, 불교학이라기보다, 티베트 문화 전반을 폭넓게 깊이 연구하신 학자였는데, 티베트불교의 특징을 「시·람·데」라는 것을 강조했습니다. 그런데 그것이 어느 불전佛典에 근거하고, 구체적으로 어떠한 교리적 의미를 지니는가에 대해서는 많은 말을 하지 않은 듯합니다. 또 우리 학생들도 그 내용을 잘 이해하지 못한 채 「시·람·데」라는 말만을 기억하고 있었는데, 최근에 와서야 필자는 이것이야말로 『현관장엄론』의 교리체계를 가장 간결하게 표현한 것이란 걸 알았습니다.

즉 티베트불교의 근본 교리인 『현관장엄론』의 체계를 요약한 것이 「시·람·데」라면, 그 전승을 가지지 못한 동아시아 불교권의 대승불교에는 없는, 티베트불교 최대의 특징을 표현하는 술어로서, 「시·람·데」는 가장 적절하다고 말할 수 있습니다. 필자가 대학에서 「시·람·데」의 이야기를 처음 듣고 나서 이미 30년 이상 지났지만, 최근에 와서야 겨우 이 진실한 의미와 중요성을 알게 된 것입니다.

◈ 『현관장엄론』의 구성

티베트에서는 전통적으로 『현관장엄론』은 「8장八章 칠십의七十義」dṅos po brgyad don bdun cu 혹은 「팔현관八現觀 칠십의七十義」dṅos rtog brgyad don bdun cu로 구성되어 있다고 합니다. 이것은 방대한 『이만오천송반야경』을 여덟 장章으로 나누고, 거기에 설해진 논제를 70가지로 요약한 것입니다.

더구나 『이만오천송반야경』은 구마라집이 번역한 『대품반야경』, 현장玄奘이 번역한 『대반야바라밀다경』 「제2분」의 원전이라 하는데, 이들의 한역漢譯과 현행의 산스크리트어 본 원전(네팔系)의 사이에는 상당한 차이가 있으며, 오랜 세월에 걸쳐 현행의 원전이 성립하였다는 것을 이야기하고 있습니다. 다음 장에서 보듯이, 현행 원전에 거의 준거하는『현관장엄론』의 해석이『이만오천송반야경』의 성립 초기부터 존재했다고는 생각할 수 없습니다.『현관장엄론』이『반야경』의「비밀의 의미」를 설명하는 원전이라 여기는 것은 그 때문입니다.

이「팔현관八現觀」은,

Ⅰ.「일체상지」

Ⅱ.「도종지」

Ⅲ.「일체지」

Ⅳ.「일체상현등각」

Ⅴ.「정현관」

Ⅵ.「점현관」

Ⅶ.「일찰나현등각」

Ⅷ.「법신」

의 순서로 배열되어 있습니다. 그리고 이「팔현관八現觀」에는, 합계 70개의 논제를 설하고 있으므로 전체「칠십의七十義」가 되는데, 이「팔현관八現觀 칠십의七十義」의 차제에는 필연성이 있다는 것이『현관장엄론』의 입장입

니다. (아래 〈표〉 참조)

•• 〈표〉 『현관장엄론』의 구성

3位	基礎(시)			道(람)				果(데ー)
主題	三智			四加行				佛果
6義	①相			②加行	③最勝	④次第	⑤究竟	⑥異熟
8章	Ⅰ一切相智	Ⅱ道種智	Ⅲ一切智	Ⅳ一切相現等覺	Ⅴ頂現觀	Ⅵ漸現觀	Ⅶ一刹那現等覺	Ⅷ法身
3位	果(데ー)	道(람)	基礎(시)					
70義	10	11	9	11	8	13	4	4

　　반야학의 원전을 읽으면, 각 항목의 설명이 참죠르와 (mtshams sbyor ba 관련의 설정), 짜와(rtsa ba 根本), 델빠('grel pa 解說)의 세 가지로 되어 있는 것을 알 수 있습니다. 이것을 반야학에서는 「참짜델 · 쑴」 즉, 「관련의 설정과 근본과 해설의 세 가지」라 부르고 있습니다.

　　이 가운데 「관련의 설정」이라는 것은, 왜 그 논제가 전편중에서 그 부분에서 언급되지 않으면 안 되는가를 명확히 하고 있습니다. 『이만오천송반야경』의 경문은 그것이 붓다의 친설[金口佛說]이 아니고, 붓다의 제자인 수보리, 사리불, 또는 제석천이나 항하천녀恒河天女의 말이었다 하더라도, 모든 것은 붓다의 위신력威神力을 받아 말씀하신 것이므로, 그 차제次第에는 아주 깊은 뜻이 담겨 있습니다. 따라서 어느 논제 뒤에 새로운 논제를 말하는 것에는 필연성이 있으며, 그것을 설명하는 것이 「관련의 설정」입니다.

다음 「근본」이란, 미륵께서 설하셨다는 『현관장엄론』본송을 의미하고, 「해설」이라는 것은 그 본송의 내용을 『이만오천송반야경』이나 하리바드라의 『현관장엄광명現觀莊嚴光明』(大註:P.No.5189) 『바가범공덕보집송세소婆伽梵功德寶集頌細疏』(小註:P.No.5190) 등, 다른 자료와 비교하면서 상세하게 설명한다는 것을 의미합니다.

이처럼 반야학은 대승불교의 근본 성전인 『반야경』이 단순히 일체법이 공·무자성이라는 것을 설하는 것만이 아니라, 하나하나의 경문은 대승불교의 교리체계에 따라 배열되어 있고, 그 비밀의 의미를 분명히 하는 것이 야말로 『현관장엄론』이라는 입장에 근거하여 구축된 것입니다.

❖ 『현관장엄론』과 「시 · 람 · 데」

그럼 마지막으로, 왜 이 『현관장엄론』의 체계가 조금 전의 「시 · 람 · 데」와 관련이 있는가를 살펴보겠습니다. 『현관장엄론』 본송의 말미에는 본론의 요점을 정리한 다음과 같은 두 개의 게송이 있습니다.

　　의미를 여섯 가지로 모으면
　　[삼지三智의] 상相, 그 [상相의] 가행加行,
　　그 [가행의] 최승성最勝性, 그 [가행의] 차제次第,
　　그 [가행의] 구경究竟,
　　그 [삼지三智의] 이숙異熟이라고 하는
　　여섯 가지가 [『현관장엄론』의] 별도
　　의 섭의攝義이라네.(제1게)

　　의미를 세 가지로 모으면
　　세 가지의 경境, 인因인 네 가지 가행加行,
　　과果이고 작용인 법신法身이라고 하는
　　세 가지가 별도의 섭의攝義이라네.(제2게)

이 가운데 6의六義에 의한 요약이란, Ⅰ「일체상지」 Ⅱ「도종지」 Ⅲ「일체지」를 ①상相이라 하고, Ⅳ「일체상현등각」을 ②「가행加行」이라 하고, Ⅴ「정현관」을 ③「최승성最勝性」이라 하고, Ⅵ「점현관」을 ④「차제次第」라 하고, Ⅶ「일찰나현등각」을 ⑤「구경究竟」이라 하고, Ⅷ법신을 ⑥「이숙異熟」이라 하는 것입니다.

단, 이 요약법은 티베트에서는 널리 행해지지 않습니다. 아마 Ⅰ「일체상지」 Ⅱ「도종지」 Ⅲ「일체지」에서 『이만오천송반야경』의 절반을 차지해 버리는 데 비해, Ⅶ「일체상현등각」은 몇 쪽에 지나지 않는 등, 현저하게 균형이 맞지 않기 때문일 것입니다.

이것과 비교해서 Ⅰ「일체상지」 Ⅱ「도종지」 Ⅲ「일체지」의 삼지三智를 ①「소지所知[境]」라 하고, Ⅳ「일체상현등각」 Ⅴ「정현관」 Ⅵ「점현관」 Ⅶ「일찰나현등각」의 4가지 가행을 ②「인因」이라 하며, Ⅷ「법신」을 ③「과果」라고 하는 「삼의三義」로 하는 요약은 후세에 큰 영향을 주게 되었습니다. (앞쪽 참조)

티베트 반야학에서는, 위 게송의 제2게송에 따라 『현관장엄론』의 팔현관八現觀을 Ⅰ「일체상지」 Ⅱ「도종지」 Ⅲ

「일체지」의 삼지三智를 명확하게 한 제1부, Ⅳ「일체상현
등각」Ⅴ「정현관」Ⅵ「점현관」Ⅶ「일찰나현등각」의 4가지
가행加行을 설한 제2부, 마지막 Ⅷ「법신」을 설한 제3부의
세 가지로 나누는 경우가 많습니다. 그리고 이 3부가 앞
에서 언급한 「기초・도・과」(시・람・데)라는 티베트불교
의 전통적 개념에 근거하여 해석되는 것입니다.

티베트불교에서는 중생이 수행을 완성함에 있어 반드
시 「기초・도・과」의 3위三位를 거쳐야만 한다고 합니
다. 이 가운데 「기초」(시)란 「소지所知」 즉, 마땅히 알아야
할 것을 의미하고, 『현관장엄론』의 체계에서는 붓다가
깨달은 지혜가 무엇인가를 알고, 철학적 견해를 바르게
하는 것으로 불교의 전통적인 수학론修學論인 「문・사・
수」의 삼혜三慧에서는 「문聞」과 「사思」에 해당합니다.

다음 「도道」라는 것은 수행으로 올바른 견해를 깨달아
얻는 것으로 삼혜三慧의 「수修」에 해당합니다. 『현관장엄
론』에서는 중생이 깨달음을 얻음에는 자량도・가행도
・견도・수도 등의 차제를 거쳐 단계적으로 향상해 가
고, 최종적으로 궁극적인 깨달음의 경지인 법신을 깨달
아야 한다고 합니다. 따라서 반야학에서는 중생이 어느

단계에 도달하면 어떠한 경지나 능력을 획득하는가에
대해 다양한 교증敎證을 구사하며 상세하게 논의하게 되
었습니다.

　이것과 비교해「과果」는「문·사·수」삼혜三慧의 결과
로서 얻어진 깨달음으로,『현관장엄론』의 체계에서는
궁극의 불과인「법신法身」외에 없습니다.

　그리고 티베트의 전통적 해석에 의하면『현관장엄론』
의 여덟 현관[章] 가운데 Ⅰ「일체상지」Ⅱ「도종지」Ⅲ「일체
지」의 삼지三智는 깨달음을 열기 위해 알아야만 하는 것
이므로「기초」(시)에 해당하고, Ⅳ「일체상현등각」Ⅴ「정현
관」Ⅵ「점현관」Ⅶ「일찰나현등각」의 4가지 가행加行은 깨
달음에 이르는 수행의 과정이므로「도道」(람)라고 하고,
Ⅷ「법신」은 수행의 궁극적인 결과이므로「과果」(데)라고
합니다.

　더구나 Ⅰ「일체상지」Ⅱ「도종지」Ⅲ「일체지」의 삼지三
智는 각각 붓다, 보살, 성문·연각의 지혜라 여기는데,
이것도「기초·도·과」에 배당됩니다. 이 가운데 팔현
관八現觀의 차제와는 반대로 처음에「과果」인 Ⅰ「일체상
지」를 설한 것은 중생에게 최고의 불과佛果를 얻는다는

의욕을 일으키도록 하기 위해서입니다. 그리고 II「도종지」는 불과佛果를 얻는 원인이 되는 보살의 지혜이므로 다음으로 설하고, III「일체지」는 성자인 성문 · 연각의 지혜로서 불과佛果를 구하는 보살에게 있어서는 버려야 할 것이므로 마지막에 두었다고 합니다.

또한 티베트에서는 III「일체지」를 I「일체상지」와 구별하기 위해 「기지基智 gzi śes」라고 부릅니다. 이것은 III「일체지」가 「기초 · 도 · 과」의 「기초」에 해당하기 때문입니다. 또 「기지基智」의 원어는 「바스투 · 즈냐나」로 바르게는 「사지事智」라고 번역해야 하지만, 티베트에서는 「기지基智 gzi śes」라는 역어가 널리 사용되고 있습니다.

❀ 정리

이처럼 본 장에서는 『반야경』의 비밀의 의미를 분명하게 하는 『현관장엄론』의 구성이 기본적으로는 「시 · 람 · 데」 즉 「기초基礎」와 「도道」와 「과果」의 체계에 근거함을 소개하였습니다.

불교는 역사적 붓다인 석가모니 세존이 보리수 아래에서 깨달음을 얻은 것에서 시작합니다. 결국 「깨달음」이라는 것이 없다면 불교는 존재하지 않았습니다. 따라서 그 깨달음[所知]이 무엇인지를 가장 먼저 알아야 하고, 그것이 불교의 기초입니다.

그러나 그 「깨달음」이 존재한다고 하더라도, 우리 보통 사람들에게는 영원히 실현될 수 없는 것이라면 불교는 가치가 없는 것이 되어 버립니다. 그래서 그 「깨달음」을 실현하는 과정을 명확하게 할 필요가 있습니다. 이것이 「도道」입니다.

더욱이 그 「도道」가 진실이라 한다면 당연히 그 과정을 거쳐 「깨달음을 얻은 이」가 존재해야만 합니다. 이것이 「과果」로서의 붓다, 『현관장엄론』의 술어로는 「법신法身」이라는 것입니다.

앞의 장에서는 「깨달음이란 무엇인가? 깨달음에 이르는 과정에는 어떤 단계가 있는가? 깨달음을 얻은 붓다란 무엇인가?」를 살펴보았습니다. 아무리 일체법이 공·무자성이라 하더라도 이러한 문제에 일단 꼭 들어맞는 설명이 주어지지 않고서는, 대승불교는 무엇을 목적으로 하고 어떻게 중생을 구제하느냐 하는 문제에까지 의문이 생겨납니다. 즉, 대승불교의 존재의의를 추궁당하게 될지도 모릅니다.

『현관장엄론』은『반야경』즉, 일체법이 공·무자성이라는 것을 철두철미 주장하는 대승불교의 근본 성전에 근거하면서, 대승불교의 교리를 꼭 들어맞게 구축하려고 시도하였습니다. 그리고 이 방향을 계승한 티베트불교에서는『반야경』뿐 아니라, 다른 대승불교 성전이나「나가르주나龍樹」,「마이뜨레야彌勒」등 인도 불교의 거장들이 지은 저술에 의존하면서 대승불교 전체 교리의 체계화를 도모하였다고 말할 수 있습니다.

제3장

반야학의 역사

지금까지 2장에서는 티베트불교에서의 『현관장엄론』 과 반야학의 중요성, 그리고 그 개요를 소개해 왔습니다. 본 장에서는 『현관장엄론』이 어떻게 하여 인도·티베트에 전해졌는지 그 역사를 살펴보겠습니다.

✿ 아상가(무착)·바수반두(세친) 형제의 탄생

『현관장엄론』은 도솔천에 사는 미륵보살께서, 대승불교의 근본 성전인 『반야경』의 요지를 명확하게 하려고 설한 것이라 합니다. 그리고 이 논서가 인간계에 전해진 경위에 대해서는 티베트에 유명한 이야기가 전해지고 있습니다. 더구나 이 이야기는 티베트에서 널리 알려져 있었기 때문에 교재에 따라 다양한 판본이 있는데, 여기에서는 그 가운데 성립이 비교적 빠른 뿌톤의 『불교사佛教史』에 의해 그 개요를 살펴보겠습니다.

불교가 세 번에 걸쳐 탄압을 받았을 때, 셀위·출팀 gsal ba'i tshul khrims이라는 바라문의 여성이 교법의 근원인 「아비달마」를 잘 해설하는 자가 없는 것을 한탄하며, 크샤트리아의 남자와의 사이에 아상가(無著)를 얻고, 바라문의 남자와의 사이에 바수반두世親라는 아들을 얻고는 형제의 학업 성숙을 기원하는 기도를 하였습니다.

아이들은 성년이 되자 인도의 사회 관행에 따라 이어야 할 아버지의 가업을 어머니께 물었는데, 어머니는 '너희들을 낳은 것은 부처님의 교법教法을 위해서이다.'라고 말하며 출가를 권유하였습니다. 그래서 동생인 바수반두世親는 카슈미르로 가서 유명한 학자 「상가바드라」에게 「아비달마」를 공부하였습니다. 한편 형인 아상가無著는 미륵보살의 영지靈地로 유명한 계족산(쿳쿠타빠다)

으로 가서 동굴에서 마이뜨레야彌勒 보살로부터 직접 가
르침을 받으려 하였습니다.

⟐ 아상가와 미륵보살

  아상가無著는 3년간 계족산 동굴에서 수행을 계속하
였지만, 미륵보살은 모습을 나타내지 않았습니다. 그래
서 실망하여 동굴에서 나오자, 한 노인이 굵은 철로 된
막대기를 솜으로 문질러 바늘을 만들려고 하고 있었습
니다. 아상가無著가「그렇게 해서 어찌 바늘을 만들 수
있겠습니까?」라고 묻자, 노인은「인내忍耐가 있는 사람
은 무언가를 이루려는 의지가 있으면 아무리 곤란한 행
업行業이라도 결코 실패하는 일은 없습니다. 만약 인내忍
耐를 잃어버리지 않는다면, 손바닥으로 산을 자를 수도
있을 것입니다.」라고 대답하였습니다.
  그 말을 들은 아상가無著는 동굴로 돌아가 다시 한번 6
년간 수행을 이어갔지만, 미륵보살은 나타나지 않았습
니다. 그래서 또 동굴에서 나와보니, 큰 바위에 떨어지

는 물방울과 그 위에서 날개를 치는 새의 날개에 의해 그 큰 바위가 조금씩 침식되어 가는 것을 보았습니다. 그래서 그는 동굴로 돌아가, 다시 한번 3년 수행을 계속 하였는데 어떤 징조도 나타나지 않았습니다. 그래서 결국 포기하고 동굴을 떠나려고 하자, 동굴 입구에 상처가 난 하반신에 구더기들이 꿈틀거리고 있는 개 한 마리가 으르렁거리며 고통스러워하고 있었습니다. 불쌍히 여긴 아상가無著는 자신의 허벅지살을 잘라내어 그 위에 개의 하반신에 있는 구더기를 옮겨주려고 하였습니다. 그러자 눈앞에 광명에 휩싸인 미륵보살이 서 있었습니다. 그래서 아상가無著가 미륵보살께 「지금까지 오랜 기간에 걸쳐 수행을 이어왔는데, 너무나도 자비가 적으십니다.」라고 호소하자 「나는 처음부터 여기에 있었는데, 너의 죄장罪障 때문에 나를 볼 수 없었다. 이제야 너는 대비大悲의 마음을 일으켰기 때문에 죄장罪障이 제거되어 나를 볼 수 있게 된 것이다.」라고 하셨습니다.

그래서 아상가無著는 미륵보살의 옷을 붙잡고 도솔천으로 올라갔습니다. 천계天界의 시간으로는 일순간이었지만 인간계에서는 50년 동안 도솔천에 머물며 미륵보살로부터 대승大乘의 가르침을 받았습니다.

그 후, 인간계로 돌아온 아상가無著가 미륵보살로부터 받은 가르침을 기록한 것이 『현관장엄론』『대승장엄경론』『보성론』『법법성분별론』『중변분별론』인 5부의 논서이며, 이것을 티베트에서는 「미륵 오법五法」(챵츄 · 데가: 慈氏五論)라고 부르고 있습니다.

❀ 전승의 의미

아상가無著가 오랜 기간 고행 정진한 끝에 『현관장엄론』을 비롯하여 「미륵 오법五法」을 감득한 이야기는 티베트에서는 굉장히 유명하여 많은 책에 소개되어 있습니다.

또 이 이야기는 최근 티베트에서 발견되어 현재 가장 오래된 티베트불교 역사서의 하나로 주목받고 있는 『학자 데우의 불교사佛敎史』(케빠데우 · 츄정)에도 발견되므로, 그 원형은 늦어도 12세기까지 거슬러 올라가 아마 인도가 기원지일 것이라고 생각합니다.

현재도 티베트에서는 공부하고 있는 사미沙彌가 학문이나 수행의 엄격함에 푸념을 늘어놓으면, 「너희들의 고생 따위는 아상가無著님의 고행에 비하면 아무것도 아니다.」라고 질책한다고 합니다.

또 이 이야기는 대승불교의 수행은 일체중생을 구제한다는 대자비의 마음이 없으면 아무리 노력해도 절대 성취하지 못한다는 예로서도 자주 이용됩니다.

또 티베트불교의 반야학에서 『현관장엄론』에는 설하고 있지 않은 교리상의 문제점에 대해 다른 유식계 논서, 그중에서도 특히 『대승장엄경론大乘莊嚴經論』 『보성론寶性論』 등의 「미륵 오법五法」이 자주 원용되는 것도, 이것들이 아상가無著에 의해 함께 인간계에 전해졌다는 전승에 따른 것입니다.

❀ 바수반두世親의 회소향대廻小向大

한편 아비달마 불교의 권위자가 된 아우 바수반두世親는, 도솔천에서 돌아온 형이 대승大乘의 가르침을 널리 알리고 있다는 이야기를 듣고, 「애처로운 아상가無著는, 12년간이나 수행을 하고도 아무것도 얻은 것 없이, 코끼리가 아니면 운반할 수 없을 것 같은 난해하고 성가신 교리를 만들어 내고 말았다.」라고 비판하였습니다.

그래서 아상가無著는 제자에게 『십지경十地經』과 『무진의보살청문경無盡意菩薩聽聞經』이라는 두 편의 대승 경전을 아우인 바수반두世親에게 전해 주도록 보냈습니다. 이 대승 경전을 독송한 바수반두世親는 자신의 잘못을 깨닫고 대승을 비방한 자신의 혀를 뽑으려고 했는데, 형 아상가無著의 충고를 받고는 대승大乘으로 전향하고 『반야경』 『십지경』 『무진의보살청문경』 등 많은 대승불전大乘佛典과 논서論書에 주석을 쓰게 되었습니다.

🏵 반야학의 계승

이처럼 티베트불교에서는 『현관장엄론』과 반야학은 미륵보살에서 아상가無著에게 전해지고, 그리고 바수반두世親를 비롯한 유식의 학장學長에게 전승되었다고 생각합니다. 인도의 반야학을 대성한 「하리바드라」의 『현관장엄광명』과 『현관장엄론소주』의 서문에 의하면, 아상가無著와 바수반두世親는 각각 『현관장엄론』에 주석을 썼다고 하는데, 안타깝게도 현재 산스크리트어로나 티베트어 역으로도 전해오지 않습니다.

한편 바수반두世親의 제자인 진나(디그나가)에게는 『반야바라밀다원집요의론』이라는 『반야경』의 개설서가 있는데 산스크리트어본 원전·티베트어 역·한역으로 모두 전해지고 있습니다. 그러나 『팔천송반야경』의 내용을 정리한 『반야바라밀다원집요의론』과 『이만오천송반야경』에 근거한 『현관장엄론』에는 상이점이 많고, 만약 『현관장엄본송』이 티베트의 전승대로 미륵보살에서 아상가無著에게 전해진 것이라면, 바수반두世親의 제자인 진나가 그 『현관장엄론』을 무시한다는 것은 생각하기 어렵습니다.

또 아상가無著·바수반두世親로 시작되는 유식사상을 중국에 전한 현장玄奘 삼장은 『대반야바라밀다경』 600권의 완역이라는 위업을 달성하였음에도 불구하고, 『현관장엄론』에 대한 언급은 없습니다.

ꠉ꠰꠰ ꠅꠙꠣꠟ꠰ꠉ꠷ꠣꠛꠗꠇ꠳ꠉꠣꠛ꠷ꠣꠇ꠳ꠉꠣꠇꠣ꠲

聖解脫軍(비묵띠세나)

　이 책에서 보듯이『현관장엄론』「칠십의七十義」중에는 현재 전해지고 있는 네팔·티베트계의『이만오천송반야경』에 대응하는 경문이 있지만,『이만오천송반야경』에 해당하는 현장玄奘 역『대반야바라밀다경』「제2분」에는 빠져 있는 부분이 많이 보입니다. 결국 현장이『대반야바라밀다경』을 번역한 7세기 전반에는『현관장엄론』

하리바드라

에 근거한 『이만오천송반야경』의 해석학이 아직 존재하지 않았던지, 적어도 일반적이지 않았다는 것을 알 수 있습니다.

이에 비해 『현관장엄론』의 체계에 근거한 『반야경』의 주석서로는, 「해탈군解脫軍」(비묵띠세나)의 『이만오천송반야경주』(바릇티카)가 가장 오래되었다고 합니다.

최근 네팔에서 산스크리트어본 원전이 발견되어, 펜사에 의해 ^I「일체상지」 부분 교정본이 출판되었습니다. 또한 이 책은 티베트 반야학에서는 『이만광명二萬光明』(니티남와)이라 통칭하고 있습니다.

그렇지만 『티베트 대장경』에는 같은 이름인 「비묵띠세나」에 의한 다른 『이만오천송반야경주』(바릇티카)가 수록되어 있는데, 「하리바드라」도 이 양쪽을 다른 사람의 작품이라 하고 있습니다. 티베트에서는 앞쪽을 「성 해탈군聖解脫軍」, 뒤쪽을 「존자 해탈군尊者解脫軍」이라 부르며 구별하고 있습니다. 또 어떤 설에서는 「존자 해탈군」은 「성 해탈군」의 제자라고도 하는데, 인도에서는 제자가 스승의 이름을 함부로 말해서는 안 된다는 전통이 있어서 두 사람의 「비묵띠세나」 사이에 직접적인 사제師弟 관계를 상정하는 것에는 무리가 있습니다.

또 티베트불교 역사서에는 「성 해탈군」은 바수반두世親의 4대 제자 가운데 한 사람이라 하는데, 최근 연구에서는 4~5세기의 바수반두世親보다 훨씬 뒤인 7~8세기의 인물이라는 설이 유력합니다.

이처럼 현대 학계에서는 『현관장엄론』과 반야학은 인

도에서 유식파唯識派의 전통을 이어가면서 실제로는 7~8세기경에 성립하였다고 보는 것이 일반적입니다.

◈ 정리

이처럼 본 장에서는 『현관장엄론』을 비롯하여 「미륵오법五法」이 어떻게 인간계에 초래되었는가 하는 전승을 중심으로, 『현관장엄론』의 성립 문제를 간단하게 소개하였습니다.

불교의 본국인 인도의 대승불교는, 기본적으로는 용수(나가르주나)의 「중관파中觀派」와 아상가無著・바수반두世親로 시작하는 「유식파唯識派」의 두 가지 사상을 중심으로 발전해 왔습니다.

그러나 인도의 불교를 충실하게 계승한 티베트불교에서는 제3 전법륜인 「유식파唯識派」보다 제2 전법륜인 「중관파中觀派」를 우위에 두는 견해가 널리 행해져 왔습니다. 그와 같은 상황 속에서, 티베트에서는 「유식파唯識派」의 논서가 독립된 분야라 하기보다 오히려 「반야학」

의 하나로 연구되어왔습니다.

그것은 어떤 의미로는 티베트에 있어 인도 불교 연구의 치우침을 시정하는 것이었지만, 이와 동시에 유식唯識의 영향을 받으면서도 '일체법개공一切法皆空'을 주장하고, '사성각별설四姓各別說'을 부정하는 『현관장엄론』을 중심으로 유식唯識 계통 논서의 교리를 재구성하려는 의도가 있었다고도 말할 수 있을 것입니다.

제4장

티베트로의 전파와 발전

앞 장에서는 『현관장엄론』에 근거한 『반야경』의 해석학이 인도에서 어떻게 생겨났는가를 간략히 살펴보았습니다. 본 장에서는 이어서 「반야학」이 어떻게 티베트에 전파되고 발전하였는가를 살펴보겠습니다.

⬧ 티베트에서 반야학의 학통

티베트에서는 『현관장엄론』에 근거한 『반야경』의 해석학이 「반야학」(셀친) 혹은 「바라밀학」(팔친)이라 불리어

약튄 · 상게뺄

왔습니다.

티베트에서 반야학의 학통에 대해 출팀 · 껠상의 개론
적인 설명이 있습니다. 그러나 출팀 · 껠상은 겔룩파의
사원에서 공부한 학승이었기 때문에, 쵸냥파 · 까규파 ·
닝마파 등의 반야학에 대해서는 소홀히 한 점을 부정할
수 없습니다.

그러나 최근에는 쵸낭파의 돌뽀빠(1292~1361), 냐운·꾼가뺄(1285~1379), 까규파의 미꾀도르제(1507~1554), 뀐촉옌락(1525~1583) 등의『현관장엄론주』가 간행되어 겔룩파 이외의 반야학에 대해서도 그 개요를 이해할 수 있게 되었습니다.

최초기 티베트 대장경의 목록인『덴카르마목록』『빵탐마목록』에 의해 반야학의 근본 원전이 되는 하리바드라의『현관장엄광명』이 토번시대에 이미 티베트어로 번역되었다는 것을 확인할 수 있습니다.

그러나『현관장엄론』이 본격적으로 연구되게 된 것은 토번 해체 이후의 불교 부흥기까지 내려갑니다. 티베트 불교 교학연구센터인 삼프·네우톡 학원을 창설한 곡·로덴세랍(1059~1109)은 아상가가 미륵으로부터 계승하였다고 하는「미륵 오법[慈氏五論]」 즉,『대승장엄경론』『중변분별론』『법법성분별론』『보성론』『현관장엄론』을 중시하였습니다. 그는 티베트 사람으로서 처음으로『현관장엄론』에 대·소 두 종류의 주석을 썼다고 전해지는데, 그 가운데『요의』가 1993년에 출판되어 참조할 수 있게 되었습니다. 그리고 삼프·네우톡에서 공부한 학승을 중심으로 『현관장엄론』의 연구는 티베트 전역에 퍼져있습니다.

이 중에서도 약튄·상계뺄(1348~1414)의 『현관장엄론주』는 고전적 명저로 알려져 있는데, 그 학통은 사캬파의 학문사원인 나렌드라를 창건한 론톤(1367~1449)으로 계승되었습니다. 론톤은 임종 때에도 그 환영幻影을 본 만큼 약튄에 심취해 있었고, 그 학계는 샤카촉덴(1428~1507), 코람파(1429~1489)와 사캬파의 여러 스승에게 계승되었습니다.

한편 약튄과 비견된다고 칭하는 이가 냐운·꾼가뺄입니다. 수학修學 중의 쫑카빠 대사는 1376년, 냐운이 만년에 거주하던 쩨첸을 방문하여 『현관장엄론』의 강의를 청강하고는 그 박식함에 놀라며 다시 한번 배우고 싶다고 요청하자 제자인 렌다와(1349~1412)를 소개받았는데, 쫑카빠 대사는 그를 일생 가장 중요한 스승으로 삼았습니다.

그런데 냐움은 여래장사상을 중시하는 쵸낭파의 시조 돌뽀빠에 심취하여 「타공상견설他空常堅說」을 취했기 때문에 약튄과의 사이에 「자공타공自空他空의 논쟁」이 일어났습니다. 게다가 제자인 렌다와도 자공설自空說을 지지하였기 때문에, 사제 관계는 악화되었습니다. 단 네기히로시根本裕史에 의하면 『현관장엄론』에 관한한 돌뽀빠가 냐운에게 끼친 영향은 한정적이고, 오히려 뿌톤(1290~1364)의 강한 영향이 보인다는 것입니다.

그 후 렌다와의 제자 겔찹 다르마린첸(rGyal tshab Dar ma rin chen)(1364~1432), 케둡 · 겔렉뺄상(1385~1438)은 쫑카빠 대사와 함께 행동하면서 겔룩파의 주류를 형성하게 되었습니다. 현재의 겔룩파에서는 쫑카빠 대사의 『렉세 · 셀텡』보다 다르마린첸의 『남세 · 닝뽀겐』을 중시하는 경향이 있습니다. 이것은 『렉세 · 셀텡』이 입교 개종 이전에 만든 것이라 쫑카빠 대사 원숙기의 사상을 반영하고 있지 않다고 여기기 때문입니다.

또한 동양문고에서 소장하고 있는 탕카는 상부의 누각에 쫑카빠 · 문수보살 · 세라사원 체빠 학당의 학조學祖 제춘 · 최끼겐첸(1469~1544)의 3존을 그리고 있고, 하부에 『현관장엄론』「칠십의七十義」의 제1「발심」에 관한 의론義論을 기록하고 있습니다. 이 탕카는 세라사원 체빠 학당에서 공부한 타다 · 토오칸多田等觀이 가지고 온 것으로

ༀ། །རྒྱལ་བའི་རྒྱལ་ཚབ་དར་མ་རིན་ཆེན་ལ་ནམོ།

걀찹 · 다르마린첸

추정되며, 일찍이 티베트의 사원에서 가르친 반야학의
실체를 보여 주는 귀중한 자료 중에 하나라 할 수 있습니다.

❀ 티베트에서 반야학의 위치

 본 책 제1장에서 보았듯이, 현재 티베트불교의 주류

를 이루는 겔룩파에서는 앞서 언급한 4종류의 원전에
『양평석』(프라마나·바릇티카)을 더해 5개의 논전이 사원의
주요한 교과과목으로 되어 있습니다. 그리고 이 5가지
논전을 주석과 함께 통달한 자는 「카쭈빠」(10개의 논전에 정
통한 자)라고 불리었습니다.

게다가 겔룩파의 근본 교법인 「람림菩提道次第」은 심심
관(사프모타와)과 광대행(가첸츄)의 두 계통에 의해 계승하였
습니다. 이 가운데 심심관甚深觀은 중관계中觀系, 광대행廣
大行은 유식계唯識系라고 하는데, 광대행 법맥의 계승 계
보는 미륵·아상가·바수반두世親·성 해탈군·존자 해
탈군·하리바드라 순서이며 명확하게 『현관장엄론』의
계승을 반영하고 있습니다.

이처럼 현재 티베트불교의 주류를 이루는 겔룩파에서
는 「미륵 오법五法」 중에서도 『현관장엄론』이 중시되고
있고, 다른 유식·여래장계 논서는 『현관장엄론』의 연
구 속에 편입시키고 있다고 말해도 과언이 아닙니다.

하카마야袴谷憲昭 교수에 의하면 유식계 논서인 『대승
장엄경론』 『중변분별론』 『법법성분별론』과 여래장계의
『보성론』, 『반야경』의 해석학인 『현관장엄론』이라는 5

편의 원전을 하나로 모은 「미륵 오법五法」은 인도 고대의 전통이 아니고 11세기에 카시미르에서 성립한 것이라 합니다. 그러나 이 중에서 『현관장엄론』만이 티베트불교 사원의 교과과목으로써 존속한 것에는 다음과 같은 이유를 생각할 수 있습니다.

인도 대승불교에서는 중관·유식 양 학파가 파라 왕조의 후기에 이를 때까지 공존하였습니다. 그리고 『해심밀경』에서는 아비달마의 가르침은 제1 전법륜, 『반야경』 즉 중관中觀은 제2 전법륜, 『해심밀경』 즉 유식唯識은 제3 전법륜으로 자리 잡게 되었습니다. 『해심밀경』에서는 제1·제2 전법륜은 「미요의未了義」, 제3 전법륜은 「요의了義」의 가르침이라고 설하고 있는데, 티베트에서는 대다수의 종파가 「중관中觀」이야말로 대승불교의 근본 사상이라 하고, 제2 전법륜을 요의了義, 제1과 제3 전법륜은 미요의未了義라 합니다. 이에 비해 쵸낭파는 『열반경』『승만경』 등의 여래장如來藏 경전을 제4 전법륜이라 하고, 이것을 요의了義라 하고 있지만, 겔룩파에서는 여래장 경전도 제3 전법륜의 일종이라 합니다. 이에 따라 겔룩파는 제2 전법륜 즉 중관中觀의 유식唯識에 대한 우위를 주장한 것입니다.

따라서 「미륵 오법五法」 가운데 다른 네 가지는 「제3 전법륜」이기 때문에 미요의未了義라고 판단할 수 있지만, 『현관장엄론』만은 「제2 전법륜」인 『반야경』의 해석학이므로 요의了義라고 하게 됩니다.

그리고 티베트 불교학에서는 『중론』이 『반야경』의 「요의를 나타내는[顯了] 의미」를 해석하고 있는 것에 비해, 『현관장엄론』은 『반야경』의 「은밀한 의미」의 해명이라 하고, 『중론』과 『현관장엄론』 양쪽을 합쳐서 「제2 전법륜」을 구성한다고 생각한 것입니다.

현재 겔룩파의 사원에서 「미륵 오법五法」 가운데 『현관장엄론』만이 독립된 교과과목으로 존속하고 있는 것은 이와 같은 이유라 생각할 수 있습니다.

❁ 대 · 중 · 소의 『반야경』

그럼 반야학의 특징을 몇 개의 핵심 주제를 중심으로 살펴보겠습니다.

본 책에서 상세하게 볼 수 있듯이 『반야경』에는 여러 종류의 원전이 있는데, 티베트에서는 『십만송』『이만오천송』『팔천송』의 세 종류를 중시하고, 이것을 대·중·소의 『반야경』이라 합니다.

이미 서술하였듯이 『현관장엄론』은 기본적으로 『이만오천송반야경』에 근거하고 있습니다. 『십만송반야경』은 『이만오천송』을 반복적으로 늘린 부분이 많고, 『현관장엄론』의 해석을 『십만송』에 적용할 수 있지만, 『팔천송』과 『이만오천송』에는 차이점이 많아서 『현관장엄론』의 체계를 『팔천송』에 적용하는 데는 무리가 있습니다.

그러나 티베트에서는 『팔천송』을 『현관장엄론』의 체계로 해석한 「하리바드라」의 『현관장엄광명現觀莊嚴光明』(大註)에 의해 대·중·소의 『반야경』은 사상적으로 완전하게 일치한다고 생각하고 있습니다.

🏵 분제分際(사참)

티베트 반야학에서는 「칠십의七十義」와 더 아래의 분

과에서 보살의 수행단계가 나누어집니다. 이러한 것을 분제(分際:사참)라 합니다. 다음 장에 「칠십의七十義」의 제1 「발심」을 구성하는 22논제가 보살의 수행단계에서 어느 단계에 대응하는지를 나타낸 표를 첨부하였는데, 이와 같은 분제分際에 관한 논의는 반야학의 곳곳에서 볼 수 있습니다.

또한 『반야경』에서 설하는 수행단계는 건혜지乾慧地 이하 「공共의 십지十地」로서, 『화엄경』에서 설하는 환희 지 이하의 십신·십주·십행·십회향을 가리키는 「단但 보살지」와는 다릅니다.

그런데 『십만송반야경』에 종종 「공共의 십지十地」와 함께 「단但 보살지」도 설하고 있는 것을 볼 수 있는데, 이 것은 후세에 추가된 것으로 보입니다. 그래서인지 반야 학에 『화엄경』에서 설하는 「단但 보살지」가 사용되고 있 습니다. 이것은 『현관장엄론』에서 언급하고 있는 십지 는 『이만오천송반야경』에 있는 것인데, 「구마라집」이 한역漢譯한 『대품반야경』 「발취품」의 경문(본책 제8장 참조) 에는 단순히 「초지」 「2지」라고만 말하고 있기 때문입니 다. 즉, 반야학에서는 『반야경』에서 말하는 건혜지 등의

「공共의 십지」에 대한 이름을 들지 않고, 『화엄경』의 「단
但 보살지」로 바꾸어 읽고 있는 것입니다. 이러한 표현
때문에 반야학이, 「단但 보살지」를 사용하는 다른 유식
계唯識系 논서와의 회통會通이 쉬워진 측면도 있습니다.

❀ 심상속(규)과 상속후제(균타)

티베트에 전해지고 있는 반야학에서는 수행자가 발심
하고 나서 수행을 완성하고 법신法身을 현증現證하는 즉,
깨달음을 얻기까지의 수행단계가 중시됩니다. 그렇지만
불교에서는 제행무상諸行無常·제법무아諸法無我라 하여,
모든 존재는 시시각각 변화하는 것으로 영구불변하는
자아自我라는 것은 존재하지 않는다고 설합니다.

우리가 「자아自我」라고 생각하고 집착하는 것은, 색·
수·상·행·식 오온의 집합체에 불과하다는 것이 불교
의 기본적인 입장입니다. 그렇다면 우리가 복덕·지혜
라는 두 가지 자량을 쌓는 수행으로 깨달음을 얻어 궁극
적으로 해탈·열반을 성취하는 주체는 무엇인가라는 문

세라 사원(라사)에서 대론을 하는 티베트 스님들

제가 생겨납니다.

　그런데 반야학에서는 그것을 「심상속心相續」이라고 합니다. 심상속心相續이란, 오온 가운데의 식識이 한순간 앞의 대상을 인식하고는 찰나에 소멸하는 것[刹那生·刹那滅]

을 반복하게 되는데, 이때 「식識이 마치 연속하고 있는 것처럼 인식하는 것」을 말합니다. 심상속은 중생의 죽음으로 끝나지 않고, 윤회를 반복하면서 완전한 깨달음을 얻어 해탈·열반을 성취하기 직전까지 존속합니다. 그리고 깨달음을 얻기 직전에 번뇌장·소지장 두 가지 장애를 완전히 끊는 순간을 「상속후제相續後際」(균타)라고 합니다. 『현관장엄론』 팔현관八現觀의 Ⅶ「일찰나현등각」은 바로 그 순간[相續後際]을 주제로 하고 있으므로 그것을 구성하는 「일찰나현등각의 사의四義」를, 앞서 서술한 분제에서는 「상속후제[균타]에만 있다.」라고 한 것입니다.

🏵 정리

『현관장엄론』은 일체법이 공·무자성이라는 것을 철두철미하게 주장하는 대승불교의 근본 성전인 『반야경』에 근거하여 대승불교의 교리체계를 종합적으로 구축하려고 시도하고 있습니다. 그리고 이 방향을 계승한 티베트불교에서는 『반야경』뿐만 아니라, 다른 대승불교 성전이나 나가르주나(龍樹), 마이뜨레야(彌勒) 등 인도 불교의 거장이 저술한 저작에 의지하면서 대승불교 전체 교리의 체계화를 도모하였다고 말할 수 있습니다.

그렇지만 동아시아 불교권에서는 『현관장엄론』을 연구하면서도 티베트 반야학 연구는 소홀히 해 왔습니다.

이것은 동아시아 불교권의 불교 연구 전반에 해당되는 말이기도 한데, 이들은 자신들의 불교에 직접 관계되는 분야만을 중시하고 다른 분야는 무시해 버리는 경향이 있습니다. 그러나 티베트 반야학은 대승불교 교리의 모순 없는 체계화를 지향하는 시도이며, 그 내용은 같은 대승의 전통을 전하는 동아시아 불교권에서도 간과할 수 없는 중요성을 가지고 있습니다.

앞으로는 동아시아 불교권에서도 『현관장엄론』을 바탕으로 하는 반야학에 폭넓은 연구가 있기를 기대합니다.

I.

일체상지
一 切 相 智

제5장

「일체상지一切相智」에 대하여

지금까지의 4개 장에서는 동아시아 불교권에서는 친숙하지 않은 『현관장엄론』에 근거한 반야학을 살펴보았는데, 본 장부터는 『현관장엄론』「팔현관八現觀 칠십의七十義」의 차례에 따라 각 장의 내용을 살펴보겠습니다.

본 장에서는 우선 『현관장엄론』의 최초 논제가 되는 I「일체상지」의 구성을 살펴보겠습니다.

❖ 『현관장엄론』에서 「일체상지」의 위치

본 책 제2장에서 보았듯이 반야학에서는 『현관장엄론』의 팔현관八現觀이,

- I「일체상지」 II「도종지」 III「일체지」인 「삼지三智」를 명확하게 한 제1부
- IV「일체상현등각」 V「정현관」 VI「점현관」 VII「일찰나현등각」인 「사가행四加行」을 설한 제2부
- VIII「법신法身」을 설한 제3부

이렇게 세 가지로 정리되어, 이 3부가 「기초ㆍ도ㆍ과」(시ㆍ람ㆍ데)라는 티베트불교의 전통적 개념에 근거하여 해석됩니다.

그리고 I「일체상지」는 이 가운데 첫 번째에 해당하고, 그 내용은

⑴**발심**發心 ⑵**교계**教誡 ⑶**순결택분**順決擇分 ⑷**행의 소의**所依 ⑸**행의 소연**所緣 ⑹**행의 소기**所期 ⑺**피개행**被鎧行 ⑻**발취행**發趣行 ⑼**자량행**資糧行 ⑽**출리행**出離行

이라고 하는 십법十法으로 나눌 수 있습니다.

이들 십법十法은 『현관장엄론』 본송의 제18게송에서 제73게송까지 설해져 있고, 「칠십의七十義」에서는 처음 제1~제10의義에 해당합니다. 이 가운데 (1)발심과 (9)자량행은 특히 중요하므로 이후의 각 장에서 별도로 다룰 예정이지만, 다른 여덟 가지는 독립된 장으로써 다루지 않습니다.

그래서 본 장에서는 Ⅰ「일체상지」를 구성하는 십법十法 중에서 개별로 다룰 예정이 없는 여덟 가지를 중심으로 「일체상지」의 내용을 살펴보겠습니다. (1)발심과 (9)자량행에 관해서는 본 책 제6장부터 제8장까지를 참고해 주길 바랍니다.

❖ 『이만오천송반야경』에서 「일체상지」

『이만오천송반야경』에서 『현관장엄론』의 Ⅰ「일체상지」에 대응하는 부분은, 네팔에 전하는 산스크리트어본 원전에서는, 키무라木村高尉 교정본의 제1분책과 제2분책 전체를 차지하고 있습니다. 또 티베트어 역¹⁾에서는, 제 50권의 60쪽부터 823쪽까지 764쪽의 분량에 상당합니다. 이것은 삼지三智를 설하는 제1부 전체의 약 2/3를 차지하고 있습니다.

한편 『이만오천송반야경』에 대응하는 현장玄奘 역 『대반야바라밀다경』 「제2부」에서는 「환희품」 제2의 처음부터 「원리품」 제24 말미까지에 대응합니다.

그러나 『현관장엄론』에서 설하는 ⑴발심~⑽출리행인 십법十法에 대응하는 경문은 한역漢譯에서 장·절을 나누는 방법과는 반드시 일치하지는 않습니다. (아래 〈표〉 참조)

•• 〈표〉『現觀莊嚴論』 I 「一切相智」의 십법十法

| 『現觀莊嚴論』 七十義 [1]-[10] | 『이만오천송반야경』 | | | 다르마린첸에 의한 분과 |
	키무라 校訂 梵本	티베트어 역(깐규르)	玄奘 譯	
(1)발심 sema bskyed	Vol. 1 28-5~53-8	Vol.50-60~ 108-20	歡喜品	1. bsam pa dam bca'
(2)교계 gdams ṅag	53-9~150-27	109-1~298-20	觀照品~ 入離生品	2. de'i don sgrub pa'i thabs ston pa gdams ṅag
(3)순결택분 ṅes par byed pa	150-28~192-30 Vol.2 1-1~17-15	299-1~424-2	勝軍品 行相品 幻喩品	3. dam bca'i don sgrub byed kyi sgrub pa
				3-1. stoṅ ñid rtogs pa'i sgom byuṅ gi sgrub pa thog ma ṅos bzuṅ ba

••••••••••••••
1) 이하 이 책에서의 「티베트어 역」은 중국장학연구중심에서 편찬한 『깐규르佛說部』에 수록된 판본이다.

(4)행의 소의 sgrub pa'i rten	17-16~24-16	424-3~438-5	譬喻品	3-2.sgrub spyi'i rnam gźag 3-2-1.sgrub pa'i rten
(5)행의 소연 sgrub pa'i dmigs pa	24-17~28-1	438-6~446-13		3-2-2.brten pa'i sgrub pa 3-2-2-1.sgrub pa'i dmigs pa
(6)행의 소기 sgrub pa'i ched du bya ba	28-2~33-26	446-14~459-13	斷諸見品	3-2-2-2.ched du bya pa
(7)피개행 go cha'i sgrb pa	33-27~39-26	459-14~476-4	六到彼岸品	3-2-2-3.sgrub pa'i dbye ba 3-2-2-3-1.go cha'i sgrub pa
(8)발취행 'jug pa'i sgrub pa	39-27~46-12	476-5~490-12	乘大乘品	3-2-2-3-2.'jug pa'i bya ba'i sgrub pa
(9)자량행 tshogs kyi sgrub pa	46-13~114-8	490-13~631-6	無□解品 ~出住品	3-2-2-3-3.tshogs kyi sgrub pa
(10)출리행 ṅes 'byuṅ sgrub pa	114-9~174-2	50-631-7~ 823-6	超勝品~ 遠離品	3-2-2-3-4. ṅes par 'byuṅ ba'i sgrub pa

🏵 「일체상지」의 십법+法

그럼 이번에 접할 십법+法에 대해 순서에 따라 살펴 보겠습니다. 우선 (1)발심發心은 본 책 제6장에서 다룰 것이므로 생략하겠습니다. (2)교계敎誡는 가령 보살이 발심하여도 붓다로부터 직접 교계를 받지 않으면 「일체상지」를 성취할 수 없기 때문에 설하신 것입니다.

『이만오천송반야경』에서는

사리불이여, 보살마하살이 반야바라밀을 수행할 때, 마땅히 이처럼 깨달아야 하느니라. 보살이 있음을 보지 않고, 보살의 이름을 보지 않고, 보리가 있는 것조차 보지 않고, 반야바라밀을 보지 않고, 반야바라밀의 이름을 보지 않고, 행行을 보지 않고, 불행不行을 보지 않느니라.

라는 것이 행行의 본성에 관한 교계教誡라고 합니다. 이처럼 교계에는 ①행行 ②사제四諦 ③삼보三寶 ④무집無執 ⑤무피염無疲厭 ⑥도道의 섭수攝受 ⑦오안五眼 ⑧육신통六神通 ⑨견도見道 ⑩수도修道에 대한 10종류가 있다고 합니다.

다음으로 보리심을 일으키고[發心] 교계教誡를 받으면, ⑶순결택분(加行位라고도 함)이 생긴다고 합니다. 순결택분은 난煖·정頂·인忍·세제일世第一의 4단계로 나누어집니다.

다르마린첸에 의하면 ⑷행行의 소의所依부터 ⑽출리행出離行까지는 행의 일반적인 설정이라 하고 있습니다. 이 가운데 ⑷행行의 소의所依는 「종성種性」이라고도 불립니다. 『현관장엄론』에 의하면 법계는 무차별이기 때문에

행의 소의所依인 중생에게도 차별이 없지만, 의지依持하는 법으로 종성의 차별이 있다고 합니다.

『이만오천송반야경』에서는

> 수보리여, 구의句義가 없는 것은 이것이 보살의 구의句義이니라. 왜냐하면 보리는 불생不生이라 유성무성有性無性이 있는 것이 아니며, 보는 것이 아니니라. 수보리여, 그러므로 구의句義가 없는 것은 이것이 보살의 구의句義가 되느니라.

라는 것은, 종성의 본성을 분명히 한 것이라 합니다.

⑸「행行의 소연所緣」이란, 행에 있어 관찰되는 일체법을 가리키고, ①선善 ②불선不善 ③무기無記 ④세간世間 ⑤출세간出世間 ⑥유루有漏 ⑦무루無漏 ⑧유위有爲 ⑨무위無爲 ⑩공空 ⑪불공不空의 11종류로 분류됩니다.

⑹「행行의 소기所期」란 행行을 익히는 목적이며, ①마음의 대성大性 ②단斷의 대성大性 ③증證의 대성大性인 3가지로 나눌 수 있습니다.

또한 까르마파의 「찐촉옌락」이 ⑹「행行의 소기所期」의

3가지 소기所期를 전쟁의 목적이 ①자신이 무적無敵이 되는 것 ②적敵을 깨부수는 것 ③적敵의 영토 등을 정복하는 것에 비교하는 것으로 이해하면 알기 쉽습니다.

티베트의 주석가에 의하면 ⑺피개행被鎧行 이하는 「행의 차별」이며, 수행의 진전에 따라 ⑺피개행 ⑻발취행發趣行 ⑼자량행資糧行 ⑽출리행出離行 순서로 나아간다고 합니다. 이 가운데 ⑺피개행은 대응하는 『대반야바라밀다경』 「제2분」의 「육도피안품」에 상당한다는 것에서도 알 수 있듯이 대승불교 수행의 기본인 육바라밀을 설하고 있습니다.

그리고 『이만오천송반야경』에서는

보살마하살이 보시바라밀을 행할 때, 「일체상지」에 상응하는 생각作意으로 보시를 하고, 이 선근으로써 일체중생과 함께 무상보리로 회향하느니라. 이것을 보살마하살이 반야바라밀을 행하면서 보시를 행하는 보시바라밀의 갑옷이라 하느니라.

라는 것에서 「피개행被鎧行」 즉, 「갑옷을 입는 수행」이라 불립니다.

이 육바라밀은 상호 간에 포섭하는 관계에 있습니다. 앞에 든 경문은 보시바라밀의 보시바라밀을 설한 것이라 하며, 다음의 보시바라밀의 계바라밀을 설하는 형식으로 전체 6×6은 36이 되지만, 그 주제는 육바라밀이기 때문에 피개행被鎧行은 6종류라고 합니다.

(7)피개행被鎧行을 닦은 보살은 대승의 도에 들어가 (8)발취행으로 나아가는데, (8)발취행에는 ①사선四禅과 무색정無色定, ②시施 등의 육바라밀, ③도道, ④사무량四無量, ⑤무소득유가無所得瑜伽, ⑥삼륜청정三輪淸淨, ⑦설시說示, ⑧육신통六神通, ⑨일체상지성一切相智性의 9종류가 있습니다.

다음 (9)자량행은 Ⅰ「일체상지」를 구성하는 십법十法 중에서 가장 많은 논제를 포함하고 있는데, 그 전부를 한정된 지면에서 논할 수가 없으므로, 본 책 제7장과 제8장에서 별도로 소개하겠습니다.

(9)자량행에서 자량을 쌓은 보살은 드디어 세속을 벗어나 깨달음의 세계로 들어가 (10)출리행出離行으로 나아가게 됩니다. (10)출리행出離行에는 ①설시說示 ②평등성平等性 ③중생의 이익 ④무공용無功用 ⑤상·단이변常斷二邊에서의

출리出離, ⑥삼승三乘의 의취義를 얻는 것을 상相으로 하는 출리出離, ⑦「일체상지성」에서의 출리出離 ⑧도道를 행경行境으로 하는 출리出離의 8종류가 있습니다.

❖ 십법+法의 차제

이들 십법+法이 이러한 순서로 설해지게 된 것에 대해서 다르마린첸의 『남세·닝뽀겐』은 다음과 같이 서술하고 있습니다.

⑷행의 소의所依는 필요에 의해 중간쯤에서 설하였는데, 발생 순서에 근거하면 우선 종성種性을 각성覺醒하는 것에 의해, ⑴무상보리로 발심하고, ⑵수행의 교계教誡를 청문聽聞한다. ⑶교계教誡의 의미를 실천하는 것에 의해, 공성空性을 소연所緣으로 하는 수소성修所成의 행行이 심상속心相續에 생긴다. 그것을 ⑸11의 소연所緣으로 관찰하고 ⑹삼대소기三大所期를 위해 수행한다. 수행의 차제는 ⑺피개행, ⑻발취행, ⑼자량행, ⑽출리

행의 네 가지 행行의 순서로 실천하고, 십법十法을 현전에서 증득證得하는 「일체상지一切相智」를 얻는 것이다.

한편 (7)피개행被鎧行 (8)발취행發趣行 (9)자량행資糧行 (10)출리행出離行의 네 가지 행行이 보살 수행의 어느 단계에 해당하는가에 대해서는 여러 설이 있는데, 일반적으로는 (7)「피개행」이 대승의 자량도부터 깨달음을 얻기 직전의 최후유最後有까지, (8)「발취행」이 대승의 가행도의 난위煖位부터 최후유最後有까지, (9)「자량행」이 대승 가행도의 「세제일世第一」부터 「최후유」까지, (10)「출리행」이 청정한 3지三地 즉, 보살의 십지十地 가운데 제8 부동지不動地, 제9 선혜지善慧地, 제10 법운지法雲地 뿐이라고 합니다.

◈ 정리

『현관장엄론』의 Ⅰ「일체상지」는 붓다의 지혜란 무엇인가 하는 불교에 있어 가장 근본적인 문제를 다루고 있습니다. 따라서 『현관장엄론』 제1부의 주제가 되는 삼지三智 중에서 가장 중요하다고 할 수 있는데, 불교에서는 붓다의 지혜는 범부의 이해를 넘어서고 말로서는 표현할 수 없다고 여겨왔습니다.

『현관장엄론』에서는 이것을 「일체상지一切相智」를 성취하기 위해 필요한 십법十法으로 정리해서 보여 줍니다. 다르마린첸은 이것을 「인因에 의해 과果를 나타낸다.」라고 이름 붙이는데, 이것은 마치 화엄사상에서 「인분因分은 설할 수 있지만[因分可説] 과분果分은 설할 수 없다[果分不可説]」 즉, 붓다의 깨달음 자체는 말로써 표현할 수 없지만, 그것에 이르는 과정은 설할 수 있다는 것과 통하는 것이 있습니다.

한편 다음 장 이후는 ⁱ「일체상지」를 분명하게 한 제1부부터, ⑴발심과 ⑼자량행에 대해 개별적으로 해설합니다.

제6장

발심發心에 대하여

앞 장에서는 『현관장엄론』의 Ⅰ「일체상지」의 내용을 살펴보았는데, 본 장에서는 「일체상지一切相智」를 구성하는 십법十法 중에서 ⑴「발심發心」에 대해 살펴보겠습니다.

「발심發心」이란, 글자 그대로 「보리를 향해 마음을 일으키는 것[發菩提心]」인데, 『현관장엄론』의 「팔현관八現觀 칠십의七十義」의 체계에서는 Ⅰ「일체상지」의 처음에 설하여지는 만큼 「칠십의七十義」에서 가장 중요한 논제입니다.

어떠한 중생이라도 보리菩提를 향해 발심하지 않으면 성불成佛할 수 없다고 합니다. 불교의 수도론修道論에 근거하여 대승불교의 교리를 체계화한『현관장엄론』이 발심發心을 첫 번째 주제로 한 것은 바로 그 때문이라 생각됩니다.

❀『이만오천송반야경』에서 발심發心

한편『이만오천송반야경』에서는 제2장에「발심發心」을 설하고 있습니다.

또한『현관장엄론』의 최초의 논제인 것이『이만오천송반야경』에서 제2장에 설해지고 있는 것은,『이만오천송반야경』에서는 붓다가『반야경』을 설하게 되는 인연을 이야기하는「인연因緣」(니다나) – 본 책 커버 사진 해설 참조 – 이 앞부분에 놓여 있기 때문이며,「발심發心」이 실질적으로『이만오천송반야경』과『현관장엄론』에서 최초의 논제라는 것에 이의는 없을 것입니다.

한편『이만오천송반야경』의 한역漢譯인 현장玄奘 역『대반야바라밀다경』「제2분」에서는「환희품」제2가「발심發心」에 해당하는데, 티베트어 역이나 네팔에서 발견된 산스크리트어본 원전과 비교하면 그 내용에는 상당한 차이가 있습니다.

즉, 산스크리트어본 원전이나 티베트 역에 있는 한 절이 한역漢譯에는 빠져있다든지, 산스크리트어본 원전이나 티베트 역에는 없는 한 절이 삽입되어 있어서 한역의 『대반야바라밀다경』을 『현관장엄론』의 체계로 분류하거나 해석하는 데는 어려움이 있습니다.

이것은 현장玄奘이 인도에서 유학한 7세기 전반에는 『현관장엄론』에 근거한 반야학이 아직 존재하지 않았거나, 적어도 일반적이지는 않았다는 것을 암시한다고 할 수 있습니다.

❖ 발심發心의 정의

제3장에서 소개한 아상가無着가 난행 고행 끝에 『현관장엄론』 등의 「미륵 오법五法」의 가르침을 받은 이야기에서도 분명하듯이, 대승불교의 수행은 일체중생을 구제하겠다는 대자비의 마음이 없다면 성취하지 못한다고

합니다.

그리고 『현관장엄론』에서는 그 제18게송에 「발심發心이란, 이타를 위해 정등각正等覺을 구하는 것이다(發心爲利他, 求正等菩提).」라고 명확하게 나타내고 있습니다.

한편 『이만오천송반야경』에서는,

그때 세존께서 사리불에게 말씀하시기를, "만약 보살마하살이 일체법의 일체상一切相을 깨닫기를 원하면, 마땅히 반야바라밀을 배워야 하느니라."

라는 제2장 앞부분의 경문이 발심發心을 요약한 것이라 하고, 또한 그 뒤에 나오는,

또 다음으로 사리불이여, 만약 보살마하살이 시방의 각 항하사 같은 세계에 사는 일체중생을 무여열반無餘涅槃에 들어가도록 하기를 원하면, 마땅히 반야바라밀을 배워야 하느니라.

라는 부분이 이타利他를 인연으로 삼는 발심發心을 요

약한 것이라 여기는 것입니다.

🔷 22가지 발심發心에 대해

이후 『현관장엄론』은 『이만오천송반야경』의 경문을 22단계로 나누고, 그 하나하나를 22가지 발심發心에 배당하고 있습니다. 또한 22가지 발심發心은 『현관장엄론』과 함께 「미륵 오법五法」에 포함되는 『대승장엄경론』에서 설하고 있는 것과 동일합니다.

이것은 ①땅 ②황금 ③달月 등에 비유되는데, ①땅은 낙욕樂欲, ②황금은 의락意樂, ③달은 증상의락增上意樂 등을 동반한다고 합니다. 즉,

또 다음으로 사리불이여, 만약 보살마하살이 일체 법에 있어 일체상을 깨닫기를 원하면, 마땅히 반야바라밀에 안주安住해야 하느니라.

라는 경문(한역에 없음)에 해당하는 ①땅은 일체 선법善法

의 근거가 되기 때문에 대지大地와 같은 발심發心이며, 다음의

　　사리불이여, 보살마하살이 무주無住로써 방편을 삼아 반야바라밀에 안주安住하고, 무사無捨로써 방편을 삼아 보시바라밀을 원만하게 해야 하나니, 보시하는 이[施者]와 받는 이[受者]와 보시하는 물건[施物]의 세 가지가 모두 불가득不可得이기 때문이니라.

　　라는 경문에 대응하는 ②「황금黃金」은, 깨달음을 얻기까지 중생제도의 의지가 변하지 않으므로 「황금 같은 발심」이라 불립니다. 그리고

　　사리불이여, 모든 보살마하살은 반야바라밀에 안주安住하여 사념처四念處를 원만해야 하고, 사정단四正斷을 원만해야 하고, 사신족四神足, 오근五根, 오력五力, 칠각지七覺支, 팔성도八聖道를 원만해야 하느니라.

　　라고 한 것은 삼십칠보리분법 등의 선법善法이 손상되

지 않고 증장增長되게 하는 것이므로, ③증상의락增上意樂을 동반하는 신월新月 같은 발심發心에 대응한다고 합니다.

•• 〈표〉 22種의 發心

22의 發心	수반하는 것	『깐규르』	修行의 단계	
①地bhū	樂欲chanda	Vol.50-60-2~61-20	mṛdu	資糧道 (初業地)
②黃金hema	意樂āśaya	62-1~62-9	madhya	
③月candra	增上意樂adhyāśaya	62-10~64-20	adhimātra	
④火jvalana	加行prayoga	65-1~65-19	가행도	
⑤伏藏nidhi	布施dāna波羅蜜	65-20~66-6	초지	
⑥寶藏ratnākara	持戒śīla波羅蜜	66-7~66-12	제2지	
⑦海arṇava	忍辱kṣānti波羅蜜	66-13~66-17	제3지	
⑧金剛vajra	精進vīrya波羅蜜	66-18~67-4	제4지	
⑨山acala	禪定dhyāna波羅蜜	67-5~67-10	제5지	
⑩藥auṣadhi	般若prajñā波羅蜜	67-11~67-16	제6지	
⑪友mitra	方便upāya波羅蜜	67-17~69-1	제7지	
⑫如意珠cintāmaṇi	願praṇidhāna波羅蜜	69-2~70-3	제8지	
⑬日arka	力bala波羅蜜	70-4~71-5	제9지	
⑭歌詠gīti	智jñānapāramitā波羅蜜	71-6~75-12	제10지	
⑮王nṛpa	神通abhijñā	75-13~77-10	viśeṣamārga 勝進道	
⑯庫gañja	福智puṇyajñāna	77-11~79-2		
⑰大道 mahāmārga	菩提分法 bodhipakṣyadharma	79-3~79-13		
⑱乘yāna	悲karuṇā와 觀vidarśna	79-14~82-14		
⑲泉水 prasravaṇodaka	陀羅尼dhāraṇī와 辨說pratibhāna	82-15~85-21		
⑳喜聲ānandokti	法會dharmoddāna	86-1~90-2	prayoga	buddha bhūmi 佛地
㉑河nadī	一乘道ekāyanamārge	90-3~100-2	maula	
㉒雲megha	法身dharmakāya	100-3~108-20	pṛṣṭha	

그리고 이 22가지 발심發心은 각각 중생이 발심하고 나서 궁극의 불과佛果를 증득證得하기까지의 수행단계에 대응한다고 여기고 있습니다.

즉, ①땅부터 ③달까지는 발심發心한 후 복덕과 지혜를 쌓는「자량도資糧道」, ④불火은 보살의 십지十地에 들어가기 전 단계인「가행도加行道」, ⑤복장伏藏부터 ⑭가영歌詠은 보살의「십지十地」, ⑮왕王부터 ⑲천수泉水는 깨달음을 완성시키는「승진도勝進道」, ⑳희성喜聲부터 운운雲까지는 궁극의「불지佛地」에 해당한다고 하고 있습니다.

22가지 발심發心 하나하나가『이만오천송반야경』의 어느 경문에 해당하고, 무엇에 비유되어 어떠한 교리 개념을 동반하며, 보살의 수행단계 어디에 대응하는지는 앞의 표를 참조해 주길 바랍니다.

또한 22가지 발심의 비유와 동반하는 교리 개념에 대해서는, 앞서 언급한『대승장엄경론』에도 거의 같은 설명을 볼 수 있는데 차이점에 대해서는『현관장엄론』에 따라 표를 만들었습니다. 또『이만오천송반야경』의 대응하는 부분은『깐규르』제50권에 수록된 원전 쪽頁과 행行에 따르고 있습니다.

✤ 22가지 발심發心의 의미

이처럼 『현관장엄론』에서는 『이만오천송반야경』「제2장」의 경문을 나누어 22가지 발심發心에 배당하고 있습니다. 보살의 발심發心을 요약하면, 일체중생을 무여열반無餘涅槃에 이르게 하기 위해 무상보리無上菩提를 이루고자 하는 마음을 일으키는 것[發菩提心]이므로, 그 교화의 대상에는 우매한 범부부터 최상위의 보살까지, 다양한 단계의 중생이 포함됩니다.

그래서 다양한 중생의 기질과 수행단계에 따라, 보살은 여러 가지 방도를 강구하여 그들을 궁극의 불과佛果로 이끌어야 합니다. 이것이 중생의 수행단계에 응하여 22가지의 발심이 세워진 이유라고 생각됩니다.

이처럼 발심發心은 『현관장엄론』의 「칠십의七十義」의 첫 번째일 뿐만 아니라, 거기에는 『현관장엄론』 전편을 꿰뚫는 주제가 되는 수행단계의 모든 것을 다 포함하고 있습니다.

또한 『현관장엄론』「칠십의七十義」 중에서, 하나의 뜻으로 수행단계의 전체 단계를 포함하는 것은 첫 번째인

「발심發心」과 마지막인 「법신法身의 행업行業」이라는 두 가지뿐입니다.

그 이유에 대해서는 티베트 주석가 사이에서도 여러 가지로 논의되어왔는데, 본 책에서는 마지막 장 「법신法身의 행업行業」에서, 다시 한번 논하고자 합니다.

제7장

자량행資糧行에 대하여

앞 장에서는 『현관장엄론』 「팔현관八現觀 칠십의七十義」의 체계 가운데 ⅠF일체상지」의 (1)발심發心을 소개하였습니다. 본 장에서는 같은 ⅠF일체상지」의 (9)자량행資糧行을 소개하고자 합니다. 이것은 ⅠF일체상지」를 구성하는 십법十法 중에서도 특히 중요한 논제라 여기고 있습니다.

◈ 『현관장엄론』에서 자량행資糧行의 위치

지금까지 보아 왔듯이 티베트 반야학에서는 『현관장

엄론』의 팔현관八現觀이 Ⅰ「일체상지」 Ⅱ「도종지」 Ⅲ「일체지」의 「삼지三智」를 명확히 한 제1부, Ⅳ「일체상현등각」 Ⅴ「정현관」 Ⅵ「점현관」 Ⅶ「일찰나현등각」의 「사가행四加行」을 설한 제2부, 그리고 Ⅷ「법신」을 설한 제3부의 세 가지로 정리되어 있는데, 이 3부를 「기초 · 도 · 과」(시 · 람 · 데)라는 티베트불교의 전통적 개념에 근거하여 해석하고 있습니다.

그리고 「자량행資糧行」은 이 가운데 Ⅰ「일체상지」의 아홉째에 해당합니다. 그 내용은,

①비悲의 자량 ②보시布施의 자량 ③계戒의 자량 ④인욕忍의 자량 ⑤정진精의 자량 ⑥선정의 자량 ⑦반야의 자량 ⑧지止의 자량 ⑨관觀의 자량 ⑩쌍입도双入道의 자량 ⑪방편의 자량 ⑫지智의 자량 ⑬복福의 자량 ⑭도道의 자량 ⑮다라니의 자량 ⑯지地의 자량 ⑰대치對治의 자량

인 십칠법十七法으로 나누어집니다. 이 17가지 자량행 資糧行은 『현관장엄론』 「칠십의七十義」의 제9에 해당하고, 『현관장엄론본송』의 제43게 에서 제71게송까지 29게송

으로 설하고 있습니다. 이것은 Ⅰ「일체상지」를 설하는 56계의 절반이 넘는 분량입니다.

『현관장엄론』「칠십의七十義」 중에서 겨우 한 가지 주제의 설명에 이만큼의 분량이 차지하는 것은 지극히 이례적이며, 그것은 『현관장엄론』에서 이 부분이 얼마나 중시되고 있는지를 나타내는 것이라 할 수 있습니다.

◈ 『이만오천송반야경』에서의 자량행資糧行

『이만오천송반야경』에 있어 『현관장엄론』의 Ⅰ「일체상지」의 ⑼자량행資糧行에 대응하는 부분은, 네팔에 전하고 있는 산스크리트어본 원전에서는 키무라木村高尉 교정본 제2분 책의 46쪽부터 114쪽까지를 차지하고 있습니다. 또 티베트 역에서는 제50권의 490쪽부터 631쪽까지 142쪽에 상당합니다.

한편 『이만오천송반야경』에 대응하는 현장玄奘 역譯 『대반야바라밀다경』「제2분」에서는 「무박해품無縛解品」 제15부터 「출주품出住品」 제19까지에 해당합니다. 또한 이 부분에서는 ①비悲의 자량부터 ⑩쌍입도双入道의 자량까지가 거의 「무박해품」에 해당하고, ⑪방편의 자량 이후도 『현관장엄론』과 한역의 분과에 대응하는 관계가 인정됩니다. (아래 〈표〉 참조)

•• 〈표〉 『現觀莊嚴論』 I 「一切相智」의 ⑼資糧行

『現觀莊嚴論』 七十義	『이만오천송반야경』			玄奘 譯	다르마린첸에 의한 분과
	키무라 校訂 梵本	티베트어 역(깐규르)			
⑼資糧行 tshogs kyi sgrub pa	46-13~114-8	Vol.50 490-13~631-6			
①悲의 資糧 sñiṅ rjeʼi tshogs	46-13~48-4	490-13~493-16		無縛解品	被鎧行의 관점에서 설한다
②布施의 資糧 sbyin paʼi tshogs	48-5~48-30	493-17~495-11			
③戒의 資糧 tshul khrims kyi tshogs	48-31~49-17	495-12~496-18			
④忍의 資糧 bzod paʼi tshogs	49-18~50-3	496-19~498-2			
⑤精進의 資糧 brtson ʼgrus kyi tshogs	50-4~50-20	498-3~499-5			
⑥禪定의 資糧 bsam gtan gti tshogs	50-21~51-19	499-6~500-13			
⑦般若의 資糧 śes rab kyi tshogs	51-10~51-27	500-14~501-18			
⑧止의 資糧 źi gnas kyi tshogs	51-28~53-13	501-19~505-14			
⑨觀의 資糧 lhag mthoṅ gi tshogs	53-14~56-17	505-15~511-11			
⑩雙入道의 資糧 zuṅ du ʼbrl bar ʼjug paʼi lam gyi tshog	56-18~58-27	511-12~519-8			
⑪方便의 資糧 thabs la mkhas paʼi tshogs	58-28~60-12	519-9~522-8		三摩地品	최초의 질문에 대한 답
⑫智의 資糧 ye śes kyi tshogs	60-13~63-31	522-9~529-6			
⑬福의 資糧 bsod nams kyi tshogs	63-32~75-22	529-7~550-7			
⑭道의 資糧 lam gyi tshogs	75-23~85-21	550-8~573-10		念住等品	
⑮陀羅尼의 資糧 gzuṅs kyi tshogs	85-22~87-30	573-11~577-12			
⑯地의 資糧 saʼi tshogs	87-31~103-7	577-13~608-18		修治品	두 번째 질문에 대한 답
⑰對治의 資糧 gñen poʼi tshogs	103-8~114-8	608-19~631-6		出住品	세 번째 이후의 질문에 대한 답

✧ 17가지 자량행資糧行

그러면 이번에 다룰 17가지 자량행資糧行에 대해 순서에 따라 살펴보겠습니다.

⑧발취행發趣行 뒤에 ⑨자량행資糧行을 설한 것은, 발취행發趣行에서 설하는 것과 같이 대승에 들어가면 그 과果로서 자량資糧이 생기기 때문입니다.

먼저 ①비悲의 자량부터 ⑩쌍입도雙入道의 자량까지는 한역漢譯의 「무박해품無縛解品」에 거의 상응합니다. 『이만오천송반야경』에서는 수보리가 「세존이시여, (대승의) 갑옷을 입는다는 것은, 어찌하여 (대승의) 갑옷을 입는다고 합니까?」라고 여쭌 것에 대해 붓다께서

또 다음으로 수보리여, 만약 보살마하살이 대승의 갑옷을 입고, ⑷략⑸ 대광명을 놓아 널리 삼천대천세계를 비추며, 또 삼천대천세계를 18가지로 변동시킴에 있어, 그 가운데 지옥의 불길 등의 고통을 주는 기구[苦具] 및 저 중생들의 몸과 마음의 고통[痛惱]을 모두 제멸除滅하고, ⑷략⑸ 이처럼 시방의 무량한 세계에 있는

중생들을 삼악취三惡趣에서 구제한다고 하더라도, 그러나 한 명도 구제하는 것이 없느니라. 왜냐하면 제법의 성품이 공空하여 모두 환幻과 같기 때문이니라. 이와 같은 것을 보살마하살이 큰 갑옷[大鎧]을 입는다고 하는 것이니라.

라고 하는 것이 ①비悲의 자량에 해당합니다. 다음으로

또 다음으로 수보리여, 만약 보살마하살이 보시바라밀에 안주安住하며 큰 갑옷을 입고, 널리 삼천대천세계를 감화感化시키는 일이 마니보주[吠瑠璃]와 같고, 또 자신을 변화시켜 전륜왕轉輪王이 되고 칠보七寶의 권속도 주위를 둘러싸느니라. 이 가운데 유정有情이 음식을 필요로 하면 음식을 주고, 탈 것을 필요로 하면 탈 것[乘]을 주며, (중략) 많은 이에게 보시하느니라. 그러나 한 사람에게도 줄 수 있는 것이 없나니, 왜냐하면 제법의 성품이 공空하여 모두 환幻과 같기 때문이니라. 이와 같은 것을 보살 마하살이 큰 갑옷을 입는다고 하는 것이니라.

라는 것이 ②보시의 자량에 해당합니다.

이처럼 「무박해품無縛解品」에서 설하는 「갑옷의 비유」
로 「비悲의 자량」에서 「쌍입도双入道의 자량」까지를 설하
였다는 것입니다. 다음으로 『이만오천송반야경』에 수보
리가,

　　세존이시여, 어떤 것이 보살마하살의 대승大乘입니
　　까? 어떻게 하면 보살마하살이 대승으로 나아가는 것
　　이라고 알 수 있습니까? 이 승乘은 어느 곳에서 나와
　　서 어느 곳에 이르러 머무는 것입니까? 누가 또 이
　　승乘을 타고 나오는 것입니까?

라고 여쭌 것에 대해, 이 처음의 질문 즉, 대승의 자성
自性에 관한 답이 「방편의 자량」에서 「다라니의 자량」까
지라고 합니다.

또한 지地의 자량은 두 번째 질문 즉, 대승으로 나아가
는 것에 관한 답이고, 대치對治의 자량은 세 번째부터 다
섯 번째 질문에 관한 답이라 합니다.

이 가운데 「지智의 자량」, 「지地의 자량」, 「대치의 자

량」 세 가지는 중요한 것이라, 반야학에서는 별도의 항목을 세워 해설되는 경우가 많습니다. 특히「지地의 자량」은『현관장엄론』본송 중에서 가장 상세하게 해설되어있는 논제라 할 수 있습니다. 그러나 지면 관계로 본 장에서는「지智의 자량」과「대치의 자량」만을 다루고, 「지地의 자량」은 다음 제8장에서 살펴보겠습니다.

🔹 지智의 자량資糧

⑫지智의 자량은『반야경』에서 설하는 20공空을 주제로 하고 있습니다.『이만오천송반야경』에서,

> 또 다음으로 수보리여, 보살마하살의 대승상大乘相이란, 이른바 내공內空 · 외공外空 · 내외공內外空 · 공공空空 · 대공大空 · 승의공勝義空 · 유위공有爲空 · 무위공無爲空 · 필경공畢竟空 · 무제공無際空 · 산공散空 · 본성공本性空 · 일체법공一切法空 · 자상공自相空 · 불가득공不可得空 · 무법유법공無法有法空 · 무법공無法空 · 유법공有法空 ·

자성공自性空 · **타성공**他性空**을 말하느니라.**

라고 설한 경문이라 여기고 있습니다.

또한 20공空이란 『반야경』에서 설하는 16공空에 무법공無法空 · 유법공有法空 · 자성공自性空 · 타성공他性空의 4가지를 더한 것입니다. 대응하는 현장玄奘 역 『대반야바라밀다경』「제2분」의 「삼마지품三摩地品」은 18공空 밖에 설하고 있지 않습니다. 이 부분은, 『반야경』에서 설하는 주요한 교리 개념을 하나하나 해설한 것으로, 이후 20공空의 하나하나에 대해서 경문에서 상세하게 설명하고 있습니다.

◈ 대치對治의 자량資糧

『이만오천송반야경』에서는 먼저 수보리가 질문한 「이승乘은 어느 곳에서 나와, 어느 곳에 이르러 머무르는 것입니까?」에 대한 답이 주어진 것에서, 17가지 자량행資糧行 마지막을 장식하는 「대치對治의 자량」에 해당하는 경문에 들어갑니다. 그 대응 관계는 먼저 「지智의 자량」 만큼 명확하지는 않지만, 경문에 있는 「그러나 두 가지가 없으므로 나오는 것도 없고 이르는 것도 없다.」라고 하는 「두 가지가 없으므로」(아드바야요게나)가 소취所取와 능취能取의 두 가지를 멸滅하는 의미라고 해석되고 있습니다.

『현관장엄론』 본송 제71게송에 의하면 소취所取와 능취能取의 분별에는 견도·수도의 양쪽에 있어 8가지가 있으므로 그 대치의 수단도 8가지가 있습니다. 그 내용은 소취所取에 A「번뇌의 실체實體」, B「대치의 설정設定」, 능취能取에 A「개아個我(푸드갈라)의 실유實有」, B「개체個(푸루샤)의 설정」의 각 두 가지가 있으며, 그것이 견도見道와 수도修道에 각각 대치하기 때문에 모두 합해서 8가지가 된다고 합니다.

불교에서는 「제법무아諸法無我」라고 하여, 우리가 자아自我라고 여기며 집착하고 있는 것은 실재하지 않는다고 설합니다. 이 사상을 전진시키면, 자아의 존재를 전제로 하는 주관·객관의 이원 대립도 존재하지 않게 됩니다.

이것을 불교에서는, 「소취所取(객관)·능취能取(주관)의 둘이 없다」라고 말합니다. 그리고 이 주관 · 객관의 이원적 대립을 극복하는 수단이 「대치의 자량」이라 하였습니다. 보살이 수행계위의 어느 단계에서 주관 · 객관의 이원적 대립을 극복하고 깨달음의 세계에 들어가는가 하는 문제는, 티베트 반야학의 중요한 주제가 되고 있습니다.

◈ 정리

지금까지 살펴본 것처럼 『현관장엄론』의 특징은 대승불교의 근본 성전 『반야경』에 근거하여 대승의 수도론修道論을 체계화한 부분에 있습니다. 불교에서는 예로부터 중생이 깨달음을 얻기 위해서는 양식이 필요하다고 하고 있는데 이것을 자량資糧이라 불러왔습니다. 일반적으로 복덕福德과 지혜智慧 두 가지를 「이자량二資糧」이라 부르며, 육바라밀에 적용하면 앞의 다섯 바라밀이 「복덕福德」의 자량, 반야바라밀이 「지혜」의 자량에 해당한다고 여겨 왔습니다. 이것과 비교해 『현관장엄론』에서는 6바라밀을 17가지 자량행資糧行으로 늘여서 설하고 있습니다.

그중에서도 「지地의 자량」은 보살 수행단계의 바탕이 되는 「십지十地」를 주제로 하고 있으며, 『현관장엄론』 중에서도 가장 중요한 논제라 할 수 있습니다. 본 장에서는 간략하게 소개했지만, 다음 장에서는 이 문제를 좀 더 보충해서 살펴보겠습니다.

제8장

「지地의 자량」에 대하여

앞 장에서는 『현관장엄론』 「팔현관八現觀 칠십의七十義」 의 관계에 있어 「삼지三智」의 첫 번째에 해당하는 I 「일체상지一切相智」에서 ⑼자량행資糧行에 대해 살펴보았습니다. 이것으로 『현관장엄론』의 I 「일체상지」에 포함되는 논제를 모두 살펴보게 되었는데, ⑼자량행의 「지地의 자량」은 특히 중요한 논제이고 많은 지면 필요하므로 해설을 뒤로 미루었습니다. 본 장에서는, 이 「지地의 자량」을 살펴보겠습니다.

❖ 『현관장엄론』에서 「지地의 자량」의 위치

지금까지 보아왔듯이 반야학에서는 『현관장엄론』의 팔현관八現觀이 Ⅰ「일체상지」Ⅱ「도종지」Ⅲ「일체지」의 「삼지三智」를 명확하게 한 제1부와, Ⅳ「일체상현등각」Ⅴ「정현관」Ⅵ「점현관」Ⅶ「일찰나현등각」의 「사가행四加行」을 설한 제2부, 그리고 Ⅷ「법신」을 설한 제3부의 세 가지로 정리되어, 이 3부가 「기초·도·과」(시·람·데)라는 티베트불교의 전통적 개념에 근거하여 해석되었습니다.

그리고 「지地의 자량」은 이 가운데 Ⅰ「일체상지一切相智」의 (9)자량행資糧行을 구성하는 십칠법十七法 가운데 16번째에 해당하고, 『현관장엄론본송』에서는 제48게송에서 제70게송까지 23게송으로 설합니다. 이처럼 『현관장엄론』「칠십의七十義」 가운데 하나의 주제[義]에 이만큼의 게송으로 설명하는 것은, 이 부분이 『현관장엄론』에서 얼마나 중시되고 있는가를 나타낸다고 할 수 있습니다.

◈ 『이만오천송반야경』에서 지地의 자량

　『이만오천송반야경』에 있어 『현관장엄론』의 Ⅰ「일체상지」에서 ⑼자량행 가운데 「지地의 자량」에 대응하는 부분은, 네팔에 전하는 산스크리트어본 원전에서는 키무라木村高尉 교정본 제2분 책 87쪽부터 103쪽까지를 차지하고 있습니다. 또 티베트어 역에서는 제50권의 577쪽부터 608쪽까지 32쪽에 해당합니다. 한편 『이만오천송반야경』에 대응하는 현장玄奘 역 『대반야바라밀다경』 「제2분」에서는 「수치품修治品」 제18, 구마라집 역 『대품반야경』에서는 「발취품發趣品」 제20에 해당합니다. 지금까지 보아왔듯이 『현관장엄론』에 근거한 『이만오천송반야경』의 분과와 한역漢譯의 장·절의 나누는 방법은 종종 일치하지 않는데, 「지地의 자량」에서는 완전히 일치하는 것을 보면 예로부터 이 부분을 하나의 단락으로 이해했다는 것을 알 수 있습니다.

　(아래쪽 〈표〉 참조)

『現觀莊嚴論』七十義		『이만오천송반야경』					다르마린첸에 의한 분과
		키무라 校訂 梵本	티베트어 역 (깐규르)	具足해야할법	遠離해야할법	玄奘譯	
⑨-16. 地의 자량sai tshogs		87-31~103-7	Vol.50-577-13~608-18				
因의9地	1.初地sa daṅ po	87-31~88-24	577-13~578-19	10법		修治品	제2의 질문에의 답
	2.제2지sa gñis pa	88-25~88-32	578-20~579-8	8법			
	3.제3지sa gsum pa	89-1~89-8	579-9~579-18	5법			
	4.제4지sa bži pa	89-9~89-15	579-19~580-8	10법			
	5.제5지sa lṅa pa	89-16~89-24	580-9~581-9		10법		
	6.제6지sa drug pa	89-25~90-2	581-10~581-17	6바라밀	6법		
	7.제7지sa bdun pa	90-3~90-24	581-18~582-17	20법	20법		
	8.제8지sa brgyad pa	90-25~91-4	582-18~583-12	8법			
	9.제9지sa dgu pa	91-5~91-13	583-13~584-5	12법			
果	10.제10지sa bcu pa	91-14~103-7	584-6~608-18				

❖ 초지初地의 십법十法

앞 장에서 보았듯이 『이만오천송반야경』에서는 수보리가 「세존이시여, 어떤 것이 보살마하살의 대승입니까? 어떻게 하면 보살마하살이 대승으로 나아가는 것이라고 알 수 있습니까? 이 승乘은 어느 곳에서 나와서 어느 곳에 이르러 머무는 것입니까? 누가 또 이 승乘을 타고 나오는 것입니까?」라고 여쭌 것에 대해 붓다께서 그 두 번째 질문 즉 대승의 발취에 대해서,

수보리여, 보살마하살이 육바라밀을 수행할 때, 1지地에서 1지地로 향해 가느니라. 보살마하살은 어찌하여 1지地에서 1지地로 향해가는가? 일체법은 향해가는 곳이 없기 때문이니라.

라고 답한 부분에서, 「지地의 자량」을 설하는 경문에 들어갑니다. 다음으로,

보살마하살이 초지初地에 머무를 때, 10가지 수승한 업을 행하니라. 첫째 무소득을 방편으로 삼아 승의락勝意樂을 행하고, 둘째 상相을 보지 않음으로 이익을 행하고, 셋째 중생이 불가득이므로 일체중생에게 평등심을 닦고, 넷째 시자施者와 수자受者 및 시물施物이

불가득이므로 사시捨施:布施를 수치修治하고, 다섯째 교만한 마음 없이 선지식을 친근하고, 여섯째 일체법이 불가득이므로 구법求法의 업을 수치修治하고, 일곱째 집[家]을 보지 않기 때문에 항상 출가를 원하고, 여덟째 (32)상相 (80종)호好가 불가득이므로 불신佛身을 원하고, 아홉째 법의 분별이 불가득이므로 법교法教를 열고[開闡], 열째 말씀[語]이 불가득이므로 진실어의 업을 닦느니라修治.

라는 것이 보살의 십지十地 가운데 ①환희지를 설한 경문이라 합니다.

한편 『현관장엄본송』의 제48게송부터 50게송에서는 ①의락意樂 ②이익사利益事 ③중생으로의 평등심 ④사시捨施 ⑤선지식친근 ⑥흔구정법欣求正法 ⑦상출가심常出家心 ⑧불신佛身으로의 애락愛樂 ⑨법의 설시說示 ⑩진제어眞諦語의 10법을 초지初地를 성취하는 것이라 설하고 있으며, 양쪽의 설상說相은 완전히 일치하고 있습니다.

✤ 2지二地의 팔법八法

다음으로 『이만오천송반야경』에

수보리여, 보살마하살이 2지二地에 머무를 때, 마땅히 8법에서 사유하고 수습해야 하느니라. 어떤 것을 여덟 가지라고 하는가? 첫째는 계를 청정히 지키는 것清淨禁戒, 둘째는 은혜를 알고 은혜에 보답하는 것知恩報恩, 셋째는 인욕행忍力을 하는 것, 넷째는 수승한 환희를 받는 것, 다섯째는 일체중생을 버리지 않는 것, 여섯째는 대비大悲를 일으키는 것, 일곱째는 모든 스승[師長]에게 공경과 믿음의 마음으로 여쭙고 섬기는 것[諮承], 여덟째는 부지런히 추구하며 바라밀을 수습하는 것이니라.

라는 것이 보살의 십지十地의 ②이구지를 설한 경문이라 합니다.

한편 『현관장엄론』의 제51게송에서는 ①계戒 ②지은知恩 ③인忍 ④승환희勝歡喜 ⑤대비大悲 ⑥공경恭敬 ⑦경신사장

敬信師長 ⑧시施 등의 바라밀에의 정진 팔법八法을 이지二地를 성취하는 것이라 설하고 있는데, 양쪽 설명은 거의 일치합니다.

✿ 삼지三地의 오법五法

거듭 『이만오천송반야경』의,

　수보리여, 보살마하살이 삼지三地에 머무를 때, 응당히 5법으로 머물러야 하느니라. 어떤 것이 다섯 가지인가? 첫째는 부지런히 법을 듣는 일[多聞]에 싫어하거나 만족[厭足]이 없고, 들은 바[所聞]의 법에 있어 문자文字에 집착하지 않고, 둘째는 물들지 않는[無染] 마음으로 항상 법을 베풀고[法施], 널리 법을 베풀더라도 [開示] 거만하지 않으며, 셋째는 정토를 장엄하기 위해 선근을 심고 회향하더라도 스스로 드러내지 않으며, 넷째는 가없는[無邊] 생사를 싫증 내지 않더라도 스스로를 높이지 않으며, 다섯째는 참괴慚愧에 머문다 할

지라도 집착하는 것이 없는 것이니라.

라고 하는 것은 보살 십지+地의 ③발광지發光地를 설한 경문이라 합니다.

한편 『현관장엄론』의 제52부터 53게송 전반에서는 ① 들음[聞]에 있어 만족함을 모르는 것, ②무탐無貪의 법시法 施, ③정토를 장엄하는 것, ④윤회무피권輪廻無疲倦, ⑤참괴 慚愧라고 하는 다섯 가지[五法]가 삼지三地를 성취하는 것 이라 설하고 있으며, 양쪽의 설명은 완전히 일치합니다.

✤ 사지四地의 십법+法

또한 『이만오천송반야경』의

수보리여, 보살마하살이 사지四地에 머물 때 진실로 십법+法에 머물러 버리지 않아야 하느니라. 어떠한 것이 열 가지인가? 첫째는 아란야阿練耶에 머무는 것, 둘째는 소욕少欲하고, 셋째는 희족喜足하고, 넷째는 항상 두타頭陀의 공덕을 버리거나 멀리하지 않고, 다섯째는 학처學處를 버리지 않고, 여섯째는 욕락欲樂을 싫어하여 떠나고, 일곱째는 적멸구심寂滅俱心을 일으키고, 여덟째는 모든 소유所有를 버리고, 아홉째는 마음心이 침체되거나 잠기지[滯沒] 않고, 열째는 모든 소유所有에 대해 돌아보고 연련戀戀하는 일이 없느니라.

라고 하는 것은 보살 십지十地의 ④염혜지焰慧地를 설한 경문이라고 합니다.

한편 『현관장엄론』의 제53게의 후반부부터 54게송에서는 ①임주林住 ②소욕所欲 ③희족喜足 ④두타頭陀와 절약 ⑤학처學處를 버리지 않음 ⑥모든 욕망으로부터 멀리 떠남 ⑦적멸寂滅 ⑧일체유一切有를 버리고 떠남 ⑨불체몰不滯沒 ⑩무관대無觀待를 사지四地의 성취라 설하고 있어서 양쪽 설명은 완전히 일치합니다.

✦ 오지五地 이후의 보살지菩薩地

이 이후, 『이만오천송반야경』에서는 오지五地에 「멀리 여의는 십법十法」, 6지地에 「육바라밀과 멀리 여의는 육법六法」, 7지七地에 「멀리 여의는 이십법二十法」과 「구족해야 하는 이십법二十法」, 8지八地에 「사법四法과 사법四法」, 9지九地에 「십이법十二法」을 설하고 있습니다. 그리고 「십지十地는 진실로 붓다와 같다고 알아야 한다」, 즉, 붓다의 경지와 다를 바가 없다고 설하고 있습니다. 그래서 반야학에서는, 초지初地부터 9지地까지를 「인因의 구지九地」라고 부르는 것에 비해, 십지十地는 「과지果地」라고 합니다.

한편 『현관장엄론』의 제55게송부터 제70게송까지는 5지地에 「멀리 여의는 십법十法」, 6지地에 「십이법十二法」, 7지地에 「멀리 여의어야 하는 이십법二十法」과 「구족해야 하는 이십법二十法」, 8지地에 「팔법八法」, 9지地에 「십이법十二法」을 설하고 있으며, 양쪽 설명은 거의 일치합니다.

◈ 정리

지금까지 살펴본 것처럼『현관장엄론』의 특징은 대승 불교의 근본 성전인『반야경』에 근거하여 대승의 수행 론을 체계화한 것에 있습니다. 그리고 보살의 수행단계 인 십지十地法 대승 수행론의 바탕을 이루는 것으로써 특 히 중시되어왔습니다.

또한『반야경』본래의 수행단계는 ①건혜지乾慧地 ②성 지性地 ③팔인지八人地 ④견지見地 ⑤박지薄地 ⑥이욕지離欲地 ⑦이작지已作地 ⑧벽지불지辟支佛地 ⑨보살지菩薩地 ⑩불지佛 地의「공共의 십지十地」즉, 대·소승 공통의 십지十地인 데, 반야학에서는『화엄경』에서 설하는 ①환희지 이하의 「단但 보살지」즉, 대승 보살만의 십지十地를 사용합니 다. 이것은『현관장엄론』에서 십지十地를 설한「지地의 자량」에 해당하는 경문이 단순히「초지初地」「이지二地」 라고만 하고, 건혜지乾慧地 등의 이름을 들지 않고 있는 데, 이것을『화엄경』에서 설하는 단보살지但菩薩地로 바 꾸어 읽었기 때문이라 생각합니다.

이 추정은「지地의 자량」에 해당하는 경문이 단보살지

但菩薩地를 설하는 『화엄경』 「십지품」이나 바수반두世親의 『십지경론十地經論』과 전혀 일치하지 않는 것을 뒷받침합니다. 이런 표현에 의해 단보살지但菩薩地를 사용하는 유식계통 논서와의 회통會通이 가능해진 것입니다.

한편 『십만송반야경』에 대응하는 현장玄奘 역 『대반야바라밀다경』 「초분初分」에서는 이 십지十地가 경문에서도 ①환희지歡喜地 등의 「단보살지但菩薩地」라고 하고 있습니다. 이 부분에서는 『현관장엄론』과 『이만오천송반야경』의 경문이 거의 완전하게 일치하는 것을 알 수 있습니다.

따라서 대승불교의 근본 성전인 『반야경』에 근거하여 대승의 수행론을 체계화하는 『현관장엄론』의 사상은, 「지地의 자량」에 해당하는 『반야경』 경문에서 발생한 것이라고 생각됩니다. 그리고 『현관장엄론』에서 「칠십의七十義」의 아래 부분에 있는 것은, 이 『반야경』 경문이 『현관장엄론』 성립에도 큰 역할을 한 것으로 생각됩니다.

샤루 사원에 소장하고 있는『이만오천송반야경』사본

∨정현관頂現觀 (5)무간삼매無間三昧 부분에 해당하는데,
토번 시대의 옛 철자로 쓰여 있다.

〈반야학〉입문

미륵보살이 반야경을 해설한
『현관장엄론』

II.

도종지

道 種 智

제9장

「도종지道種智」에 대하여

지금까지는 『현관장엄론』「팔현관八現觀 칠십의七十義」의 체계에서 「삼지三智」의 첫 번째에 해당하는 Ⅰ「일체상지一切相智」를 간략히 살펴보았는데, 본 장에서는 두 번째에 해당하는 Ⅱ「도종지道種智」를 살펴보겠습니다.

『현관장엄론』에서 「도종지道種智」의 위치

이제까지 보아왔듯이 반야학에서는 『현관장엄론』의 팔현관八現觀이 Ⅰ「일체상지」 Ⅱ「도종지」 Ⅲ「일체지」인

「삼지三智」를 명확히 한 제1부, Ⅳ「일체상현등각」Ⅴ「정현관」Ⅵ「점현관」Ⅶ「일찰나현등각」인「사가행四加行」을 설한 제2부, 그리고 Ⅷ「법신」을 설한 제3부의 세 가지로 정리하여, 이 3부가 「기초·도·과」(시·람·데)라는 티베트불교의 전통적 개념에 근거하여 해설되었습니다.

그리고「도종지道種智」는 이 가운데 제1부의 두 번째에 해당하고, 그 내용은 (1)「도종지道種智」의 지분支分, (2)성문聲聞의 도를 아는「도종지道種智」, (3)독각獨覺의 도를 아는「도종지道種智」, (4)대승의 견도見道, (5)대승 수도修道의 작업, (6)신해信解, (7)신해信解의 이익, (8)회향廻向, (9)수희隨喜, (10)인발引發, (11)필경청정畢竟淸淨」의 십일법十一法으로 나누어져 있습니다.

이 십일법十一法은『현관장엄론』 제2장에서 설하는 31게송에 설해지고, 「칠십의七十義」에서는 제11부터 제21까지에 해당합니다.

❖ 『이만오천송반야경』에서의 「도종지道種智」

　『이만오천송반야경』에서 『현관장엄론』의 Ⅱ「도종지道種智」에 대응하는 부분은, 네팔에 전하는 산스크리트어 본 원전에서는 키무라木村高尉 교정본 제3분 책의 대부분을 차지하고 있습니다. 또 티베트어 역에서는, 제50권의 823쪽에서 1182쪽까지의 360쪽에 해당합니다. 이것은 Ⅲ「일체지一切智」를 설하는 부분의 약 8배로 되어 있습니다.

　한편 『이만오천송반야경』에 대응하는 현장玄奘 역 『대반야바라밀다경』「제2분」에서는 「제석품」 제25의 앞부분부터 「지옥품」 제39 중간까지에 해당합니다. 이처럼 『현관장엄론』에서 설하는 ⑴「도종지道種智」의 지분支分 ~ ⑾필경청정畢竟淸淨까지의 십일법十一法에 대응하는 경문은, 한역의 장·절을 나누는 방법과는 반드시 일치하지는 않습니다.

　(다음 쪽 〈표〉 참조)

••〈표〉『現觀莊嚴論』 II 「道種智」의 十一法

『現觀莊嚴論』七十義 [11]-[12]	『이만오천송반야경』			다르마린체에 의한 분과
	키무라 校訂 梵本	티베트어譯 (깐규르)	玄奘 譯	
(1)「道種智」의 支分 lam śes kyi yan lag	Vol.3 1-1~2.22	Vol.50-823- 7~826-6	帝釋品	1.lam śes kyi yan lag
(2)聲聞의 도를 아는 「道種智」 ñan thos kyi lam śes paʼi lam śes	2- 23~11.22	826- 7~846-18	帝釋品	2.yan lag can gyi lam śes
(3)燕閣의 도를 아는 「道種智」 raṅ rgyal gyi lam śes paʼi lam śes	11- 23~27-9	846- 19~880- 20	帝釋品 信受品 散華品	2-1.slob ma ñan thos kyi lam śes paʼi lam śes
				2-2.bse ruʼi lam raṅ saṅs rgyas kyi lam śes paʼi lam śes
(4)大乘의 見道 theg chen gyi mthoṅ lam	27-10	881- 1~933-1	散華品 授記品 攝受品	2-3.byaṅ chub sems dpaʼi lam śes
				2-3-1.theg pa chen poʼi mthoṅ baʼi lam
(5)大乘 修道의 作業 theg chen gyi sgom lam gyi byed pa	52- 12~56- 22	933- 2~942- 9	攝受品 窣堵波品	2-3-2.theg pa chen poʼi sgom lam
				2-3-2-1.theg chen sgom lam gyi byed pa
(6)信解 mos pa sgom lam	56- 23~100- 15	942- 10~1036 -4	福生品 功德品 外道品 天來品 設利羅品	2-3-2-2.zag bcas sgom lam
				2-3-2-2-1.mos pa sgom lam
				dṅos
				phan yon
(7)信解의 利益 mos paʼi phan yon	100-16 ~122-20	1036-5 ~1084-7	經文品	2-3-2-2-1-2.bsṅo ba yid la byed pa
(8)廻向 bsṅo ba sgom lam	122-21 ~140-13	1084-8~ 1124-14	隨喜廻 向品	2-3-2-2-1-3.rjes su yi raṅ ba yid la byed pa
(9)隨喜 rjes su yi raṅ sgom lam	140-14 ~142-23	1124-15 ~1130-11	隨喜廻 向品	2-3-2-2-2.zag med sgom lam
(10)引發 sgrub pa sgom lam	142-24 ~148-27	1130-12 ~1146-2	大師品	2-3-2-2-2-1.sgrub pa sgom lam
(11)畢竟清淨 mam dag sgom lam	148-28 ~164-8	1146-3~ 1182-16	地獄品	2-3-2-2-2-2.śin tu rnam par dag pa źes bya baʼi sgom lam

✸ 「도종지道種智」의 십일법十一法

그럼 이번에 다룰 「도종지」의 십일법十一法에 대해서 순서를 따라 살펴보겠습니다.

⑴「도종지道種智」의 지분支分은 「도종지道種智」의 총론總論에 해당합니다. 『이만오천송반야경』에 의하면 붓다의 설법 자리에 욕계·색계의 모든 신들이 모여들었는데, 그들이 발하는 빛은 여래의 몸에서 발하는 상광常光에 비하면 백분百分의 일一, 천분千分의 일一 내지 백천百千 구지분俱胝分, 우파니사타분의 일一에도 미치지 못하였습니다. 이것은 신神들의 자만심을 부수고, 무상보리無上菩提로 발심發心시키기 위해서입니다.

그리고 ⑴「도종지」의 지분支分은 ⑴천신天神들의 빛이 가려진 것天光隱蔽이라고도 합니다. 신들의 왕자 제석천이 수보리에게 반야바라밀의 설시說示를 간청하자, 수보리는

교시가憍尸迦여, 그대 제천諸天들 가운데 아직 무상보리심을 내지 못한 자는 지금 모두 확고히 일으켜야

하느니라. 모든 성문·연각 중에 이미 정성이생正性離生[2]에 들어간 자는 또한 대보리심大菩提心을 일으킬 수 없느니라. 왜냐하면 교시가여, 그는 생사生死에서 이미 결계結界하였기 때문이니라.

라고 설하였습니다. 이 경문 후반의 해석에 관해서는 뒤에 서술하는 것처럼 '성문聲聞·연각緣覺도 성불成佛할 수 있는가?' 라는 논의를 낳게 되었습니다.

(2)성문聲聞의 도를 아는 「도종지道種智」 이하는, 지분支分을 가지는 「도종지道種智」라고 불리며, 「도종지道種智」의 각론各論에 해당합니다. 전체는 (2)성문의 도, (3)독각獨覺의 도, (4)이하의 보살도를 아는 「도종지道種智」 세 가지로 나누어집니다. 보살의 도는 (4)대승 견도見道와 (5)이하 대승 수도修道로 나누어지고 대승 수도修道는 다시 한번 (6)「신해信解」 (7)「신해 이익의 유루有漏 수도修道」와 (10)「인발引發」 (11)「필경청정畢竟淸淨의 무루無漏 수도修道」로 나누어집니다.(〈표〉참조)

......

2) 正性離生:三界의 생존을 영원히 벗어난 것. 三乘의 사람이 見道에 들어가서 진리를 보고 見惑을 남김없이 끊어서 三界의 생존을 영원히 벗어난 것을 말한다.

이 가운데 ⑵성문의 도를 아는 「도종지道種智」는 붓다가 사르나트에서 다섯 비구에게 설한 사성제의 16현관現觀이 주제가 되어 있습니다.

『이만오천송반야경』의

보살마하살은 「일체상지상응一切相智相應」의 마음을 내어, 무소득無所得으로써 방편이 되게 하고, 색色은 무상無常이라 생각作意해야 하느니라.

라고 하는 문장 다음이 사제四諦 16현관現觀을 설한 경문이라 합니다.

다음 ⑶독각獨覺은 번뇌가 적으므로 시끄러움을 피해 홀로 있는 것獨居을 즐기고, 보살에 비해 연민[悲]이 적으므로 광대한 이타利他의 능력이 없습니다. 마지막 유有에서 다른 교시教示를 받지 않고 스스로 보리菩提를 깨달았다고 합니다.

『이만오천송반야경』의

그때 모임에 있던 모든 천자天子들이 생각하였다.

'모든 야차[藥叉]들의 말과 주문呪文이 아무리 비밀스러운 것이라도 우리들은 모두 알 수 있었는데, 수보리 존자께서 반야바라밀다에 대하여 갖가지 말로 나타내 주셨는데도 우리는 끝내 알 수 없구나.'라고 하였다.

라는 것은 독각獨覺의 도를 아는 「도종지道種智」로 설한 경문이라 합니다.

다음의 ⁽⁴⁾「대승 견도見道」는 ⁽¹⁾「도종지 지분支分」과 마찬가지로 사성제의 16현관을 본체本體로 하는데, 대승 견도見道는 자신 심상속의 공성空性을 현전에서 깨닫는 대승의 지혜에 의해 받아들여진다는 점에서 「성문의 사성제 현관現觀」에 비교해 현격히 뛰어납니다.

⁽⁵⁾「대승 수도修道의 작업」 이하는 대승의 수도修道에 해당합니다. 수도修道는 ⁽⁵⁾「수도修道의 작업」과 ⁽⁶⁾「신해信解」 이하의 작업을 포함하는 수도修道의 둘로 나뉘어 집니다. 그리고 ⁽⁶⁾「신해信解」 이하는 ⁽⁶⁾「신해信解」, ⁽⁷⁾「신해信解의 이익」, ⁽⁸⁾회향廻向, ⁽⁹⁾수희隨喜로 나누어지고, 다시 「신해信解」는, ⁽⁶⁾「신해信解의 본체本體」와 ⁽⁷⁾「신해信解의 이익」

으로 나누어집니다.

⁽⁴⁾「대승 견도見道」 뒤에 「수도修道」를 설한 것은, 보살은 견도見道 후에 수도修道로 들어가기 때문입니다. 또 그 처음에 ⁽⁵⁾「수도修道의 작업」을 설한 것은 작업에 의해 수도修道가 생기기 때문입니다.

또 ⁽⁶⁾「신해信解」~⁽⁹⁾「수희隨喜」는 다양한 세속의 형상이 나타나기 때문에 「유루有漏의 수도修道」라 하고, ⁽¹⁰⁾「인발引發」~⁽¹¹⁾「필경청정」은 세속의 형상이 나타나지 않으므로 「무루無漏의 수도修道」라고 합니다.

유루의 수도修道를 ⁽⁶⁾「신해」, ⁽⁷⁾「신해의 이익」, ⁽⁸⁾회향, ⁽⁹⁾수희로 나누는 것은 다함 없는 선근을 쌓아 증가시킨다는 3덕三德이 있기 때문입니다. 그리고 이 가운데 ⁽⁶⁾「신해」를 먼저 설한 것은, 다함 없는 선근을 쌓아 증가시키려면 먼저 선근을 쌓아야 하기 때문입니다.

⁽⁶⁾「신해」 뒤에 ⁽⁷⁾「신해의 이익」을 설한 이유는, 반야바라밀을 신해信解하면 붓다와 높은 단계의 보살들이 찬탄한다고 설하며 보살을 분발시키기 위해서입니다.

「신해의 이익」 뒤에 ⁽⁸⁾회향을 설한 이유는, 반야바라밀을 신해함으로 인해 선근善根을 보리로 회향하는 것이 생기기 때문입니다.

⑧회향 뒤에 ⑨수희를 설한 이유는, 바르게 회향함으로 생긴 복덕을 수희함으로 인해 복덕이 증가하기 때문입니다.

⑹「신해」~⑼「수희」의 「유루의 수도」 뒤에, ⑽「인발」⑾「필경청정」의 「무루의 수도」를 설한 이유는, ⑹신해, ⑧회향, ⑼수희의 세 가지 수도修道는 무분별지無分別智에 의해 받아들여야 하기 때문입니다.

「무루의 수도修道」에 ⑽인발引發과 ⑾필경청정 두 가지가 있는 것은, 「무루의 수도修道」에 「무간도無間道」와 「해탈도解脫道」 두 가지가 있기 때문입니다.

⑽인발引發을 먼저 설한 것은, 무간도無間道는 해탈도解脫道보다 먼저 수행하는 것이기 때문입니다. 그리고 「무루의 수도修道」가 「유루의 수도修道」보다 뛰어나다는 것은, 무분별지無分別智가 없으면 ⑹신해, ⑧회향, ⑼수희隨喜에 의해서도 불과佛果를 얻지 못하기 때문입니다.

⑾필경청정에는 역연逆緣과 순연順緣이 있습니다. 순연順緣이라는 것은, 붓다의 응신應身으로 승사承事하고 육바라밀을 닦는 것을 가리킵니다. 역연逆緣이라는 것은, 마

라[惡魔]에 홀려 있어서 희론戱論을 여의는 매우 깊은 법을 이해하지 못하고, 이것과 반대로 오온五蘊 등을 실제로 존재한다實有고 집착하는 것을 가리킵니다. 그리고 이러한 역연逆緣들을 버리고 순연順緣을 만족하면 궁극적인 청정淸淨이 생긴다고 합니다.

◈ 정리

『현관장엄론』의 Ⅱ「도종지道種智」는, 붓다의 지혜인 「일체상지」에 이르는 도를 알아차리는 지혜를 다루고 있습니다. 그러나 보살은 중생을 구제하기 위해 성문·연각의 도에 대해서도 알아야만 합니다.

중생 중에는 성문승聲聞乘, 연각승緣覺乘의 근기도 존재하기 때문에 Ⅱ「도종지道種智」에는 삼승三乘의 도를 알아차리는 지혜가 모두 포함되게 되었습니다. 그러나 성문승과 연각승의 성자는, 일단 윤회의 세계에서 벗어나면 다시 생을 받는 일이 없다고 합니다. 그래서 이승二乘의 성자도 마지막에 대승大乘으로 전향하고, 불과佛果를 얻을 수 있느냐 하는 것이 대승불교의 큰 문제가 되었습니다.

본 장의 (1)「도종지의 지분支分」에 관해서, 하리바드라의 『현관장엄광명』에서 전개된 논의는, 동아시아 불교권의 천태天台・법상法相 사이에서 다투었던 「삼승三乘은 방편이고 일승一乘은 진실이다[三一權實]」라는 논쟁과 비슷한 점이 있어 흥미롭습니다.

다음 장에서는 삼지三智를 명확하게 하는 제1부 가운데 마지막 부분인 Ⅲ「일체지一切智」에 관해 살펴보겠습니다.

〈반야학〉 입문
미륵보살이 반야경을 해설한
『현관장엄론』

III.

일체지
一 切 智

제10장

「일체지—切智」에 대하여

앞 장에서는 『현관장엄론』「팔현관八現觀 칠십의七十義」의 체계에 있어 「삼지三智」의 제2에 해당하는 Ⅱ「도종지道種智」를 간략히 살펴보았는데, 본 장에서는 제3에 해당하는 Ⅲ「일체지—切智」를 살펴보겠습니다.

◈ 『현관장엄론』에서 「일체지—切智」의 위치

지금까지 보아왔듯이 반야학에서는 『현관장엄론』의 팔현관八現觀이 Ⅰ「일체상지」 Ⅱ「도종지」 Ⅲ「일체지」의

「삼지三智」를 명확히 한 제1부, Ⅳ「일체상현등각」Ⅴ「정현관」Ⅵ「점현관」Ⅶ「일찰나현등각」의 「사가행四加行」을 설한 제2부, 그리고 Ⅷ「법신」을 설한 제3부의 세 가지로 정리하여, 이 3부가 「기초·도·과」(시·람·데)라는 티베트불교의 전통적 개념에 근거하여 해석되었습니다.

그리고 「일체지一切智」는 이 가운데 제1부의 제3에 해당하고, 그 내용은 다시 ⑴혜慧로 유有에 머물지 않고, ⑵비悲로 적寂에 머물지 않고, ⑶반야에서 먼 기지基智, ⑷반야에서 가까운 기지基智, ⑸능퇴치能退治의 기지基智, ⑹소퇴치所退治의 기지基智, ⑺기지基智의 가행加行, ⑻기지基智 가행의 평등성平等性, ⑼성문승 견도見道라고 하는 9법으로 나누어집니다. 이 9법은 『현관장엄론』 본송 제3장의 16게송으로 설하고, 「칠십의七十義」에서는 제22부터 제30까지에 해당합니다.

또한 반야학에서는 「일체지一切智」는 「기초·도·과」의 기초(시)에 해당하므로 「기지基智」(시세)라고 불리는데, 이것은 Ⅰ「일체상지一切相智」와 헷갈리기 쉬우므로 구별하기 위해서입니다.

또 Ⅲ「일체지一切智」가 제1부의 마지막에 위치하므로

끝에 「삼지三智」의 총괄을 붙이고 있는데, 이 부분은 「칠십의七十義」에서는 헤아릴 수 없습니다.

❀ 『이만오천송반야경』에서의 「일체지一切智」

『이만오천송반야경』에 있어 『현관장엄론』의 Ⅲ「일체지一切智」에 대응하는 부분은, 네팔에 전하는 산스크리트어본 원전에서는 키무라木村高尉 교정본 제3분 책의 말미를 차지하고 있습니다. 또 티베트어 역에서는 제50권의 1182쪽부터 1234쪽까지 53쪽에 해당합니다. 이것은 Ⅱ「도종지」를 설한 부분의 약 8분의 1로 되어 있습니다.

한편 『이만오천송반야경』에 대응하는 현장玄奘 역 『대반야바라밀다경』 「제1분」에서는 「청정품淸淨品」 제40과 「무표치품無標幟品」 제41에 해당합니다.

또한 Ⅲ「일체지」에 대응하는 부분에서는 범본·티베트어 역과 한역漢譯의 격차가 크고 ⑴「혜慧로 인해 유有에 머물지 않음, ⑵비悲로 인해 적寂에 머물지 않음, ⑶반야에 먼 기지基智, ⑷반야에 가까운 기지基智」에서는 『현관

장엄론』에서 설하는 하나의 주제[一義]에 대응하는 한역
의 경문이 『대반야바라밀다경』「제2분」에는 존재하지
않고, 『십만송반야경』에 상응하는 「초분」에서만 보이는
것이 있습니다. (아래 〈표〉 참조)

•• 〈표〉 『現觀莊嚴論』 Ⅲ 一切智의 九法

『現觀莊嚴論』 七十義 [22]-[30]	『이만오천송반야경』		玄奘譯	약튄에 의한 분과
	키무라 校訂 梵本	티베트어 역 (깐규르)		
(1)慧로 인해 有에 머물지 않음 śes pas srid la mi gnas paʼi lam śes	Vol.3 165–1~165–7	Vol.50 1182–17~1183–6		1.srid źi la gnas kyi khyad par
(2)悲로 인해 寂에 머물지 않음 sñiṅ rjes źi la mi gnas paʼi lam śes				
(3)般若에 먼 基智 ʼbras yum la riṅ baʼi gźi śes	165–8~165–19	1183–7~1184–1		2.ʼbras yum la ñe riṅ gi khyad par
(4)般若에 가까운 基智 de la ñe baʼi gźi śes	165–20~166–1	1184–2~1184–5	淸淨品	
(5)能退治의 基智 mi mthun phyogs kyi gźi śes	166–2~17–18	1184–6~1194–21		3.spaṅ bya daṅ gñen poʼi khyad par
				3-1.gźi lam la mtshan ʼdzin gyi spaṅ gñen
				3-2.ʼbras bu la mtshan ʼdzin gyi spaṅ gñen
(6)所退治의 基智 gñen poʼi phyogs kyi gźi śes				3-3.de dag gi mjug bsdu ba

			無標治品	
(7)基智의 加行 gźi śes kyi sbyor ba	170-19~176-32	1195-1~1211-2		4.de gñis kyi gnas lugs sgom tshul gyi khyad par
(8)基智 加行의 平等性 gźi śes kyi sbyor baḥi mñam ñid	176-33~177-15	1211-3~1212-16		4-1.dṅos bśad pa
				4-2.mñam ñid bśad par
(9)聲聞乘의 見道 ñan thos kyi rtogs rigs su gnas paḥi mthoṅ lam	177-16~183-13	1212-17~1227-12		5.bsgoms paḥi 'bras buḥi khyad par
三智의 모음 mjug bsdu ba	183-14~185-29	1227-13~1234-1		mjug bsdu ba

 ## 「일체지一切智」의 구법九法

그럼 이번에 다룰 「일체지」의 구법九法에 대해 순서대로 살펴보겠습니다.

우선 (1)혜慧로 인해 유有에 머물지 않고, (2)비悲로 인해 적寂에 머물지 않는다는 것이 「칠십의七十義」에서는 두 가지 의義로 되어 있는데 『이만오천송반야경』의 경문에서는 하나로 정리되어 있습니다.

아래에 전문을 인용하면,

수보리가 붓다께 말씀드렸다. "세존이시여, 반야바

라밀은 보살마하살의 이 언덕[此岸]에 있지 않고, 저 언덕[彼岸]에 있지 않고, 그 양쪽 내지 중간에서도 얻을 수 없습니다." 붓다께서 말씀하셨다. "수보리여, 필경 청정하기 때문이니라."

수보리가 말씀드렸다. "세존이시여, 무슨 까닭으로 반야바라밀은 보살마하살의 이 언덕에도 있지 않고, 저 언덕에도 있지 않고, 그 양쪽 내지 중간에도 얻을 수 없다고 하시나이까?" 붓다께서 말씀하셨다. "삼세의 법성이 평등하기 때문이며, 필경 청정하기 때문이니라."

여기에서 「보살마하살의 이 언덕」이라는 것은 생사윤회에 대한 집착, 「보살마하살의 저 언덕」이라는 것은 열반에의 집착을 의미하고, 또한 「그 양쪽 내지 중간에도 얻을 수 없다」는 것은 생사·열반 어느 것에도 집착하지 않는 대승의 경지 또한 무상無相이기 때문입니다. 이로 인해 보살은 지혜에 의해 유有 즉, 생사윤회에 머물지 않고, 중생을 구제한다는 자비심에 의해 열반에도 머물지 않는다는 대승의 「일체지一切智」를 설했다는 것입니다.

⁽³⁾반야에 먼 기지基智란, 이처럼 이해하더라도 방편方便이 없으면 열반에서 멀어지는 것을 의미합니다.

『이만오천송반야경』에서는,

> 수보리가 말씀드렸다. "세존이시여, 대승에 머무는 선남자 선녀인들이 만약 방편선교[善巧]가 없이 이 반야바라밀에 대해 지각[想]을 일으키면, 유소득有所得으로 방편을 삼기 때문에 반야바라밀을 버리고 멀리하게 됩니다."

라고 설하고 있습니다.

이에 비해 ⁽⁴⁾「반야에 가까운 기지基智」란, 대승의 성자는 반야·방편의 쌍운雙運에 의해 삼세 일체법의 불생不生과 평등성을 깨닫기 때문에 반야에 가깝다고 여깁니다.

『반야경』에서,

> 수보리가 말씀드렸다. "세존이시여, 대승에 머무는 선남자 선여인이 만약 방편선교善巧가 있어서 무소득으로 방편을 삼고, 이 반야바라밀에 있어 이름과 형

상[名相]을 취하지 않고, 탐착을 일으키지 않고, 교만을 부리지 않으면 곧 실상반야實相般若를 잘 증득하게 되는 것이니, 마땅히 이런 것을 반야바라밀을 버리거나 멀리하지 않는다고 이름하는 것을 알아야 하느니라."

라고 하는 것이 이것에 상응하는데, 이상하게도 이 경문은 『이만오천송반야경』에는 없고, 『십만송반야경』에서만 볼 수 있습니다.

그래서 『이만오천송반야경』에서는, 『십만송반야경』에 상응하는 현장玄奘 역 초분에서 이 한 절에 이어서,

수보리가 붓다께 말씀드렸다. "매우 놀라운 일이나이다, 세존이시여. 뛰어난 보살마하살들을 위해 이 반야바라밀에 있어 집착과 무집착의 상相을 열어 보이시고 분별해 주셨습니다."

를 (4)「반야에 가까운 기지基智」에 해당 경문이라고 하는데, 이것에는 꽤 무리가 있어 보입니다.

다음 (5)「능퇴치能退治의 기지基智」와 (6)「소퇴치所退治의 기지基智」도, 「칠십의七十義」에서는 2의二義라고 되어 있는데, 『이만오천송반야경』의 경문상에는 하나로 정리되어 있습니다. 여기에서 (5)「능퇴치能退治의 기지基智」와 (6)「소퇴치所退治의 기지基智」를 설한 이유는, 반야에 먼 이승二乘의 기지基智를 반야에 가까운 대승의 기지基智로 전환시키기 위해서입니다.

『이만오천송반야경』의

　수보리가 말했다. "사리불이여, 대승에 머무는 선남자 선여인이 만약 방편 선교善巧가 없어서 색色에 있어 공空이라고 하는 공상空想을 일으켜 집착하고, 수·상·행·식에 있어 공空이라고 하는 공상空想을 일으켜 집착하고, 개별화합의 온蘊·처處·계界와 십이연十二緣의 각지各支에 있어 공空이라고 하는 공상空想을 일으켜 집착하고, 보시바라밀에 있어 공이라고 하는 공상空想을 일으켜 집착하고, (중략)「일체지」에서 공이라는 공상空想을 일으켜 집착합니다."

라고 설한 경문이라 여깁니다. 한편 이 경문은 범본과 티베트어 역에 있지만, 한역에서는 구마라집 역 『대품반야경』·현장玄奘 역 『대반야바라밀다경』 「제2분」에 모두 없고, 『십만송반야경』 「초분」에만 있습니다.

이처럼 (5)능퇴치能退治와 (6)소퇴치所退治를 듣고 생각한 후에 이것을 닦아야만 하기 때문에 (7)기지의 가행과 (8)기지 가행의 평등성을 설하였습니다. (7)기지의 가행은 거듭 ①색色 등 ②무상無常 등 ③원만圓滿·불원만不圓滿 ④집착·무집착無執着 ⑤불변이不變異 ⑥무작자無作者 ⑦난사難事 ⑧과果의 불허不虛 ⑨타연他緣 ⑩칠종신통七種神通이라는 열 가지로 나누어집니다.

그리고 이들의 가행加行은 평등성平等性이라는 점에서 닦을 필요가 있으므로 (8)기지의 가행 평등성을 설하였습니다.

『이만오천송반야경』의

"교시가憍尸迦여, 보살마하살은 반야바라밀을 수행하면서 이것은 색色이라고 집착하지 않고, 색에 말미암은 것이라 집착하지 않고, 색을 내 것이라 집착하

지 않느니라."

라고 설한 경문이라 합니다.

마지막 ⁽⁹⁾성문승의 견도見道는 사성제의 16현관을 중심으로 합니다. 사성제란 붓다께서 사르나트에서 5명의 비구들에게 처음으로 설한 교설로서, 아비달마에서는 사성제의 각각에 법지인法智忍·법지法智·유지인類智忍·유지類智의 4찰나를 세우므로, 사성제의 이치를 깨닫는 「사제현관四諦現觀」에는 16찰나를 필요로 한다고 합니다. 이것이 「사성제의 16현관現觀」입니다.

사성제四聖諦는 세르나트에서 5명의 비구가 번뇌를 끊고 아라한과阿羅漢果를 얻은 가르침이기 때문에 성문승聲聞乘을 대표하는 교설로 여겨왔습니다. 그래서 사성제四聖諦의 16현관現觀이 ⁽⁹⁾성문승의 견도見道라고 여겼던 것입니다.

『이만오천송반야경』에 의하면, 붓다의 위신력에 의해 모든 천상계의 신들이 『반야경』을 설하는 곳인 영취산으로 모여들었습니다. 그리고 붓다는 미래에 미륵이 성도成道할 때에도, 현재 현겁賢劫의 천불千佛이 성도成道할 때에도, 모두 이 영취산에서 반야바라밀을 선설宣說할 것이라고 예언합니다. 그래서 수보리는 미륵이 성도成道했을 때 어떠한 반야바라밀을 설할 것인가를 질문합니다. 이 이하의 경문이 사성제의 16현관에 나란히 배치되어 해석되고 있습니다.

또한 성문의 견도見道 뒤에는 수도修道가 설해져야 마땅한데 「하리바드라」는 보살은 성문의 도를 두루 알지 않으면 안 되지만, 반드시 현증現證해야만 하는 것도 아니므로 성문의 수도修道는 설하지 않았다고 하고 있습니다.

이것으로 III「일체지」의 구법九法은 끝나지만 『현관장엄론』 본송에서는, 그 뒤의 제16게송에서 「삼지三智」의 총괄이 설해지고 『이만오천송반야경』에도 그에 대응하는 경문을 세우고 있습니다. (본장 중 〈표〉 참조)

🔷 정리

『현관장엄론』의 III「일체지一切智」는 대승으로부터는

뒤떨어진 가르침이라 여겨지는 성문·연각의 지혜를 다루고 있습니다. Ⅲ「일체지一切智」의 마지막에 사성제의 16현관을 중심으로 하는 성문의 견도見道를 설한 것은 그 때문입니다. 그러나 『이만오천송반야경』은 성문·연각도 반야바라밀을 익혀야 한다고 설하고 있습니다. 그래서 Ⅲ「일체지一切智」에서는 대승의 입장에서 보는 「일체지一切智」의 해석을 설하게 되었습니다.

또한 Ⅲ「일체지一切智」에 관해서는 『현관장엄론』과 『이만오천송반야경』의 네팔계 범본이나 티베트어 역, 구마라집·현장의 한역 사이에 불일치가 있으며, 그것이 이 부분을 난해難解하게 하고 있습니다. 여기에서는 현장玄奘 역 『대반야바라밀다경』 「초분」에서 빠진 문장을 보충하는 것으로 『현관장엄론』과의 관계를 이해할 수 있도록 배려하였습니다.

또한 본 장에서 「삼지三智」를 명확하게 한 제1부의 해설이 끝났으므로 다음 장부터는 「사가행四加行」을 설하는 제2부를 살펴보겠습니다.

《반야학》입문

미륵보살이 반야경을 해설한
『현관장엄론』

Ⅳ.

일체상현등각

一 切 相 現 等 覺

제11장

「일체상현등각一切相現等覺」의 행상

앞 장에서는 『현관장엄론』 「팔현관八現觀 칠십의七十義」
의 체계에 있어 「삼지三智」의 제3에 해당하는 Ⅲ「일체지」
를 살펴보았는데, 본 장부터는 「사가행四加行」 Ⅳ「일체상
현등각一切相現等覺」에 대해 살펴보겠습니다.

❖ 『현관장엄론』에서 「일체상현등각」 행상의 위치

본 책 제2장에서 보았듯이, 반야학에서는 『현관장엄
론』의 팔현관八現觀이 Ⅰ「일체상지」 Ⅱ「도종지」 Ⅲ「일체

지」인 「삼지三智」를 분명히 한 제1부, Ⅳ「일체상현등각」
Ⅴ「정현관」, Ⅵ「점현관」, Ⅶ「일찰나현등각」인 「사가행四加
行」을 설한 제2부, 그리고 Ⅷ「법신」을 설한 제3부로 정리
되었고, 이 세 부가 「기초·도·과」(시·람·데)라는 티베
트불교의 전통적 개념에 근거하여 해석되었습니다.

이 가운데 제2부에 해당하는 「사가행四加行」은 Ⅵ「일체
상현등각」과 Ⅴ「정현관」이 「의처依處」(원드챠와), Ⅵ「점현
관」과 Ⅶ「일찰나현등각」이 「견고堅固」(텐빠)라고 불리며,
이에 인과因果를 세우므로 사가행四加行이 된다고 여기는
데, 이 가운데 Ⅳ「일체상현등각」은 「의처依處」의 인因이
라 하고 있습니다. (아래 〈표〉1 참조)

·· 〈표〉1 『現觀莊嚴論』 사가행四加行의 차제

	주제	인과
Ⅳ「일체상현등각」 mam pa kun mñon par rdzogs par rtogs pa	依處 dbań du bya ba	因
Ⅴ「정현관」 rtse moî mñon par rtogs pa		果
Ⅵ「점현관」 mthar gyis paî mñon par rtogs pa	堅固 brtan pa	因
Ⅶ「일찰나현등각」 skad cig ma goig gis mñon par rtogs pa		果

「일체상현등각一切相現等覺」은 다시 (1)「일체상현등각一切
相現等覺의 행상行相」, (2)가행, (3)가행의 공덕德, (4)가행의 과

실失, ⁽⁵⁾가행의 상相, ⁽⁶⁾순해탈분 ⁽⁷⁾순결택분 ⁽⁸⁾불퇴보살의 상相 ⁽⁹⁾윤회와 열반의 평등, ⁽¹⁰⁾불국토청정, ⁽¹¹⁾선교방편이라고 하는 11의義로 나누어집니다. 그리고 이들은 「칠십의七十義義」에서는 제31에서 제41까지에 해당합니다.

◈ 『이만오천송반야경』에서의 「일체상현등각一切相現等覺」

『이만오천송반야경』에 있어 『현관장엄론』의 Ⅳ「일체상현등각」에 대응하는 부분은, 네팔에 전하는 산스크리트어본 원전에서는, 키무라木村高尉 교정본 제4분 책 전부, 201쪽를 차지하고 있습니다. 또 티베트어 역에서도 제50권과 제51권에 걸쳐 435쪽를 차지하고 있습니다.

한편 『이만오천송반야경』에 해당하는 현장玄奘 역 『대반야바라밀다경』「제2분」에서는 「불가득품不可得品」 제42부터 「습근품習近品」제59까지에 대응한다고 합니다. 그러나 지금까지 살펴보았듯이, 한역에서 장·절章節을 나누는 방법이 『현관장엄론』에 근거한 해석학과는 반드시 일치하지는 않습니다.

◈ 『이만오천송반야경』에서 「일체상현등각」의 행상

이 가운데 본 장에서 다룰 「일체상현등각一切相現等覺의 행상」은 Ⅳ「일체상현등각」의 ⑴「일체상현등각의 행상」에 해당하고, 「칠십의七十義」에서는 제31에 해당합니다. 「다르마린첸」의 『남세 · 닝뽀겐』이나, 「세라 · 제춘」의 『칠십의七十義』에서는 이 부분의 해설이 Ⅳ「일체상현등각」의 전반 즉 ⑴「일체상현등각의 행상」에서 ⑸「가행의 상」까지 약 절반을 차지하고 있어서, 중요한 논제로 여기고 있었다는 것을 알 수 있습니다.

『이만오천송반야경』에 있어 ⑴「일체상현등각의 행상」에 대응하는 부분은, 네팔에 전하는 산스크리트어본 원전에서는 키무라木村高尉 교정본 제4분 책의 첫머리, 겨우 8쪽에 지나지 않습니다. 또 티베트어 역에서는 제50권의 1234쪽~1248쪽까지 15쪽입니다. 이처럼 교리적으로는 중요해도 대응하는 『이만오천송반야경』의 경문이 짧은 예는 다른 곳에서도 볼 수 있습니다.

한편 『이만오천송반야경』에 상응하는 현장玄奘 역 『대
반야바라밀다경』 「제2분」에서는 「불가득품不可得品」 제
42에 대응합니다. 한역의 장·절 나누는 방법은, 『현관
장엄론』에 근거한 해석학과는 반드시 일치하지는 않지
만, 여기에서는 한역의 장·절과 『현관장엄론』의 1의一
義가 완전히 일치합니다. 단, 거기에 설하여진 교리 명제
의 순서는 『현관장엄론』에서 설하는 것과 완전하게는
일치하지는 않습니다.

또 산스크리트어본 원전, 티베트어 역, 한역(현장본)의
세 가지가 내용에는 큰 차이가 없습니다. 따라서 「일체
상현등각」의 행상은 「불가득품」에서 설하는 교리 명제
의 배열에 근거하여 구성된 것으로 생각됩니다.

◈ 「일체상현등각」을 설하는 이유

또한 Ⅳ「일체상현등각」은 반야학에서 중시되는 논제
의 하나입니다. 그중에서도 ⑴「일체상현등각」의 행상은

ⅣⅤ「일체상현등각」을 구성하는 173행상을 처음 제시하고 있다는 점에서 중요한 의미가 있습니다.

「하리바드라」의 『현관장엄론소주』는 ⅣⅤ「일체상현등각」의 첫머리에서 이 장을 설한 이유로 다음과 같이 서술하고 있습니다.

> 제1부에서 분명하게 밝혀진 ⅠⅠ「일체상지」ⅡⅡ「도종지」 ⅢⅢ「일체지」의 세 종류의 「일체지」를 내 것으로 하기 위해, 다시 「일체상」·「도(종)」·「기지基智」를 하나로 모아 세 종류의 「일체지」를 수습하기 위해 「일체상현등각」을 설하였다.

한편 여기에서는 성문·연각의 지혜인 「일체지」를 「기지基智」(바스투·즈냐나)라고 하고 있습니다. 이 한 절에서는 「삼지三智」를 총합한 「일체지」와, 성문·연각의 지혜인 「일체지」의 혼동을 피하려고 성문·연각의 「일체지」를 「기지基智」라고 부른 것인데, 티베트 반야학에서는 이 용어의 혼동을 피하려고 「삼지三智」를 「기초·도·과」에 배대하여 해석할 경우, 「일체지」가 「기초」에 상응하도록 한결같이 사용하게 되었습니다. 그리고 이들 세 종류의「일체지」를 수습하는 방법은「지관쌍수의 유가瑜伽:요가」에 의한다고 설하고 있습니다.

◈ 「일체상현등각一切相現等覺」의 173행상

그리고 이 아래에서는「일체상현등각一切相現等覺」의 행상이 이「삼지三智」의 차제에 따라 설해지고 있습니다.

우선『이만오천송반야경』제4부의 첫머리에,

그때 수보리가 붓다께 말씀드렸다. "세존이시여, 이처럼 반야바라밀은 이「비유非有바라밀」입니다."

붓다께서 말씀하셨다. "허공이「비유非有」이기 때문이니라."

라고 설한 것이 173행상의 [1]「비유非有」에 해당하고 다음의,

"세존이시여, 이처럼 반야바라밀은 이「평등바라밀」입니다." 붓다께서 말씀하시기를 "일체의 법성이 평등하기 때문이니라."

라고 설한 것이 ²「불생不生」에 해당합니다. 또,

"세존이시여, 이처럼 반야바라밀은「멀리 여읨遠離바라밀」입니다." 붓다께서 말씀하시기를 "「필경畢竟의 공空」이기 때문이니라."

라고 설한 것이 ³「원리遠離」에 해당합니다. 또한

"세존이시여, 이처럼 반야바라밀은 이「난굴복難屈服바라밀」입니다." 붓다께서 말씀하시기를, "일체의 법성은「불가득不可得」이기 때문이니라."

라고 설한 것이 ⁴「난굴복難屈服」을 설한 것이라 합니다. 이상의 4가지 행상은「사성제」가운데「고성제苦聖諦」에 해당한다고 합니다. 이처럼「일체지」(基智)에 배당

되는 행상은, 고 · 집 · 멸 · 도인 「사제四諦」로 분류되어, 고제 · 집제 · 멸제에는 각각 「4행상」씩, 「도제道諦」는 다시 「3가지」로 나누어져 15행상이 배당되어 있습니다. 그래서 「기지基智」의 해당 행상의 총수는 27이 됩니다.

다음으로,

"세존이시여, 이처럼 반야바라밀은 「이염탁離染濁바라밀」입니다." 붓다께서 말씀하시기를, "일체법이 허망하지 않다고 깨닫기 때문이니라."

라고 설한 것이 「도종지」의 최초의 행상인 28「이염탁離染濁」에 해당하고, 이 이후 「도종지」에 상응하는 행상은 집제 · 도제 · 고제 · 멸제로 분류되어 도합 36행상이 배당되어 있습니다. 여기에서 통상의 사성제와 순서가 다른 것은, 「집제集諦」는 「고제苦諦」의 원인이며 「도제道諦」는 「멸제滅諦」의 원인이기 때문이라 여겨집니다. 더구나 「멸제 상응滅諦相應」의 행상에는 『반야경』에서 설하는 「16공空」이 배당되어 있습니다. 또한

"세존이시여, 이처럼 반야바라밀은 이「사념처四念
處바라밀」입니다." 붓다께서 말씀하시기를, "신·수
·심·법身受心法이 불가득이기 때문이니라."

라고 설한 것이「일체상지」최초의 행상인 64「신념처
身念處」 65「수념처受念處」 66「심념처心念處」 67「법념처法念處」
에 해당하고, 이 이후「일체상지」의 행상은 또한 성문(基
智)·보살(道種智)·붓다(一切相智)로 나누어집니다.

그리고 성문聲聞에는 ①사념처四念處, ②사정단四正斷 ③
사신족四神足 ④오근五根 ⑤오력五力 ⑥칠각지七覺支 ⑦팔성
도八聖道의 7과科로 이루지는 삼십칠보리분법三十七菩提分
法, 도합 37행상이 배당되어 있습니다. 또한 삼십칠보리
분법은 초기불교에서 기본적인 수도론修道論이라 여겨왔
습니다. 이것이 성문승聲聞乘에 해당하는「일체지(基智)」
에 배당되는 것은 이해할 수 있습니다.

한편 보살에는 ①삼해탈문三解脫門 ②팔해탈(八解脫:背捨)
③구차제정九次第定 ④사제四諦 ⑤십바라밀十波羅蜜 도합 34
행상이 배당되어 있습니다.

3智			行相
一切智(基智)	苦諦		1.非有 2.不生 3.遠離 4. 難屈伏
	集諦		5.無住 6.無空 7.無說 8.無名
	滅諦		9.無行 10.無奪 11.無盡 12.無起
	道諦	제1	13.無作者 14.無知者 15.無転変 16.無化導
		제2	17. 夢 18.山彦 19.光影 20.陽炎 21.幻
		제3	22.無煩惱 23.無淨 24.無染 25.無戲論 26.無念 27.無動
道種智	集諦		28.離染濁 29.無等起 30.寂 31.無貪 32.無瞋 33.無痴 34.無煩惱 35.無衆生
	道諦		36.無量 37.二邊不随行 38.無差別 39.無取著 40.無分別 41.不可量 42. 無著
	苦諦		43.無常 44.苦 45.空 46.無我 47.無相
	滅諦	滅行相	48.內空 49.外空 50.內外空
		靜行相	51.空空 52.大空 53.勝義空 54.有為空 55.無為空 56.畢竟空 57.無際空 58.散空
		妙行相	59.本性空
		離行相	60.一切法空 61.自性空 62.無性空
		離의 滅	63.無性自性空
一切相智	聲聞	四念處	64.身念處 65.受念處 66.心念處 67. 法念處
		四正斷	68.不善 69.善 70.生 71. 不生
		四神足	72.喜 73. 精進 74. 心 75.觀察
		五根	76.信 77.勤 78.念 79.定 80.慧
		五力	81.信 82.勤 83.念 84.定 85.慧
		七覺支	86.念 87.擇法 88.忍 89.喜 90.軽安 91.定 92.捨
		八聖道	93.正見 94.正思惟 95.正語 96.正業 97.正命 98.正精進 99.正念 100. 正定
	菩薩	三解脫門	101.空 102.無相 103.無願
		八解脫	104.內有色想觀外色 105.內無色想觀外 106. 淨解脫 107.空無邊處 108.識無邊處 109.無所有處 110.非想非非想處 111.滅盡定
		9次第定	112.初禅 113.二禅 114.三禅 115.四禅 116.空無辺處 117.識無辺處 118.無所有處 119.非想非非想處 120.滅盡定
		四諦	121.苦 122.集 123.滅 124.道
		十波羅蜜	125.布施 126.戒 127.忍 128.精進 129.禅 130.般若 131.方便 132.願 133.力 134.智
	佛	十力	135.施處非是處智力 136.業報智力 137.禅定解脫三昧智力 138.上下根智力 139.種夕欲智力 140.種夕性智力 141.一切至處道智力 142.宿命智力 143.生死智力 144.漏盡智力
		四無畏	145.一切智無所畏 146.漏盡無所畏 147.說障道無所畏 148.說盡苦道無所畏
		四無礙	149.法無礙 150.義無礙 151.詞無礙 152.弁才無礙
		18不共佛法	153.身無失 154.口無失 155.念無失 156.無異想 157.無不定心 158.無不知已捨 159.欲無減 160.精進無減 161.念無減 162.慧無減 163.解脫無減 164.解脫知見無減 165.一切身業隨智慧行 166.一切口行隨智慧行 167.一切意業隨智慧行 168.智慧知過去世無碍 169.智慧知未來世無碍 170.智惠知現世無碍
		3佛性	171.如実說一切法 172.一切法自在轉 173.一切上現等覚

그리고 마지막으로 「붓다(「일체상지」)」에는 ①십력十力 ②
사무외四無畏 ③사무애四無礙 ④십팔불공불법十八不共佛法 ⑤
삼불성三佛性 도합 39행상이 배당되어 있습니다.

그리고 「일체상지」에 배당되는 행상行相은 합계 101이
되며, 이것에 「일체지」·「도종지」에 배당되는 행상을
더하면 「일체상현등각」의 행상 합계는 173이 됩니다.
또한 「일체상현등각」의 173행상에 대해 하나하나 설명
하는 것은 번잡해집니다. 그래서 173행상의 내역에 대
해서는 〈표〉2(전항), 『이만오천송반야경』과의 대응에 대
해서는 〈표〉3(아래)을 제작하였습니다. 자세한 것은 〈표〉
를 보아주길 바랍니다.

•• 〈표〉3 「일체상현등각」의 구성

| 『현관장엄론』「七十義」[31] | 3智에의 배당 | 『이만오천송반야경』 | | 행상의 수 |
		키무라 校訂 梵本	티베트 역 (깐규르)	
(1)「일체상현등각」의 행상	1.一切智(基智)	1-1~3-3	Vol.50-1234-2 ~1238-2	27
	2.道種智	3-4~6-2	1238-3~1243-14	36
	3.一切相智	6-3~6-20	1243-14~1244-16	110
	A.聲聞			37
	B.菩薩	6-21~7-25	1244-16~1247-2	34
	C.佛	7-26~8-11	1247-3~1248-6	39

❖ 정리

『현관장엄론』에 근거한 티베트 반야학은『반야경』의 경문을 보살의 수행단계와 결부하여 해석한다는 특징을 갖고 있습니다. 보살의 수행단계를 설하는 「사가행四加行」의 처음에 놓여진 「일체상현등각」의 173행상은 그 수습대상인 「삼지三智」를 정리하여 제시하는 부분이며, 티베트 반야학에서도 가장 중요한 요소 중 하나로 헤아려 왔습니다.

그래서 본 책에서도 이 부분은 「칠십의七十義」의 한 논제에 지나지 않지만, 특별히 1장을 할당하여 자세하게 살펴보기로 하였습니다.

또한 여기에서 제시한 173행상을 가진 「일체상현등각」을 어떻게 수습하느냐 하는 문제는, Ⅳ「일체상현등각」의 전반의 나머지 부분 즉, ⑵「가행」⑶가행의 공덕功德 ⑷가행의 과실過失 ⑸가행의 상相으로 다루게 됩니다. 이것에 대해서는 다음 장 이후에서 상세하게 살펴보겠습니다.

제12장

「일체상현등각」의 가행

앞 장에서는 『현관장엄론』의 「사가행四加行」 첫 번째에 해당하는 IV「일체상현등각」의 앞부분에 설하여진 (1)「일체상현등각의 행상行相」을 해설하였는데, 본 장에서는 그 (2)「일체상현등각의 가행加行」에 대해 살펴보겠습니다. (2)「일체상현등각」의 가행加行도 앞에서 본 (1)「일체상현등각의 행상行相」과 마찬가지로 중요한 논제를 포함하고 있으므로 한 장에서 하나의 주제[一義]로 다루기로 하고 (3)가행의 덕 이하는 다음 장으로 돌리도록 하겠습니다. 「일체상현등각의 가행」은 「칠십의七十義」에서는 제32에 해당합니다.

◈ 『이만오천송반야경』에서 「일체상현등각」의 가행

　　『이만오천송반야경』에서 『현관장엄론』의 Ⅳ「일체상현등각」의 ⑵「일체상현등각의 가행」에 대응하는 부분은, 네팔에 전하는 산스크리트어본 원전에서는 키무라木村高尉 교정본 제4분 책의 8쪽부터 25쪽까지를 차지하고 있습니다. 또 티베트어 역에서는, 제50권의 1248쪽부터 1288쪽까지 41쪽에 해당합니다.

　　한편 『이만오천송반야경』에 대응하는 현장玄奘 역 『대반야바라밀다경』 「제2분」에서는 「동북방품東北方品」 제43의 전반 부분에 대응합니다. 한역의 장·절의 나누는 방법은 『현관장엄론』에 근거한 해석학과는 반드시 일치하지는 않지만, 여기에서는 『현관장엄론』의 ⑵「가행」과 ⑶「가행의 공덕」 2의義가 「동북방품」 제43에 일치합니다.

◈ 「가행자加行者」와 「가행加行」

　　또한 Ⅳ「일체상현등각」의 ⑵「가행」은 다시 「가행자加行

者」와 「가행加行」으로 나누어집니다. 더구나 「가행자」는
『현관장엄론본송』에서도 제4장 제6게·제7게의 두 게
송을 차지하고 있고, 1의義로써 따로 독립시켜도 좋은
논제이지만, 전통적으로 ⑵「가행加行」 속에 포함되어 있
습니다.

여기에서 「가행자加行者」를 먼저 설한 것은 ⑴「일체상
현등각의 행상」에서 「일체상현등각」의 173행상을 설해
도, 그것을 수행하는 자가 없이는 행상을 닦기 위한 별
도의 「가행」을 설할 의미가 없기 때문이라 생각됩니다.

✤ 4종류의 「가행자加行者」

『이만오천송반야경』의 Ⅳ「일체상현등각」 ⑵「가행」 해
당 부분의 앞부분에는 다음과 같이 설하고 있습니다.

때에 제석천왕이 이러한 생각을 했다. '만약 선남
자 선여인들이 반야바라밀의 깊고 깊은 경전의 법문
이라는 이름을 한 경이라도 들으면, 이 선남자 선여

인들은 이미 과거 무량한 여래 · 정등각에 친근 공양하고, 크게 서원을 세워 여러 선근善根을 심고, 많은 선지식이 섭수攝受하는 바가 되었으리라. 하물며 잘 서사書寫하고 수지受持하고 독송하고, 이치에 맞게 사유하고, 다른 이를 위해 연설하고, 혹은 힘을 따라 설한 것과 같이 수행함에서라.' (이하생략)

그리고 티베트 반야학에서는 이 경문이 「일체상현등각」의 「가행자加行者」를 설한 것이라 여깁니다. 그리고 『현관장엄론본송』은 그와 같은 「가행자加行者」를 ①과거와 현재의 제불諸佛을 공경하고 선근善根을 심은 자, ②신 · 구 · 의 삼업으로 제불을 기쁘게 한 자, ③제불께 의문점을 여쭌 자, ④청문請問한 의취義趣를 실행하여 보시 등의 바라밀을 성취한 자라고 하는 4종류로 분류하고, 이것이 각각 『반야경』의 「①청문, ②섭수, ③의義를 잃지 않음, ④여리작의如理作意」에 어울리는 그릇이라 설하고 있습니다. (아래. 〈표〉1 참조)

	過去의 善業	現世의 果報
네 가 지 「加行者」	①과거와 현재의 諸佛을 공경하여 선근을 심는다.	『반야경』의 경문経文을 듣는다.
	②몸·말·뜻 三業으로 諸佛이 기뻐 하시게 한다.	『반야경』의 경문経文을 섭수한다.
	③諸佛께 의문 나는 점을 여쭙는다.	『반야경』의 의미義를 잃지 않는다.
	④여쭈어본 의취義趣를 수행하고 보 시 등의 바라밀을 성취한다.	『반야경』의 이치를 사유한다.

✿ 「가행加行」의 20상相

그리고 이 아래에서는 「일체상현등각」의 「가행」이 20 상相으로 설해지고 있습니다. 『이만오천송반야경』에,

여러 보살마하살이 반야바라밀을 행할 때 색色에 머물지 않느니라. 만약 색에 머물게 되면, 이를 색에 머문다고 하느니라.

라는 경문이 20상의 ①색色 등에 머물지 않음을 분명 히 한 것이라 하고,

보살마하살은 색色을 닦아서는 안 되느니라. 만약 색色을 닦으면 색色을 닦는다고 하느니라.

라는 경문이 ②「수非修의 유가瑜伽」를 분명하게 한 것이라 합니다.

마찬가지로 「사리불이여, 색色의 진여가 깊고 깊으므로 반야바라밀다가 깊고 깊으니라.」는 ③「심심甚深」을, 「사리불이여, 색은 측량하기 어려우므로, 반야바라밀다는 측량해야 하는 것이 어렵느니라.」는 ④「측량하기 어려움難可測量」을, 「사리불이여, 색은 무량하므로 반야바라밀다는 무량하느니라.」는 ⑤「무량無量」을 설한 것이라 합니다. 그리고 5상相은 「초발심」부터 「십지」까지 보살의 모든 수행단계에 적합하므로 「자성自性의 가행」(람신기·즐와)이라고 불립니다.

이것에 대해 「간난艱難 뒤에 깨닫다」 이하의 15상相은 보살의 특정 수행단계에 적합하므로 「수시隨時의 가행」(네카프키·즐와)이라고 불립니다.

우선 『이만오천송반야경』에,

"세존이시여, 이 반야바라밀을 신학新學인 대승의 보살 앞에서 설해서는 안 됩니다. 이와같이 깊고 깊은 반야바라밀을 설하면 그의 마음이 놀라고 두려워하고 공포에 떨기 때문입니다."

라고 한 것이 ⑥간난艱難 후에 깨닫는 것을 설한 경문으로, 이것은 「자량도資糧道」의 둔한 보살에 대응한다고 합니다.

그리고 보살이 「난위煖位」에 이르면 법성法性을 명확하게 인식할 수 있게 되며, 붓다로부터 미래의 성불成佛을 보증받습니다. 이것이 가행의 20상相 가운데 ⑦「수기授記」를 얻는 것입니다. 『이만오천송반야경』에,

교시가憍尸迦(제석천의 본명)여, 만약 보살마하살이 이처럼 깊고 깊은 반야바라밀다를 듣고서, 마음에 놀라지 않고 두려워하지 않고 공포에 떨지 않으면, 마땅히 이 보살마하살은 이미 무상대보리의 수기授記를 받았다고 알아야 하느니라.

라는 것이, 이에 상응한다고 하고 있습니다.

그리고 이 이후, 『이만오천송반야경』의 경문에 따라, ⑧불퇴전不退轉 ⑨출리出離 ⑩무간無間 ⑪현등각現等覺에 대한 친근親近 ⑫신속迅速한 현등각現等覺 ⑬이타利他 ⑭부증불감不增不減 ⑮법·비법 등의 불견不見 ⑯색부사의色不思議 등의 불견不見 ⑰무분별無分別 ⑱과보果報의 시여施與 ⑲정화淨化 ⑳구경究竟이라는 20상相이 배당되어 있습니다.

그래서 「일체상현등각」의 「가행」은, 「자성自性의 가행」이 5상相, 「수시隨時의 가행」이 15상相으로 합계 20상相이 됩니다.

•• 〈표〉2 『現觀莊嚴論』 ⅣＶ「一切相現等覺」 (2)「加行」의 구성

『現觀莊嚴論』 七十義 [32]		加行의 20相	『이만오천송반야경』	
			키무라 校訂 梵本	티베트어 역(깐규르)
② 「一切相現等覺」의 加行	自性의 加行	①色 등에 머물지 않음	11-19~12-26	Vol.50-1254-20~1257-18
		②非修의 瑜伽	1 2-27~13-12	1258-19~1259-14
		③甚深	13-13~13-22:14-9~14-20	1259-15~1260-11:1262-4~1263-3
		④難可測量	13-23~13-32:14-21~14-30	1260-12~1261-8:1263-4~1263-20
		⑤無量	14-1~14-8:14-31~15-9	1261-9~1262-3:1264-1~1264-17
	隨時의 加行	⑥艱難 뒤에 깨달음	15-10~15-28	1264-17~1265-20
		⑦授記를 얻음	15-29~16-23	1266-1~1267-17
		⑧不退轉	16-24~17-4	1267-18~1268-14
		⑨出離	17-5~17-26	1268-15~1270-1

(2) 「一切相現等覺」의 加行	隨時의 加行	⑩無間	17-27~18-22	1270-2~1271-16
		⑪現等覺에의 親近	18-23~19-13	1271-17~1273-2
		⑫신속한 現等覺	19-14~19-30	1273-3~1274-4
		⑬利他	19-31~21-19	1274-5~1277-12
		⑭不增不減	21-20~22-15	1277-13~1279-18
		⑮法非法等의 不見	22-16~22-30	1279-19~1280-21
		⑯色不思議等의 不見	22-31~23-16	1281-1~1282-16
		⑰無分別	23-17~24-25	1282-17~1286-3
		⑱果寶의 施與	24-26~24-29	1286-4~1286-10
		⑲淨化	24-30~25-5	1286-11~1287-5
		⑳究竟	25-6~7-25	1287-6~1288-19

또한 이 「가행加行」의 20상相에 대해 하나하나 설명하는 것은 번잡하므로 그 내용과 『이만오천송반야경』과의 대응을 나타낸 〈표〉를 만들었습니다. 자세한 것은 〈표〉 2(앞쪽)를 보길 바랍니다.

◈ 정리

『현관장엄론』에 근거한 반야학은 『반야경』의 경문을 보살의 수행단계와 연결하여 해석한다는 특징을 가지고 있습니다. 이번에 살펴본 ⑵「가행」은 앞 절에서 설명한 「일체상현등각—切相現等覺」의 173행상의 수습차제를 제시하는 부분입니다. 이 가운데 「자성自性의 가행」은 보살 수행의 전반적으로 공통되는 것이지만, 「수시隨時의 가행」은 보살의 특정한 수행단계에 대응하는 것으로 생각할 수 있습니다.

그렇지만 『현관장엄론본송』에는 「가행」의 20상相을 전반의 5상相과 후반의 15상相으로 나누는 해석은 볼 수 있지만, 후반의 15상相이 보살의 수행단계의 어디에 해당하는지는 설명하고 있지 않습니다.

그래서 이 부분의 해석에 대해서는 인도·티베트 학자 사이에서도 견해가 다른 것을 볼 수 있습니다. 여기에서는 주로 「약튄·상게뺄」의 『현관장엄론주』와 「다르마린첸」의 『남세·닝뽀겐』에 근거하여 해설하였지만, 그 밖에도 다른 해석이 전해지고 있습니다.

또한 Ⅳ「일체상현등각」의 나머지 부분에 대해서는 다음 장 이후에서 설명하기로 하겠습니다.

제13장

「가행」의 「덕德」과 「실失」

앞장에서는 「사가행四加行」의 첫 번째에 해당하는 Ⅳ「일체상현등각」의 ⑵「가행」을 설명하였는데, 본 장에서는 Ⅳ「일체상현등각」의 ⑶가행의 공덕德, ⑷가행의 과실失의 두 가지를 설명하기로 합니다. 「가행의 공덕」과 「가행의 과실」은 『현관장엄론』「칠십의七十義義」에서는 제33과 제34에 해당합니다.

❖ 『이만오천송반야경』에서 가행의 공덕德과 과실失

『이만오천송반야경』에 있어『현관장엄론』 IV「일체상
현등각」의 (3)가행의 공덕德, (4)가행의 과실失에 대응하는
부분이, 네팔에 전하는 산스크리트어본 원전에서는 키
무라木村高尉 교정본 제4분책의 26쪽부터 58쪽까지를 차
지하고 있습니다. 또 티베트어 역에서는 제50권의 1288
쪽부터 1356쪽까지 69쪽에 해당합니다.

한편『이만오천송반야경』에 대응하는 현장玄奘 역『대
반야바라밀다경』「제2분」에서는 (3)가행의 공덕德이「동
북방품東北方品」 제43의 후반 부분, (4)가행의 과실失이
「마사품魔事品」 제44「불화합품不和合品」제45의 전반과
「불모품佛母品」 제46의 앞부분에 해당합니다. 이처럼 한
역의 장·절 나누는 방법은『현관장엄론』에 근거한 해
석학과는 반드시 일치하지는 않습니다. (아래 〈표〉1 참조)

•• 〈표1〉『現觀莊嚴論』「加行의 德」과「加行의 失」의 구성

『現觀莊嚴論』 七十義 [33]-[34]	『이만오천송반야경』		
	키무라 校訂 梵本	티베트어 역(깐규르)	漢訳(玄奘訳)
(3)加行의 德	26-1~34-27	Vol.50-1288-20~1306-14	東北方品(212a6~215c6)
(4)加行의 失	34-28~43-27	1306-15~1325-16	魔事品(215c7~218b11)
	43-28~56-29	1325-17~1352-20	不和合品(218b12~224b29)
	56-29~58-13	1325-21~1356-9	佛母品(224c1~225b5)

❀ 14가지 가행의 공덕德

그럼 이번에 다룰 두 가지 논제에 대해 순서에 따라 살펴보겠습니다.

우선 ⑶가행의 공덕德에는 ①악마의 힘 제복制伏, ②붓다의 억념憶念, ③붓다의 현전現前, ④정등각正等覺에의 친근親近, ⑤대의리성大義利性, ⑥방향의 설명, ⑦일체 무루공덕의 원만, ⑧화자성話者性, ⑨불괴성不壞性, ⑩불공선근不共善根의 생기生起, ⑪서원을 소기所期대로 성취하는 것, ⑫광대한 과果의 섭수攝受, ⑬중생 이익의 성취, ⑭결정의 획득이라는 14가지가 있다고 합니다.

『현관장엄론』은 이들 14가지 이름을 열거할 뿐이어서 내용을 이해하기 어려운데, 그 의미는 『이만오천송반야경』의 경문과 대조해 보면 명확해집니다. 우선

사리불이여, 이 붓다의 신력으로 저 악마로 하여금 여러 보살마하살이 깊고 깊은 반야바라밀을 서사書寫하고 수지·독송하고 수습·사유할 때 재난을 일으키지 못하게 하느니라.

라고 하는 것이 ①악마의 힘을 제복制伏하는 것에 해당합니다.

이 이후는 이름만으로는 이해하기 어려운데, 몇 개의 논제에 대해 보면, ⑥「방향의 설명」은

깊고 깊은 반야바라밀은 내가 멸도한 후, 동남쪽에 이르러 마땅히 점차 흥성할 것이니라.

이 아래는 유명한 『반야경』의 유포에 관한 「수기授記」에 해당합니다. ⑧화자성話者性은

사리불이여, 내가 저 모든 선남자 선여인을 위해 항상 「일체상지상응一切相智相應」의 법을 설하고, 과거의 여래·응공·정등각도 또한 저 모든 선남자 선녀인을 위해 「일체상지상응」의 법을 설하였느니라. 이 인연으로 저 선남자 선여인들은 후생後生에도 또한 무상정등보리를 구하여 나아가고 또한 능히 남을 위해 법을 설하게 하리라.

라고 한 절에 해당합니다. 마지막인 ⑭「결정의 획득」은,

사리불이여, 저 선남자 선녀인 등은 무상정등보리를 구하기 때문에 여러 중생을 권해 인도하며 칭찬·격려勸導讚勵하고, 이「육바라밀상응」의 경전을 수지·독송하고 사유하느니라. 이 선근善根에 의해 죽은 뒤에도 항상 이 육바라밀을 얻어 불국토佛土를 청정하게 장엄하고 중생을 성숙시키며, 무상정등보리를 온전히 증득할 때까지 가르침과 같이 육바라밀을 수행하고, 정진을 잠시도 멈추지 않느니라.

✤ 46가지「가행加行」의 과실失

다음 ⑷「가행의 과실失」에는 ①간난신고하여 얻는 것, ②과도한 변재辯才의 신속迅速, ③몸의 오욕汚辱, ④마음의 오욕汚辱, ⑤도리道理에 맞지 않게 행해진 암송暗誦 등, ⑥외면적인 상相에 대한 집취執取, ⑦인因에 관한 미란迷亂, ⑧소망 착미著味의 미란, ⑨무상승無上乘에 집착하는 미란,

⑩항상 설시說示하는 것에 관한 미란, ⑪인과의 결집에 관한 미란, ⑫무상無上의 경지에 관한 미란, ⑬많은 종류의 대경對境을 분별하는 변재辯才의 생기生起, ⑭서사書寫에의 집착이라는 장애, ⑮무無에의 집착이라는 장애, ⑯문자文

•• 〈표〉2 「가행」의 46가지 과실失

『二萬五千頌般若經』	티베트譯
1. krcchraprāpti	1. tshegs chen pos 'thob pa
2. atyāśupratibhānatā	2. spobs pa ha caṅ myur ches pa
3. kāyavikāradauṣṭhulya	3. lus kyi rnam par baî gnas ṅan len
4. cittadauṣṭhulya	4. sems kyi gnas ṅan len
5. ayogavihitasvādhyāyāditā	5. rigs pa ma yin pas bskyed paî kha ton la sogs pa
6. vaimukhyanimittagrāhitā	6. phyir phyogs paî rgyu mtshan 'dzin pa
7. hetubhraṃśa	7. rgyu las ñams pa
8. praṇītāsvādabhraṃśa	8. gya nom paî ro myoṅ ba las ñams pa
9. uttamayānabhraṃśa	9. theg pa mchog las ñams pa
10. uddeśabhraṃśa	10. ched du bya ba las ñams pa
11. hetuphalasasaṃbandhabhr=aṃśa	11. rgyu daṅ bras bu 'brel ba las ñams pa
12. niruttarapadabhraṃśa	12. goṅ na med paî gnas las ñams pa
13. bahuvidhaviṣayavikalpapra= tibhānot pāda	13. yul rnam pa maṅ po la rnam par rtog paî spobs pa 'byuṅ ba
14. likhanābhiniveśāntarāya	14. yi ge 'dri ba la mṅon par źen pa
15. abhāvābhiniveśāntarāya	15. dṅos po med pa la mṅon par źen pa
16. lipyakṣareṣareṣu prajñāpā= ramitā bhiniveśāntarāya	16. bris paî yi ge la śes rab kyi pha rol tu phyin par mṅon par źen pa
17. prajñāpāramitāyām anakṣarābhiniveśāntarāya	17. śes rab kyi pha rol tu phyin paî yi ge med pa la mṅon par źen pa
18. janapadādimanasikārāntar= āya	18. yul la sogs pa yid la byed pa
19. lābhasatkāraślokāsvādānta=rāya	19. rñed pa daṅ bkur sti daṅ tshigs su bcad paî ro myoṅ ba
20. amārgeṇopāyakauśalamār= gaṇāntarāya	20. lam ma yin pas thabs mkhas pa tshol ba
21. chandakilāsavaidhurya	21. 'dun pa daṅ sñom las kyis ñams pa
22. chandabhedaviṣayavaidhu= rya	22. 'dun paî yul tha dad pas ñams pa

23. lābhagauravālpecchatāvai= dhurya	23. rñed pa daṅ bkur sti daṅ 'dod pa che ba daṅ 'dod pa chuṅ ba ñid kyi tshogs pa daṅ ldan pa
24. dhūtaguṇayogāyogavaidhu= rya	24. sbyaṅs ba'i yon tan daṅ ldan pa daṅ mi ldan pas tshogs pa daṅ ldan pa
25. kalyāṇākalyāṇakāmatvavai= dhurya	25. dge ba daṅ mi dge ba ma yin pa'i chos ñid kyi tshogs pa daṅ ldan pa
26. tyāgamātsaryavaidhurya	26. gtoṅ ba daṅ ser sna byed pas tshogs pa daṅ ldan pa
27. dānagrahaṇavaidhurya	27. gtoṅ ba daṅ mi len pas tshogs pa daṅ ldan pa
28. udghaṭitajñavipañcitajñatā= vaidhurya	28. mgo smos pas go ba daṅ rnam par spros pas go bas tshogs pa daṅ ldan pa
29. sūtrādidharmābhijñānabhi= jñatāvaidhurya	29. mdo la sogs pa'i chos śes pa daṅ mi śes pas tshogs pa daṅ ldan pa
30. ṣaṭpāramitāsamanvāgamās= amanvāgamavaidhurya	30. pha rol tu phyin pa drug daṅ ldan pa daṅ mi ldan pas tshogs pa daṅ ldan pa
31. upāyānupāyakauśalavaidh=urya	31. thabs la mkhas pa daṅ thabs la mi mkhas pas tshogs pa daṅ ldan pa
32. dhāraṇīpratilambhāpratilam bhavaidhurya	32. gzuṅs thob pa daṅ gzuṅs ma thob pas tshogs pa daṅ ldan pa
33. likhitukāmatāvaidhurya	33. yi ge bri bar 'dod pa daṅ bri bar mi 'dod pas tshogs pa daṅ ldan pa
34. vigatāvigatakāmacchandā= divaidhurya	34. 'dod pa la 'dun pa la sogs pa daṅ bral ba daṅ ma bral bas tshogs pa daṅ ldan pa
35. apāyagativaimukhya	35. nan 'gror 'gro ba la phyir phogs pa
36. sugatigamanasaumanasya	36. bde 'gro 'gro ba la legs par phyogs pa
37. ekākiparṣadavacaratvavai= dhurya	37. gcig pu ñid daṅ 'khor la dga' ba ñid kyi tshogs pa daṅ ldan pa
38. anubandhikāmo 'navakāśa= dānatvavaildhurya	38. rjes su 'bral bar 'dod pa ñid daṅ go skabs mi 'byed pas tshogs pa daṅ ldan pa
39. āmiṣakiñcitkatadadātukām= atvavaidhurya	39. zaṅ ziṅ cuṅ zad 'dod pa daṅ de sbyin par mi 'dod pa ñid kyi tshogs pa daṅ ldan pa
40. jīvitāntarāyānantarāyadigg= amanamanavaidhurya	40. srog gi bar chad du 'gyur bar 'gro ba daṅ mi 'gro bas tshogs pa daṅ ldan pa
41. durbhikṣasubhikiṣadiggam= anāgamanavaidhurya	41. mu ge byuṅ ba daṅ lo legs pa'i phyogs su 'gro ba daṅ mi 'gro bas tshogs pa daṅ ldan pa
42. caurādinimittavaidhurya	42. chom rkun la sogs pa'i rgyu mtshan gyis 'gro ba daṅ mi 'gro bas tshogs pa daṅ ldan pa
43. kulavyavalikanavaidhurya	43. khyim la blta bas tshogs pa daṅ ldan pa
44. mārasya pāpīyaso bhedap=rayoga	44. bdud sdig can gyis 'byed pa'i sbyor ba
45. prativarṇikopasaṃhāra	45. bcos ma ñe bar sgrub pa
46. ayathāviṣayādisprhotpāda	46. yul ji lta ba bźin ma yin pa la sogs pa la dga'ba bskyed pa

字를 반야바라밀이라고 집착하는 장애, ⑰반야바라밀은 문자가 없다는 집착의 장애, ⑱국토 등의 작의作意라는 장애, ⑲소득과 공양과 게송에의 미착味著이라는 장애, ⑳ 길이 아닌 것에 의해 방편·선교를 구한다는 장애, ㉑애락과 나태의 불상응不相應, ㉒애락愛樂하는 개별 대경對境의 불상응, ㉓소득과 공경을 강하게 원하는가 아닌가의 불상응, ㉔두타의 행·불행行不行의 불상응, ㉕선·불선을 사랑하는 불상응, ㉖보시와 간탐의 불상응, ㉘보시와 수득受得의 불상응, ㉗약개지略開智와 광개지廣開智의 불상응, ㉙경전 등 법의 지·부지知不知의 불상응, ㉚육바라밀의 구족具足·불구족不具足의 불상응, ㉛선교善巧한 방편·무방편의 불상응, ㉜다라니의 소득·무소득의 불상응, ㉝문자를 쓰지 않기를 원하는 불상응, ㉞욕심의 희락喜樂에서 벗어나지 않기를 원하는 불상응, ㉟악취에 빠지는 것을 혐오함, ㊱선취善趣로 나아가기를 희망함, ㊲홀로 머물기獨住와 권속을 좋아하는 것의 불상응, ㊳부적당한 보시의 연속을 좋아하는 불상응, ㊴아주 적은 음식을 원하는 것과 그것을 보시하지 않는 불상응, ㊵생명의 위험이 있는 지방으로 가고·안 가고의 불상응, ㊶기근飢饉과 농작農作

의 지역으로 가고 안 가고의 불상응, ㊷도둑 등 상相에 의한 불상응, ㊸족성族姓을 보는 것에 의한 불상응, ㊹악마의 방해 행위, ㊺서로 닮은 반야바라밀의 날조捏造, ㊻비여실경非如實境을 기뻐하는 것의 46가지가 있다고 합니다.

(앞 쪽 〈표〉2 참조)

◈ 「가행加行」의 과실失이란 무엇인가

앞서 서술한 ⑶가행의 공덕과 마찬가지로, 『현관장엄론』은 이들 46가지 가행의 과실過失에 관해 이름만 열거하고 있을 뿐이어서, 그것만으로 내용을 이해하기는 어렵습니다. 그러나 그 의미는 『이만오천송반야경』에 대응하는 경문을 참조해 보면 명확해집니다.

『이만오천송반야경』에,

　수보리여, 보살마하살이 반야바라밀을 수행할 때, '반야바라밀을 원만히 하는 것을 얻기 어렵고, 선禪바라밀을 원만히 하는 것을 얻기 어렵고, (중략) 보시바라밀을 원만히 하는 것을 얻기 어렵다.' 라고 하는데, 수보리여, 이처럼 오랜 시간 고행하여야 변재[辯舌]를 성취하게 된다고 한다면 이것을 보살마하살의 마의 장애魔事라 하느니라.

라는 경문이 「가행의 과실過失」에서 ①간난신고艱難辛苦하여 얻는 것에 대해 명확히 설한 것이라 하고, 또한

별안간 생기면 이것을 보살마하살의 마의 장애魔事라고 하느니라.

라는 경문이 ②과도한 변재를 신속히 얻는 것에 대해 명확하게 한 것이라 합니다.

이처럼 『이만오천송반야경』은 수행 중 보살에게 여러 가지 이변이 생긴다고 설하고, 이것을 모두 마의 장애[魔事], 즉 악마의 방해 행위라고 단정 짓고 있습니다. ⑷가행의 과실 전반 부분, 즉 46가지 가행의 과실失 가운데 「길이 아닌 것에 의해 방편 선교善巧를 구한다」는 장애에까지 해당하는 부분이 구마라집 역 『대품반야경』과 현

장玄奘의 신역新譯 『대반야바라밀다경』 「제2분」에서 함께 「마사품魔事品」이라 이름 붙여진 것은 그 때문입니다.

한편 티베트 반야학에서는 전반 부분에 설하여진 20가지 「가행의 과실」은 자신에 기인하는 역연逆緣이라 하고 있습니다.

이것에 대해 『이만오천송반야경』에,

또 다음으로 수보리여, 법을 잘 듣는 자는 반야바라밀을 서사書寫하고 해설하고 독송하는 것을 좋아하더라도 법을 잘 지닌 자가 게을러지면, 이것을 보살의 마의 장애[魔事]가 생겨난 것이라고 알아야 하느니라.

라고 하는 것이 좋아함愛樂과 게으름懶怠의 불상응에 해당합니다. 이 이후 ⁽⁴⁾「가행의 과실過失」 후반 부분은 구마라집 역 『대품반야경』에서는 「양과품兩過品」, 현장玄奘의 새로운 번역 『대반야바라밀다경』 「제2분」에서는 「불화합품不和合品」이라 하고 있고, 수행하고 있는 보살에게 다양한 이율배반의 착각이 일어나는 것을 설명하고 있습니다.

티베트 반야학에서는 후반 부분에 설하여진 23가지 「가행의 과실」은 자타 어느 쪽에든 근거하는 순연順緣의 불구족不具足이라 하고 있습니다.

또한 『이만오천송반야경』에

　　수보리여, 여러 악마가 있으니, 비구의 모습을 하고 다양한 방편을 생각해 내어, 이 반야바라밀을 서사書寫하고 수지受持하고 수습修習하고 독송하고 사유하고 남을 위해 설하는 일들을 못하게 하느니라.

라고 하는 것이 악마의 방해 행위에 상응합니다.

그리고 이 이후 『이만오천송반야경』에서 설하는 서로 닮은 반야바라밀의 날조捏造, 비여실경非如實境을 기뻐함은 어느 것이든 악마에 의한 가행의 방해에 근거하는 것이므로, 반야학에서는 46가지 「가행의 과실過失」 중 마지막 3가지는 남에게 의존하는 역연逆緣이라 하고 있습니다.

그래서 「가행의 과실」은 「마사품魔事品」에서 설하는 자신에게 의거하는 역연逆緣이 20가지, 「불화합품不和合品」에서 설하는 자타의 어느 쪽에 의거하는 순연順緣의 불구족不具足이 23가지, 마지막 남에게 의거하는 역연逆緣이 3가지로 모두 합해서 46가지가 된다고 합니다.

◈ 정리

반야학의 근본 원전인 『현관장엄론』은 다양한 학술어를 나열할 뿐 수많은 티베트불교의 고전 중에서도 가장 난해한 원전이라 여겨왔습니다. 구미의 문헌학을 도입하고 근대적인 불교 연구가 시작되자 『현관장엄론』의 연구도 진행되고 있기는 해도, 그 출판물이나 연구서 중에 그대로 읽어서는 의미를 알 수 없는 부분이 많이 발견되기도 합니다.

본 책의 「머리말」에서도 적었는데, 이와 같은 난해함은 『현관장엄론』을 독립된 논서로 생각하고 그것이 기초를 둔 『이만오천송반야경』과 분리해서 독해하려는 태도 때문이 아닐까 싶습니다.

그래서 본 책에서는『현관장엄론』의 내용을 가능한 한『이만오천송반야경』에까지 거슬러 올라가 해설하려고 했습니다. 이런 방식으로 해서, 지금까지 난해하다고 생각하며 멀리하였던「반야학」이 조금이라도 친근해졌다고 느끼는 독자가 있다면 필자로서도 다행이라 생각합니다.

그리고 다음 장에서는 Ⅳ「일체상현등각」의 (5)「가행의 상相」에 대해 살펴보겠습니다.

제14장

「가행加行」의 상相

앞 장에서는 『현관장엄론』 「팔현관八現觀 칠십의七十義」
의 체계에 있어, 「사가행四加行」의 첫번째에 해당하는 Ⅳ
「일체상현등각」의 제3회로 「일체상현등각」의 (3)「가행의
공덕」과 (4)「가행의 과실」을 해설하였는데, 본 장에서는
제4회로 「일체상현등각」의 (5)「가행의 상相」을 살펴보겠
습니다.

본 장에서 다룰 「가행의 상相」은 Ⅳ「일체상현등각」의
(5)「가행의 상相」에 해당하고 「칠십의七十義」에서는 제35
에 해당합니다. 또한 다르마린첸에 의하면 「가행의 공
덕」과 「과실」을 설한 후에 「가행의 상相」을 설한 것은,

「가행의 공덕」을 취하고 「과실」을 버리고 「가행」을 닦아야 하는데 이를 위해서는 먼저 「가행의 상相」을 모르면 안 되기 때문입니다.

◈ 『이만오천송반야경』에서 「가행의 상相」

『이만오천송반야경』에 있어 『현관장엄론』의 Ⅳ「일체상현등각」의 ⑤「가행의 상相」에 대응하는 부분은 네팔에 전하는 산스크리트어본 원전에서는 키무라木村高尉 교정본 제4분 책의 58쪽부터 127쪽까지를 차지하고 있습니다. 또 티베트어 역에서는 제50권의 1356쪽부터 1512쪽까지 157쪽에 해당합니다.

한편 『이만오천송반야경』에 대응하는 현장玄奘 역 『대반야바라밀다경』 「제2분」에서는 「불모품佛母品」 제46의 첫머리 근처부터 「진여품眞如品」의 중간까지에 대응합니다. 이처럼 한역의 장·절의 나누는 방법은 『현관장엄론』에 근거한 해석학과는 반드시 일치하지는 않습니다.

✦ 91가지 가행의 상相

그럼 이번에 다룰 「가행의 상相」에 대해 순서에 따라 살펴보겠습니다.

우선 (5) 「가행의 상相」은 ① 지혜智(세빠)의 상相, ② 수승(殊勝:케빨)의 상相, ③ 작용(作用:체빠)의 상相, ④ 자성(自性:고워니)의 상相의 4가지로 나눌 수 있습니다.

이 가운데 ① 「지혜智의 상相」은 다시 1) 「일체지—切智」, 2) 「도종지道種智」, 3) 「일체상지—切相智」의 세 종류로 분류되고, 각각에 16의 지혜智가 있다고 하므로, ① 「지혜智의 상相」은 도합 48가지 지혜智로 구성되게 됩니다.

다음의 ② 「수승의 상相」은 성문·연각(獨覺) 두 승乘의 가행보다 월등히 뛰어나기 때문에 「수승殊勝」이라 불립니다. 이 상相도 16가지가 있어서 「사제四諦」의 16행상에 관련시킬 수 있으므로, 그 내용은 『구사론俱舍論』에서 말하는 사제四諦의 16행상과는 크게 다릅니다. 다르마린첸은 여기에서 사제四諦 16행상을 명확하게 설명하지 않은 것은, 이것들의 이해가 쉽고 대승의 「견도見道」는 2승의 도道와는 다르다는 것을 명시하기 위해 「대승 견도見道」

의 특징만을 설명하였다고 합니다.

③「작용의 상相」은 이타利他를 성취하는 특수한 기능을 가지므로 「작용作用」이라 불립니다. ①지혜智의 상相과 마찬가지로 1)「일체지」, 2)「도종지」, 3)「일체상지」의 3가지로 분류되어 1)「일체지一切智」에 3가지, 2)「도종지道種智」에 7가지, 3)「일체상지一切相智」에 1가지를 내세우므로 모두 11가지가 됩니다.

이 지혜·수승·작용의 3가지 「가행의 상相」이 「일체상현등각一切相現等覺」의 기능을 상징하는 과果인 것에 비해, 마지막 ④「자성의 상相」은 그 「일체상현등각」을 상징하는 기본 바탕[基體]으로 여기고 있습니다.

이 ④「자성의 상相」도 1)「일체지」, 2)「도종지」, 3)「일체상지」의 3가지로 분류되고, 1)「일체지」에 4가지, 2)「도종지」에 5가지, 3)「일체상지」에 7가지를 내세우므로 모두 16가지가 됩니다. 따라서 「가행의 상相」은 ①「지혜智의 상」 ②「수승의 상」 ③「작용의 상」 ④「자성의 상」을 합쳐서 모두 91가지가 됩니다. (〈표〉 참조)

▪▪〈표〉 加行의 91가지 相

『現觀莊嚴論』의 91種의 相			티베트 訳	키무라 校訂 梵本	『깐르』vol.50
智의 相	一切智	1. 如來의 出現의 智	1. de bźin gśegs pa 'byuṅ ba śes pa	58–14~58–25	1356–10~1357–7
		2. 世間의 不壞의 智	2. 'jig rten 'jig pa med pa śes pa	58–26~59–8	1357–8~1358–4
		3. 心行의 智	3. sems kyi spyod pa thams cad śes pa	59–9~60–1	1358–5~1359–14
		4. 心의 攝取의 智	4-5. sems bsdus pa daṅ rnam par g-yeṅs pa śes pa	60–2~60–17	1359–15~136–13
		5. 心의 散亂의 智			
		6. 心의 無盡行相의 智	6. sems mi zad pa'i rnam par śes pa	60–18~60–25	1360–14~1361–4
		7. 有貪의 智	7-8. 'dod chags daṅ bcas pa la sogs pa śes pa	60–26~61–26	1361–5~1363–12
		8. 離貪의 智			
		9. 擴大心의 智	9. sems rgya chen po śes pa	61–27~62–5	1363–13~1364–8
		10. 增大心의 智	10. sems chen por gyur pa śes pa	62–6~62–17	1364–9~1365–5
		11. 無量心의 智	11. sems tshad med pa śes pa	62–18~62–30	1365–6~1365–21
		12. 不可說示心의 智	12. sems bstan du med pa śes pa	63–1~63–10	1366–1~1366–16
		13. 不可見心의 智	13. sems bltar med pa śes pa	63–11~63–19	1366–17~1367–9
		14. 心의 出 等의 智	14. sems g-yo ba la sogs pa śes pa	63–20~65–13	1367–10~1370–10
		15. 眞如 行相의 智	15. de bźin ñid kyi rnam par śes pa	65–14~65–23	1370–11~1371–6
		16. 다른 것에 현시하여 교시하는 것	16. de bźin ñid thug su chud pa de mchog tu yaṅ dag par gsuṅs śiṅ btags pa	65–24~67–21	1371–7~1375–10
	道種智	17. 空의 智	17-19. stoṅ pa ñid daṅ mtshan ma med pa daṅ smon pa med pa śes pa	67–22~68–1	1375–11~1376–4
		18. 無相의 智			
		19. 無願의 智			
		20. 不生의 智	20-27. skye ba daṅ 'gag pa med pa la sogs pa śes pa	68–2~68–8	1376–5~1376–15
		21. 不滅의 智			

智의相					
智의相	道種智	22. 無煩惱의 智			
		23. 無淨의 智			
		24. 非有의 智			
		25. 自性의 智			
		26. 無所依의 智			
		27. 虛空의 智			
		28. 法性不動의 智	28. chos ñid rnam par 'khrug pa med pa śes pa	68–9~68–15	1376–16~1377–2
		29. 無爲의 智	29. mṅon par 'du mi byed pa śes pa	68–16~68–27	1377–3~1378–3
		30. 無分別의 智	30. rnam par mi rtog pa śes pa	68–28~69–5	1378–4~1378–13
		31. 差別의 智	31. rab tu dbye ba śes pa	69–6~69–21	1378–14~1379–17
		32. 無相의 智	32. mtshan ñid med par śes pa	69–22~70–14	1379–18~1381–20
	一切相智	33. 住의 智	33. ñid kyi chos la brten nas gnas pa śes pa	70–15~70–18	1382–1~1382–6
		34. 恭敬의 智	34-37. gus par bya ba la sogs pas śes pa	70–19~70–31	1382–7~1383–6
		35. 尊重의 智			
		36. 尊敬의 智			
		37. 供養의 智			
		38. 無作者의 智	38. byed pa med pa can śes pa	71–1~71–5	1383–7~1383–11
		39. 一切處에 이르는 智	39. thams cad ba 'gro ba śes pa	71–6~71–9	1383–12~1383–16
		40. 不可見의 대상을 나타내는 智	40. ma mthoṅ ba'i don ston pa śes pa	71–10~72–14	1383–17~1386–8
		41. 世間 空 行相의 智	41-44. stoṅ pa ñid kyi rnam par brjod par mdzad pa daṅ śes apr mdzad pa daṅ ston par mdzad pa śes pa	72–15~73–15	1386–9~1388–18
		42. 世間 空을 명시하는 智			
		43. 世間 空을 알게 해 주는 智			
		44. 世間 空을 나타내어 주는 智			
		45. 不可思議한 일을 나타 내는 智	45-46. bsam gyis mi khyab pa daṅ źi ba ñid śes pa	73–16~73–25	1388–19~1389–11

	一切相智	46. 寂静한 것을 나타내는 智			
		47. 世間 滅의 智	47-48. 'jig rten 'du śes 'gog pa śes pa	73–26~74–6	1389–12~1390–4
		48. 世間想 滅의 智			
	苦諦	49. 不可思義의 殊勝	49-52. bsam gyis mi khyab pa la sogs pa'i sdug bsṅal gyi skad cig ma bźi	74–7~77–11	1390–5~1398–1
		50. 無等의 殊勝			
		51. 量을 초월하는 殊勝			
		52. 數를 초월하는 殊勝			
殊勝의相	集諦	53. 一切의 聖者를 포섭하는 殊勝	53. 'phags pa'i gaṅ zag thams cad sdud pa'i khyad par	77–12~79–17	1398–2~1403–2
		54. 學者에 의해 알 수 있다고 하는 殊勝	54. skyes bu mkhas pas rig par bya ba ñid kyi khyad par	79–18~79–25	1403–3~1403–14
		55. 不共의 殊勝	55. thun moṅma yin pa'i khyad par	79–26~80–13	1403–3~1403–14
		56. 神通이 신속한 殊勝	56. mṅon par śes pa myur ba'i khyad par	80–14~80–26	1404–13~1405–8
	滅諦	57. 不減不增의 殊勝	57. 'grib pa daṅ 'phel ba med pa'i khyad par	80–27~81–5	1405–9~1405–8
		58. 격렬하게 달성된다고 하는 殊勝	58. drag tu 'grub pa'i khyad par	81–6~81–33	1406–5~1407–20
		59. 修得의 殊勝	59. yaṅ dag par 'grub pa'i khyad par	82–1~85–14	1407–21~1414–6
		60. 所緣의 殊勝	60. dmigs pa'i khyad par	85–15~86–31	1414–7~1417–9
	道諦	61. 依持의 殊勝	61. rten gyi khyad par	86–32~88–5	1417–10~1419–18
		62. 부족한 것이 없다고 하는 殊勝	62. ma tshaṅ ba med pa'i khyad par	88–6~89–22	1419–19~1423–4
		63. 攝受의 殊勝	63. yoṅs su bzuṅ ba'i khyad par	89–23~93–23	1423–5~1432–5
		64. 不味의 殊勝	64. ro myaṅ ba med pa'i khyad par	93–24~95–25	1432–6~1437–5
	一切智	65. 利益이라 하는 作用	65. pahn pa'i byed pa	95–26~96–11	1437–6~1438–11
		66. 安樂이라 하는 作用	66. bde ba'i byed pa	96–12~96–17	1438–12~1438–21

作用의相	道種智	67. 救濟라고 하는 作用	67. skyob pa'i byed pa	96−18~96−25	1439−1~1439−11
		68. 歸依라고 하는 作用	68. skyabs kyi byed pa	96−26~96−32	1439−12~1440−3
		69. 休息處라고 하는 作用	69. gnas kyi byed pa	97−1~97−24	1440−4~1441−21
		70. 훌륭한 保護處라고 하는 作用	70. dpuṅ gñen gyi byed pa	97−25~98−33	1442−1~1445−6
		71. 섬과 같은 作用	71. gliṅ gi byed pa	99−1~100−14	1445−7~1449−16
		72. 指導者라고 하는 作用	72. yoṅs su 'dren pa byed pa	100−15~101−11	1448−17~1451−7
		73. 無效라고 하는 作用	73. lhun gyis grub pa'i byed pa	101−12~102−20	1451−8~1454−8
		74. 三乘으로 發趣하는 者는 그 결과를 현증하지 않는다고 하는 作用	74. theg pa gsum gyis ṅes par 'byuṅ ba'i 'bras bumṅon du mi byed pa'i byed pa	102−21~104−26	1454−9~1458−17
	相	75. 取의 作用	75. rten gyi mdzad pa	104−27~106−15	1458−18~1462−8
自性의相	一切智	76. 煩惱가 없다고 하는 自性	76. ñon moṅs pa las dben pa'i ṅo bo ñid	106−16~106−22	1462−9~1462−17
		77. 形狀이 없다고 하는 自性	77. de'i rtags kyis dben pa'i ṅo bo ñid	106−23~106−25	1462−18~1463−2
		78. 相이 없다고 하는 自性	78. de'i mtshan mas dben pa'i ṅo bo ñid	106−26~106−28	1463−3~1463−7
		79. 所對治·能對治의 양쪽이 없다고 하는 自性	79. mi mthun pa daṅ gñen po'i phyogs dag gis dben pa'i ṅo bo ñid	106−29~107−10	1463−8~1464−5
	道種智	80. 爲難이라고 하는 自性	80. dka' ba ñid kyi ṅo bo ñid	107−11~108−6	1464−6~1466−2
		81. 一向이라고 하는 自性	81. mtha' gcig tu ṅes pa'i ṅo bo ñid	108−7~108−14	1466−3~1466−12
		82. 說示라고 하는 自性	82. ched du bya ba'i ṅo bo ñid	108−15~108−28	1466−13~1467−7
		83. 無所緣이라고 하는 自性	83. mi dmigs pa'i ṅo bo ñid	108−29~111−14	1467−8~1473−5
		84. 斷執着이라고 하는 自性	84. mṅon par źen pa med pa'i ṅo bo ñid	111−15~112−17	1473−6~1475−17

		85. 所緣이라고 하는 自性	85. dmigs pa'i ṅo bo ñid	112– 18~117–5	1475– 18~1486–21
自 性 의 相	一 切 相 智	86. 一切世間에 반反한다고 하는 自性	86. 'jig rten thams cad daṅ mi mthun pa'i ṅo bo ñid	117–6~119– 5	1487– 1~1492–18
		87. 無碍라고 하는 自性	87. thogs pa med pa'i ṅo bo ñid	119–6~120– 6	1492– 19~1495–15
		88. 無基라고 하는 自性	88. gźi med pa'i ṅo bo ñid	120– 7~120–15	1495– 16~1496–10
		89. 無趣라고 하는 自性	89. 'gro ba med pa'i ṅo bo ñid	120– 16~123–9	1496– 11~1504–17
		90. 無生이라고 하는 自性	90. skye ba med pa'i ṅo bo ñid	123– 20~124–7	1504– 18~1506–4
		91. 眞如不可得 의 自性	91. de bźin ñid mi dmigs pa'i ṅo bo ñid	124–8~127– 18	1506– 5~1512–17

❁ 「가행의 상相」의 내용

『현관장엄론』은 제4장의 제13게송부터 31게송에 걸쳐, 91가지 「가행의 상相」을 설하는데, 명칭을 열거하는 것뿐이라서 그 내용을 이해하는 것은 어렵습니다. 이들 의미는 『이만오천송반야경』의 대응하는 경문과 참조하는 것으로 명확해집니다. 우선,

수보리가 붓다께 사뢰어 말씀드렸다. "세존께서 말씀하신 바와 같이 반야바라밀은 능히 여래·응공·정등각을 출생出生시키고, 능히 세간을 나타냅니다. 세

존이시여, 어떻게 반야바라밀은 능히 여래·응공·정등각을 발생시키나이까? 세존이시여. 어떻게 반야바라밀은 능히 세간을 나타내나이까? 어떻게 반야바라밀은 여래를 출생시키나이까? 어떻게 제불諸佛은 세간상世間相을 설하시나이까?" (중략) "수보리여, 깊고 깊은 반야바라밀은 능히 여래의 십력十力·사무외四無畏·사무애四無礙·대자大慈·대비大悲·대희大喜·대사大捨·십팔불공불법十八不共佛法·일체상지一切相智를 생기게 하느니라."

라고 하는 것이 ①「지혜智의 상相」의 1.「여래의 출현의 지혜智」에 해당합니다. 다음으로,

　수보리여, 반야바라밀은 오온五蘊의 괴壞를 설하는 것이 아니고, 변괴變壞를 설하는 것이 아니고, 생生을 설하는 것이 아니고, 멸滅을 설하는 것이 아닙니다. (이하생략)

라고 하는 것이 ①「지혜의 상相」 2.「세간世間 불괴不壞의

지혜智」에 해당합니다.

또한 『이만오천송반야경』에서는, 복수의 「가행의 상相」이 하나의 문장 단락에 대응하는 것이 있습니다. 이것을 하나하나 설명하면 번잡해지므로, 자세한 것은 따로 게시한 〈표〉를 보길 바랍니다.

❁ 정리

『현관장엄론』의 Ⅳ 일체상현등각은 (1)「일체상현등각의 행상行相」, (2)「가행加行」, (3)「가행의 공덕」, (4)「가행의 과실」 (5)「가행의 상相」, (6)「순해탈분順解脫分」, (7)「순결택분順決擇分」, (8)「불퇴보살不退菩薩의 상相」, (9)「윤회와 열반의 평등平等」, (10)「불국토의 청정」, (11)「선교방편善巧方便」이라는 11의義로 이루어지는데, 이것은 다시 (1)「일체상현등각의 행상行相」부터 (5)「가행의 상相」까지의 전반과, (6)「순해탈분」부터 (11)「선교방편」까지의 후반으로 나누어집니다.

다르마린첸의 『남세·닝뽀겐』에 의하면 (1)「일체상현

등각」의 행상부터 ⁽⁵⁾「가행의 상相」까지의 전반은 Ⅳ「일체 상현등각」의 일반적 설정이며, ⁽⁶⁾순해탈분부터 ⁽¹¹⁾「선교 방편」까지는 그것을 심상속에 생기生起시키는 「수습차제 修習次第」라 합니다.

따라서 ⁽⁵⁾「가행의 상相」은 삼지三智를 모아서 수습한다 고 하는 Ⅳ「일체상현등각」의 전반부의 총괄에 해당합니 다. ⁽⁵⁾「가행의 상相」을 구성하는 91가지 「가행의 상相」을 「일체상지」·「도종지」·「일체지」의 「삼지三智」로 분류하 여 제시하는 것은 그 때문이라 생각됩니다.

다음 장은 Ⅳ「일체상현등각」을 심상속에 생기生起 시 키는 수습 차제라 여기는 「후반의 6의義」를 살펴보겠습 니다.

제15장

「후반의 6의_義」에 대하여

지금까지의 4장에서는 『현관장엄론』의 「팔현관八現觀 칠십의七十義」의 체계에 있어 Ⅳ「일체상현등각」의 전반을 구성하는 5의義를 살펴보았습니다.

또한 다르마린첸의 『남세·닝뽀겐』(사르나트판)에서는 Ⅳ「일체상현등각」 가운데 ⑹「순해탈분」부터 ⑾「선교방편」까지 6의가 별도로 성립되어 「순해탈분 이하를 심상 속에 생겨나게 하는 차제」라고 제목을 붙인 1장章을 형성하고 있습니다. 한편 쫑카빠 대사의 『렉세·셸텡』은 Ⅳ「일체상현등각」의 후반 부분을 별도로 세우지는 않지만 「수승한 가행을 심상속에 생겨나게 하는 것」과 「수승

한 가행을 심상속에 생겨나게 하는 수습차제」로 나누어
져 있으므로 같은 취지라고 할 수 있습니다.

그래서 본 장에서는 「일체상현등각」 가운데 후반의
「6의義」를 합쳐서 다루도록 하겠습니다. 이 「6의義」는
『현관장엄론』의 「칠십의七十義」에서는 제36부터 제41까
지에 해당합니다. 또한 후반의 「6의義」를 별도로 세우는
이유는, 전반 부분이 제1부로 분명하게 된 「삼지三智」를
173행상으로 합쳐서 제시하는 것에 비해, 후반 부분은
이것을 심상속으로 발생시키는 차제를 설명하기 때문이
라고 합니다.

한편 「약뛴·상게뺄」의 『현관장엄론주』는 (1)「일체상
현등각」의 행상부터 (6)순해탈분까지를 「일체상현등각一
切相現等覺만의 수습차제, (7)순결택분부터 (11)선교방편까지
를 「특수한 수습차제」로 나누어져 있고 해석이 다릅니
다. 그러나 여기에서는 다르마린첸의 분과에 따라 해설
을 진행하겠습니다.

후반 부분은 1.「삼아승지겁三阿僧祇劫에 걸쳐 성불도成
佛道의 최초를 설하는 것」으로 『현관장엄론』의 소화所化
를 확인하는 것, 2.「심상속을 성숙시키는 도를 발생하는

차제」, 3.「수승한 현관이 심상속에 생기는 차제」의 3가지로 나누어집니다. 이 가운데 ⁽⁶⁾순해탈분은 「자량위資糧位」라고도 하고, 불도佛道 수행의 맨 처음 단계입니다. 그래서 「삼아승지겁에 걸쳐 성불도成佛道의 최초」라 여기는 1.에 배당됩니다. 그리고 ⁽⁷⁾순결택분은 그다음 단계에 해당하므로 2.에 대응하고, 3.은 ⁽⁸⁾불퇴보살의 상 이하 「4의義」에 해당합니다. 또한 3.은 A무상보리로 불퇴전의 상을 설하는 것, B삼신三身을 성취하는 수승한 도를 설하는 것으로 나누어져서, A무상보리로 불퇴전의 상을 설하는 것이 ⁽⁸⁾불퇴보살의 상相, B삼신三身을 성취하는 수승한 도를 설하는 것이 ⁽⁹⁾윤회와 열반의 평등(법신), ⁽¹⁰⁾불국토 청정(보신), ⁽¹¹⁾선교방편(응신)의 「3의義」에 대응한다고 합니다. (〈표〉 참조)

•• 〈표〉『現觀莊嚴論』 ⱽⁱ「一切相現等覺」 후반 「6의義」의 차제

『現觀莊嚴論』 「七十義」 [36]~[41]	『이만오천송반야경』		다르마린첸에 의한 분과
	키무라 校訂 梵本	티베트譯 『깐규르』	
⁽⁶⁾順解脫分 theg chen gyi thar pa cha mthun	127-19〜134-32	Vol.50-1512- 18〜1528-11	1. 三祇成佛道를 說하는 所化를 確認하는 것
⁽⁷⁾順決擇分 theg chen gyi ñes 'byed cha mthun	135-1〜141-18	1528-12〜1541-5	2. 心相續을 成熟하는 道를 發生하는 次第

(8)不退菩薩의 相 phyir mi ldog pa'i rtags	141-19~178-23	Vol.50-1541-6~Vol.51-26-5	3. 殊勝한 現觀이 心相續에 생기는 次第	
			A無上菩提에서 不退轉의 相을 說함	
(9)輪廻와 涅槃의 平等 srid ži mñam ñid kyi sbyor ba	178-24~181-15	26-6~31-10	B三身을 成熟하는 殊勝한 道를 설함	1)法身의 因
(10)佛國土淸淨 žiṅ dag sbyor ba	181-16~192-16	31-11~55-3		2)報身의 因
(11)善巧方便 thabs mkhas sbyor ba	192-17~201-19	55-4~74-11		3)應身의 因

✤ 『이만오천송반야경』에서 「후반 6의義」

『이만오천송반야경』에 있어『현관장엄론』「일체상현등각」의 후반에 대응하는 부분은 네팔에 전하는 산스크리트어본 원전에서는, 키무라木村高尉 교정본의 제4분책의 127쪽부터 201쪽까지를 차지하고 있습니다. 또 티베트어 역에서는 제50권의 1512쪽부터 제51권의 74쪽까지에 해당합니다.

한편『이만오천송반야경』에 대응하는 현장玄奘 역『대반야바라밀다경』「제2분」에서는 ⑹순해탈분과 ⑺순결택분이「진여품眞如品」의 후반 부분, ⑻불퇴보살의 상이「불

퇴전품不退轉品」, 「전부전품轉不轉品」, 「심심의품甚深義品」,
⑼윤회와 열반의 평등이 「몽행품夢行品」, ⑽불국토청정이
「원행품願行品」, ⑾선교 방편이 「습근품習近品」에 대응합니다.
　이처럼 한역의 장·절 나누는 방법은 이 부분에서는
『현관장엄론』에 근거한 해석학과 비교적 잘 일치합니다.

◈ 「후반 6의義」의 의미

　『이만오천송반야경』의 ⑹순해탈분 해당 부분들에는
다음과 같이 설하고 있습니다.

　　사리불이여, 이 보살마하살은 초발심으로 항상 「일
　체상지」를 멀리 여의지 않고, 보시·계·인욕·정진
　·선정을 닦는다고 하더라도 상相을 취하지 않습니
　다. 염처念處·정근正勤·신족神足·근根·역力·보리
　분법菩提分法·도道를 닦더라도 또한 상相을 취하지 않
　고, 「일체상지一切相智」에 이르기까지 닦더라도 상相을
　취하지 않습니다.

그리고 반야학에서는 이 경문이 「일체상현등각」의 (6) 「순해탈분」의 총설로 해석되고 있습니다.

다음으로 (7)순결택분에 해당하는 부분에는,

> 수보리여, 만약 보살마하살이 무상정등보리를 얻기를 원하면, 지금 바로 일체중생에게 평등심을 일으켜야 하느니라. 지금 바로 일체중생에게 평등심을 일으켜야 하고, 불평등심을 일으켜서는 안 되느니라. 항상 평등심으로 일체중생을 보아야 하며, 일체중생에게 큰 자애의 마음[大慈心]을 일으켜야 하며, 일체중생에게 큰 연민의 마음[大悲心]을 일으켜야 하느니라. (이하생략)

이것이 「일체상현등각」의 (7)순택결분을 설한 경문이라고 해석되고 있습니다.

또한 (8)불퇴보살의 상相은, 한역의 「불퇴전품不退轉品」 이하에 해당하는데, 여기에서는 수보리가 「세존이시여, 불퇴전의 보살마하살은 어떤 행行이며 어떤 상狀이며 어떤 상相입니까. 우리들은 어떻게 이를 불퇴전의 보살마하살이라 알아차려야 합니까?」라고 여쭌 것에 대해,

> 수보리여, 보살마하살이 색色에서 퇴전하고, 수受에
> 서 퇴전하고, 상想에서 퇴전하고 (중략) 무상정등보리에
> 서 퇴전하므로 '불퇴전不退轉' 이라 이름 붙이느니라.

라고 설명하는데, 이것이 불퇴전의 보살의 상相이라
여기고 있습니다. 중생은 가령 무상보리를 향해 발심하
여도 삼아승지겁三阿僧祇劫에 이르는 불도佛道 수행 중에
좌절하고, 보리심을 잃어버리는 경우가 있습니다. 이것
을 퇴전退轉이라 하는데, 보살의 수행이 일정한 단계에
다다르면 퇴전하는 일이 없어집니다. 이것을 불퇴전不退
轉이라 합니다. 그러나 보살이 어느 단계에서 불퇴전하
는가에 대해서는, 여러 설이 있어 일정하지 않습니다.
여기에서는 불퇴전의 보살의 상相을 설하고 있는 것입니다.
  ⑺순결택분 뒤에 ⑻불퇴보살의 상相을 설한 것은, 순결
택분에서 불퇴승가不退僧伽의 징상徵相이 나타나기 때문
이라 합니다.
  다음 ⑼윤회와 열반의 평등, ⑽불국토 청정, ⑾선교방
편의 3의義는, ⑿삼신三身을 성취하는 수승한 도를 설함
에 해당한다고 합니다.

『이만오천송반야경』에

    그때 사리불이 수보리에게 물었다. "수보리여, 만약 보살마하살이 꿈속에 이 세 가지 삼마지三摩地에 들어가면 반야바라밀에 증익增益이 있는가 없는가?" 수보리가 대답했다. "사리불이여, 만약 보살마하살이 낮시간에 이 세 가지 삼마지에 들어가 반야바라밀에 증익增益이 있는 자는 그의 꿈속에 들어가도 또한 증익이 있습니다."

라는 것이 ⑼윤회와 열반의 평등에 해당합니다.

    수보리여, 보살마하살이 있어서 보시바라밀을 수행하여 모든 중생에게 기갈이 닥쳐와 의복이 파괴되고 와구臥具가 부족한 것을 본다면, 수보리여, 이 보살마하살은 이것을 보고 나서 생각하기를, '내가 어떻게 하면 이와 같은 모든 중생을 구제하여 간탐을 벗어나고 궁핍한 것이 없도록 할 수 있을까?' 라고 하느니라.

이하가 ⑩불국토청정에 해당합니다.

　그때 수보리가 붓다께 말씀드리기를, "세존이시여, 반야바라밀을 행하는 여러 보살마하살은 어떻게 공空 삼마지三摩地를 가까이 익히고, 어떻게 공空 삼마지에 들어가 어떻게 무상無相 삼마지를 가까이 익히고, 어떻게 무상無相 삼마지에 들어가 어떻게 무원無願 삼마지를 가까이 익히고 어떻게 무원無願 삼마지에 들어갑니까? (이하 생략)"

이하가 ⑪선교방편善巧方便에 해당합니다. 이것은 불퇴전을 성취한 보살이 신속하게 불과佛果를 증득하기 위해 설하여진 것이라 합니다.

　이처럼 Ⅳ「일체상현등각」의 후반 부분은 보살의 수행 단계의 맨 처음에 해당하는 ⑥순해탈분부터 붓다의 삼신三身을 성취하는 ⑨윤회와 열반의 평등에서 ⑪선교방편善巧方便에 이르기까지, 삼아승지겁이라는 무한히 가까운 시간을 거쳐, 중생이 일체종지를 완성시켜 깨달음을 얻기까지의 실천에 배당되어 있습니다.

◈ 정리

　『현관장엄론』에 근거한 반야학은 『반야경』의 경문을 보살의 수행단계와 연결하여 해석하는 특징을 가지고 있습니다. 이 특징은 지금까지 소개한 Ⅳ「일체상현등각」의 각 장에서도 볼 수 있는데, 그 중에서도 「일체상현등각」의 후반 부분은 상당한 문헌이 있으며, 하나하나의 뜻뿐만 아니라 그 아래에 배당되는 교리 개념에까지 하나하나 대응하는 경문이 설해져 있습니다. 그 의미로도 이 부분에는 『현관장엄론』의 특징이 잘 나타나 있습니다. 그래서 티베트에서는 많은 학자가 이 부분에 주목하고 다양한 의론議論이 전개되게 되었습니다.

　또 ⑹순해탈분에서 설하고 있는 선禪바라밀과 반야바라밀의 수행은, 티베트불교에서 중시되는 지관止觀의 쌍수双修라는 문제에 영향을 끼치게 되었습니다.

　또한 같은 곳에 전개된 이근利根과 둔근鈍根 중생의 구별에 관해서, '일체중생이 성불할 수 있는가', '근기根機가 모자라고 열등한 자에게는 성문·연각(독각)의 이승二乘이 어울리는가' 라는 의론이 생기게 되었습니다. 이처럼 『현관장엄론』 Ⅳ「일체상현등각」의 후반 부분은, 대승 불교의 교리를 고찰함에 빠뜨릴 수 없는 논제를 수없이 포함하고 있고, 반야학상에서도 중요한 장·절이라 할 수 있습니다.

지금까지 다섯 장에 걸친 Ⅳ「일체상현등각一切相現等覺」 의 해설은 본 장에서 완결하게 되었습니다.

Ⅳ「일체상현등각」은 『현관장엄론』의 「사가행四加行」 중 에서도 가장 중요한 장이라 할 수 있습니다. 그런 만큼 이것만으로는 다 논하지 못했다는 문제도 있지만, 반야 학의 개론적인 설명으로서는 어느 정도 의미가 있다고 생각합니다.

또한 『이만오천송반야경』과 「일체상현등각」 「후반의 6의義」의 대응 관계, 그리고 보살의 수행단계와 「6의義」 의 대응관계의 하나하나 모두 논하면 번잡해지므로, 별 도로 만든 〈표〉를 참조하길 바랍니다.

V.

정현관

頂現觀

제16장

「정현관頂現觀」에 대하여

지금까지 5장에 걸쳐서 『현관장엄론』「사가행四加行」의 첫 번째인 Ⅳ「일체상현등각一切相現等覺」을 다루었는데, 본 장에서는 두 번째에 해당하는 Ⅴ「정현관頂現觀」에 대해 살펴보겠습니다.

◈ 『현관장엄론』에서 「정현관頂現觀」의 위치

본 책 제2장에서 다루었듯이 반야학에서 Ⅴ「정현관頂現觀」은 제2부 「사가행四加行」의 두 번째에 있으며, 『현관장엄론』 본송에서는 ^V「정현관頂現觀」의 해설에 42계송을 쓰고 있습니다. 그 내용은 다시 한번 들어보면,

(1)12표상을 갖춘 「정현관頂現觀」, (2)복덕을 증대시키는 「정현관」, (3)견고한 「정현관」, (4)심주心住의 「정현관」, (5)견도의 「정현관」, (6)수도의 「정현관」, (7)무간삼매의 「정현관」, (8)끊어야 할 전도顚倒

의 8의義로 나누어집니다. 그리고 이들은 「칠십의七十義」에서는 제42부터 제49까지에 해당합니다.

『현관장엄론』의 제2부에 해당하는 「사가행四加行」은 ^{IV}「일체상현등각」과 ^V「정현관頂現觀」이 「의처依處」(원드쟈워), ^{VI}「점현관漸現觀」과 ^{VII}「일찰나현등각」이 「견고堅固」(텐빠)라고 불리며, 이에 인과를 일으키므로 「사가행四加行」이 된다고 하는데, 이 가운데 ^V「정현관頂現觀」은 「의처依處의 과果」라고 하고 있습니다.

❖ 『이만오천송반야경』에서의 「정현관頂現觀」

『이만오천송반야경』에 있어 『현관장엄론』의 제5장 「정현관頂現觀」에 대응하는 부분은, 네팔에 전하는 산스크리트어본 원전에서는, 키무라木村高尉 교정본 제5분 책의 전부, 170쪽을 차지하고 있습니다. 또 티베트어 역에서도 385쪽으로, 지금까지 보아 온 「일체상현등각」에 필적하는 쪽 수를 차지하고 있습니다.

한편 『이만오천송반야경』에 상응하는 현장玄奘 역 『대반야바라밀다경』 「제2분」에서는 「증상만품增上慢品」 제60의 1부터 「점차品漸次品」 제73의 2까지에 대응한다고 합니다. 그러나 지금까지 여러 번 언급해 왔듯이 한역의 장·절의 나누는 방법은 『현관장엄론』에 근거한 해석학과는 반드시 일치하지는 않습니다.

더구나 Ⅳ「일체상현등각」 뒤에 Ⅴ「정현관頂現觀」을 설한 것은 Ⅰ「일체상지一切相智」, Ⅱ「도종지道種智」, Ⅲ「일체지一切智」라는 「삼지三智」의 형상을 넓게 알아차리는 Ⅳ「일체상현등각」을 얻으면, 수행을 자유자재로 행할 수 있는 궁극의 현관現觀, 즉 Ⅴ「정현관頂現觀」이 생기기 때문이라고 합니다. 거듭 「정현관頂現觀」의 「8의義」 중에는 ⑸견도見道, ⑹수도修道, ⑺무간삼매無間三昧라는 보살의 수행단계에 대응하는 「정현관頂現觀」이 본 장의 근간을 이루는 것인데, 그 전 단계인 ⑴「12표상標相을 갖춘 정현관頂現觀」, ⑵「복덕을 증대시키는 정현관頂現觀」, ⑶「견고한 정현관頂現觀」, ⑷「심주心住의 정현관頂現觀」이라는 「4의義」를 먼저 설한 것은 그 편이 이해하기 쉽기 때문이라고 합니다.

◈ 8가지 「정현관頂現觀」에 대해서

『이만오천송반야경』의 Ⅴ「정현관頂現觀」에 상응하는 부분의 첫머리에는 다음과 같이 설하고 있습니다.

> 그때 세존께서 수보리에게 말씀하셨다. "수보리여, 만약 보살마하살이 내지는 꿈속에서도 또한, 항상 제법은 꿈과 같고 메아리와 같고 아지랑이와 같고 환영幻影과 같고, 건달바성犍闥婆城(신기루)과 같다는 것을 깨달으면 수보리여, 이것이 보살마하살의 불퇴전상不退轉相이라는 것을 알아야 하느니라."

그리고 반야학에서는 이 경문이 ^V「정현관頂現觀」의 ⁽¹⁾ 12표상을 갖춘 「정현관」의 첫 번째를 설한 경문이라고 해석되고 있는 것입니다.

그리고 『현관장엄론』은 이 이후의 『이만오천송반야경』의 경문을 12단으로 분과하고, 이것을 보살의 불퇴전의 12표상標相이라 합니다. 그리고 반야학에서는 이 ⁽¹⁾ 12표상標相을 보살의 수행단계의 맨 처음인 「난煖의 가행도加行道」에 배당합니다.

•• 〈표〉『現觀莊嚴論』 ^V「頂現觀」과 『이만오천송반야경』

菩薩의 修道階梯		八種의 頂現觀	티베트語 「七十義」	『이만오천송반야경』	
				산스크리트어 (키무라 校訂梵本)	티베트譯(깐규르) (『깐규르』)
加行道	煖	⑴十二標相을 갖춘 頂現觀	[42] rtags bcu gñis po daṅ ldan pa'i rtse sbyor	1-1~13-23	Vol.51-74- 12~100-17
	頂	⑵福德을 증대시키는 頂現觀	[43] bsod nams rnam par 'phel ba'i rtse sbyor	13-24~35-4	100- 18~146-13
	忍	⑶堅固한 頂現觀	[44] brtan pa'i rtse sbyor	35-5~36-13	146-14~149- 5
	世第一法	⑷心住의 頂現觀	[45] sems kun tu gnas pa'i rtse sbyor	36-14~37- 27	149-6~152- 20
見道		⑸見道의 頂現觀	[46] mthoṅ lam rtse sbyor	37-28~102- 12	153-1~299- 6
修道		⑹修道의 頂現觀	[47] sgom lam rtse sbyor	102-13~104- 18	299-7~304- 2
無間道		⑺無間三昧의 頂現觀	[48] bar chad med pa'i rtse sbyor	104-19~135- 20	304-3~374- 2
		⑻除去해야 할 顛倒	[49] bsal bya log sgrub	135-21~170- 5	374-3~459- 16

마찬가지로

"또 다음으로 수보리여, 가령 이 남섬부주에 있는
모든 중생들이 모두 인간의 몸을 얻고, 인간의 몸을
얻고나서 발심하여 모든 보살행을 닦고, 모두 무상정
등보리를 증득함에, 선남자 · 선녀인이 있어 그 수명
이 다할 때까지 세상의 신묘한 공양물을 가지고, 여
러 여래를 공양 · 공경 · 존중 · 찬탄하면, (중략) 이 인
연에 의해 복을 얻는 것이 많겠는가, 어떤가?" 수보
리가 대답하며 말씀드렸다. "매우 많겠습니다, 세존
이시여." 붓다께서 말씀하셨다. "만약 선남자 · 선녀
인들이 대중 속에서 이와 같은 깊고 깊은 반야바라밀
을 선설宣說하여, (중략) 이 인연으로 얻는 바의 공덕은
그들보다도 매우 많아 헤아릴 수 없고 끝이 없으
리라."

라는 경문 이하가 ⑵복덕을 증대시키는 「정현관頂現觀」
을 설한 것이라 하고, ②「정頂의 가행도」에 해당한다고
합니다.

또한 (3)「견고한 정현관頂現觀」은 ③「인忍의 가행도」(4)「심주心住의 정현관」은 가행도의 최고지위인 ④「세제일법世第一法」에 해당한다고 합니다.

그리고 이 이하, (5)「견도의 정현관」은 보살의 「견도見道」, (6)「수도의 정현관」이 「수도修道」, (7)「무간삼매의 정현관」과 (8)「끊어야 할 전도顚倒」의 2의二義가 지혜에 의해 번뇌를 끊는 「무간도無間道」에 해당한다고 합니다. 이처럼 「정현관」의 8의義는, 보살의 수행단계에 대응하는 것이 되는데, 마지막의 「무간도無間道」가 두 가지 의義에 대응하는 것은 올바른 지혜에 의해 미란迷亂을 끊는 무간삼매無間三昧에서는 이들 16가지 전도顚倒를 끊어야만 하기 때문이라 합니다.

❖ 「정현관頂現觀」의 의미

『현관장엄론』에 근거한 반야학은 『반야경』의 경문을 보살의 수행단계와 연결하여 해석한다는 특징을 가지고 있습니다. 이 특징은 지금까지 소개한 각 장에서도 볼 수 있었는데 ^V「정현관頂現觀」에 해당하는 부분은 상당히 많은 문헌이 있으며 하나하나의 의미뿐만 아니라, 거기에 해당하는 경문도 잘 설해져 있습니다. 그런 의미에서 ^V「정현관頂現觀」은 『현관장엄론』의 특징이 잘 나타나 있다고 볼 수 있습니다.

또한 『이만오천송반야경』과 ^V「정현관頂現觀」 「8의義」의 대응관계 그리고 「8의義」와 보살의 수행단계에 대응하는 관계를 하나하나 논하면 번잡해지므로 별도로 게재한 〈표〉(앞쪽)를 참조하길 바랍니다.

거듭 ^V「정현관頂現觀」을 구성하는 「8의義」 가운데 (7)무간삼매와 (8)「끊어야 할 전도顚倒」는 깨달음을 얻기 위해 끊어야만 하는 잘못된 철학적 견해와 그것을 끊는 삼매이며 중요한 논제라 할 수 있습니다. 그래서 (7)「무간삼매無間三昧」와 (8)「끊어야 할 전도顚倒」에 대해서는 다음 장에서 다시 논하기로 하겠습니다.

제17장

「무간삼매無間三昧」에 대하여

앞 장에서는 『현관장엄론』「사가행四加行」의 제2 「정현
관頂現觀」을 다루었는데, 본 장에서는 그 ⑧「무간삼매無間
三昧」와 ⑨「끊어야 할 전도」에 대해서 살펴보겠습니다.
이것은 『현관장엄론』「칠십의七十義」의 체계에서는 제48
과 제49의 2의二義에 대응하고, 보살의 수행단계 상에서
는 미혹을 끊고 지혜를 얻는 무간도無間道에 해당한다고
합니다.

❀ 『이만오천송반야경』에서 「무간삼매無間三昧」의 위치

『이만오천송반야경』에는 『현관장엄론』의 Ⅰ「일체상지」와 Ⅷ「법신」에 해당하는 부분에 「무간삼매無間三昧」를 설하고 있습니다. 이 가운데 전자의 용례 즉 구마라집 역 『대품반야경』 「왕생품往生品」을 주석한 『대지도론』 40권에서는 「무간삼매無間三昧」를 다음과 같이 설하고 있습니다.

과果를 취할 때 상응하는 삼매를 「무간삼매」라 한다. 이 삼매를 얻고 나서 해탈지解脫智를 얻고, 이 해탈지로써 세 가지 결박三結을 끊고 깨달음果盡을 얻는다.

즉 「무간삼매無間三昧」란 해탈지解脫智를 얻고, 「세 가지 결박」 즉, ①견결見結 ②계취결戒取結 ③의결疑結이라는 3가지 견혹見惑, 즉 잘못된 철학적 견해를 끊기 위해 닦도록 하는 삼매라 하고, 「과증果証」이란 성문승聲聞乘의 성자 자리인 예류과預流果라고 생각해 왔습니다. 『이만오천송반야경』의 Ⅷ「법신」에 나타나는 용례도 그것에 따라 해석할 수 있으므로, 『반야경』 본래의 「무간삼매」는 『대지도론』에서 말하고 있는 것과 같은 것이었다고 생각됩니다.

『이만오천송반야경』에서 Ⅴ「정현관」의 ⑻「무간삼매無間三昧」에 해당하는 경문은, 네팔에 전하는 산스크리트어본 원전에서는 키무라木村高尉 교정본의 제5분 책의 132쪽부터 135쪽까지를 차지하고 있습니다. 또 티베트어 역에서도 제51권의 367쪽부터 374쪽까지 비교적 짧습니다. 한편 『이만오천송반야경』에 상응하는 현장玄奘 역 『대반야바라밀다경』 「제2분」에서는 「수유품樹喩品」 제69의 중간쯤에 대응합니다.

그렇지만 산스크리트어본 원전 · 티베트어 역 · 한역 전체에서 여기에 대응하는 부분은 『현관장엄론』의 주석 이외에는 「무간삼매無間三昧」라는 말은 한 번도 나타나지 않습니다. 결국 이 경문을 「무간삼매無間三昧」에 해당하는 것으로 보는 것은 무리가 있는 것으로 볼 수 있습니다.

❖ 『이만오천송반야경』에서의 「끊어야 할 전도顚倒」

한편 『이만오천송반야경』에서 Ⅴ「정현관」의 ⑼「끊어야 할 전도」에 해당하는 경문은, 네팔에 전하는 산스크리트어본 원전에서는 키무라木村高尉 교정본 제5분의 책의 135쪽부터 170쪽까지를 차지하고 있습니다. 또 티베트어 역에서도, 제51권의 374쪽부터 459쪽까지를 차지하고 있습니다. 한편 『이만오천송반야경』「제2분」에서는 「수유품樹喻品」 제69의 도중부터 「점차품漸次品」 제73의 1까지 대응합니다. 이것은 ⑻무간삼매無間三昧에 해당하는 경문의 10배를 넘는 분량으로 되어 있습니다.

❖ 「무간삼매無間三昧」에 대해서

그럼 이번에 다룰 두 가지 논제에 대해서 순서에 따라 살펴보겠습니다. 우선 ⑻「무간삼매無間三昧」에 대응하는 『이만오천송반야경』의 경문은 다음과 같습니다.

그때 수보리가 다시 붓다께 여쭈었다. "만약 보살 마하살이 널리 일체중생을 요익饒益되게 하기 위해서 처음으로 보리심을 일으키면, 어느 정도 복을 얻겠습니까?"

이후에 붓다께서는 보살의 초발심 공덕은 무량·무변한 중생을 성문·연각 등 성자의 지위에 향하게 하는 것과는 비교가 되지 않을 만큼 크다고 설합니다. 그 이유는 성문·연각은 보살에 의해서 존재하지만, 보살은 성문·연각에 의해 존재하는 것은 아니기 때문이라고 설합니다.

이 경문을 근거로 『현관장엄론』은 「복이 크고 많음에 의해, 붓다의 지위를 얻은 직후(無間)에 「무간삼매無間三昧」가 있는데 그것이 「일체상지一切相智」이며, 그것이 (붓다의 지위)입니다.」(V「정현관」의 제38게)라고 설하고, 이 한 절이 (8)「무간삼매無間三昧」를 설한 것이라 합니다.

그러나 이미 보았듯이, 본래 무간삼매無間三昧는 불과佛果가 아니고 예류과預流果와 관련지어져 왔습니다. 그래서 이 경문을 「무간삼매無間三昧」라고 해석함에는 무리가 있는 것입니다.

🔷 「끊어야 할 16가지 전도顚倒」에 대해서

다음으로 ⑼「끊어야 할 전도」에 대응하는 『이만오천
송반야경』의 경문을 살펴보겠습니다. 우선,

> 그때 수보리가 다시 붓다께 말씀드리기를, "세존이
> 시여, 단지 「일체상지」만을 무성無性을 성性으로 하는
> 것입니까, 색·수·상·행·식도 또한 무성無性을 성
> 性으로 하는 것입니까?"

이하가 ①유위계有爲界와 무위계無爲界의 무성無性이라
는 경계에 의해 생겨나는 전도顚倒에 해당합니다.
다음의,

> 또 다음으로 수보리여, 일체법은 모두 공空으로써
> 자성自性으로 삼고, 일체법은 모두 무상無相으로써 자

성으로 삼고, 일체법은 모두 무원無願으로써 자성으로 삼느니라.

이하가, ②완전하게 형상이 없는 것에 의한 자성의 확립에 관한 전도顚倒에 해당합니다.
또한,

장애 없는無障礙 청정한 붓다의 눈으로, 널리 시방·삼계의 제법을 관하여도 무無를 얻지 못했는데, 하물며 유有를 얻을 수 있겠는가?

이하가, ③유와 무를 소연으로 삼지 않음에 의한「일체상지성一切相智性의 지혜智에 관한 전도顚倒에 해당합니다.
이처럼 『현관장엄론』은 『이만오천송반야경』의 경문을 16단으로 나누고, 이것을 끊어야 할 16가지 전도顚倒, 즉 그릇된 철학적 견해에 관해 설한 것이라고 해석한 것입니다.

••〈표〉 V「頂現觀」의 16가지 (8)「除去해야 할 顚倒」

16가지 제거해야 할 顚倒	산스크리트語	『이만오천송반야경』	
		키무라 校訂 梵本	티베트譯『깐규르』
1. 所緣의 生起	1. saṃskṛtāsaṃskṛtadhātor abhāvatvenālambanopapattau	135–21~136–16	Vol.51–374–3~376–17
2. 自性의 確立	2. sarvathā nīrūpatvād ālambanasvabhāvāvadhāraṇe	136–17~137–25	376–18~380–11
3. 一切相智性의 智	3. bhāvābhāvānupalambhena sarvākārajñatā jñāne	137–26~138–26	380–12~383–6
4. 勝義諦와 世俗諦	4. tathatāsvabhavatvena aṃvṛti paramārthasatyadvaye	138–27~139–4	383–7~383–20
5. 加行	5. dānādyanupalambhena prayo= ga	139–5~140–3	384–1~386–2
6. 佛寶	6. boddhavyābhāvād buddha= ratne	140–4~140–10	386–3~386–12
7. 法寶	7. nāmadheyamātratvād dhar= maratne	140–11~140–22	386–13~387–11
8. 僧寶	8. ūpādyālambhanapratiṣedhāt saṃgharat	140–23~144–10	387–12~396–13
9. 善巧方便	9. ānādyanupalambhenopāya= kauśale	144–11~150–5	396–14~408–13
10. 牟尼의 正觀	10. bhāvābhāvobhayarūpādhigama pratiṣedhāt tathāgatā= bhisamaye	150–6~150–24	408–14~409–16
11. 常等의 顚倒	11. rapañcavyavasthāpitānityā ditvena nityādiviparyāse	150–25~153–23	409–17~418–15
12. 道	12. vibhāvitamārgaphalāsākṣāt karaṇena mārge	153–24~157–23	409–17~418–15
13. 能退治	13-14. hānopādānābhāvena vipakṣapratipakṣe	157–24~159–24	427–1~431–6
14. 所退治			
15. 法의 相	15. dharmyabhāvād dharma= lakṣaṇe	159–25~161–11	431–7~434–7
16. 修行	16. svasāmānyalakṣaṇānupa= pattyā bhāvanāyām	161–12~169–31	434–8~459–16

약퇸의 『현관장엄론주』에 의하면 이 전도顚倒는 남톤 snan ston 즉, 일체법이 공空이라는 것, 일체법이 각각 별도의 상相으로 명백하게 나타나는 것이 모순된다는 그릇된 사상에 근거하고 있습니다. 그것은 「승의제勝義諦」와 「세속제世俗諦」 두 제諦를 분별하는 선교·방편에 의해 끊을 수 있습니다. 그리고 이것에 의해 「무간도無間道」인 「정현관頂現觀」의 관찰대상과 깊고 깊은 의義가 명확해진다고 하고 있습니다.

또한 16가지 전도를 하나하나 설명하면 번잡하므로 『이만오천송반야경』의 경문과 대조한 〈표〉를 작성하였습니다. 자세한 것은 〈표〉(앞 쪽)를 참조하길 바랍니다.

◈ 정리

본 장에서는 『현관장엄론』의 Ⅴ「정현관」에서 (8)「무간삼매」와 (9)「끊어야 할 전도」를 다루고, 『이만오천송반야경』의 경문과 대조하면서 살펴보았습니다.

본 장에서 보았듯이 (8)「무간삼매無間三昧」에 대응한다고 하는 『이만오천송반야경』의 경문에는 「무간삼매無間三昧」라는 말 자체가 한 번도 나타나지 않습니다. 이렇게 무리를 무릅쓰면서까지 『현관장엄론』이 이 부분을 ⑻「무간삼매無間三昧」에 배당한 것은, 여기에서 ⑼「끊어야 할 전도顚倒」에 상응하는 부분이, 대승불교의 입장에서 본 그릇된 철학적 견해를 열거하는 것이었기 때문이라 생각됩니다.

그래서 보살은 이 16가지 그릇된 철학적 견해를 극복하고, 깨달음을 얻어 중생을 구제해야 합니다. 이러한 과정을 설하는 경문이 Ⅳ「일체상현등각」을 깨닫게 하는 궁극적인 깨달음[現觀], Ⅴ「정현관」의 마지막을 장식하는 ⑻「무간삼매無間三昧」와 ⑼「끊어야 할 전도」라고 해석된 이유라고 생각할 수 있는 것입니다

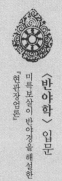

VI.

점현관

漸現觀

제18장

「점현관」에 대하여

❂ 『현관장엄론』에서 「점현관漸現觀」의 위치

이미 보아 왔듯이 티베트 반야학에서는 『현관장엄론』의 팔현관八現觀이, Ⅰ「일체상지」 Ⅱ「도종지」 Ⅲ「일체지」의 「삼지三智」를 명확히 한 제1부, Ⅳ「일체상현등각」 Ⅴ「정현관」 Ⅵ「점현관」 Ⅶ「일찰나현등각」의 「사가행四加行」을 설한 제2부, Ⅷ「법신」을 설한 제3부의 3가지로 정리되어, 이 3부가 「기초·도·과」(시·람·데)라는 티베트불교의 전통적 개념에 근거하여 해석되었습니다.

그리고 Ⅵ「점현관漸現觀」은 이 가운데 제2부의 세 번째

에 해당하고 그 내용은,

(1)보시布施바라밀에 의한「점현관漸現觀」, (2)계戒바라밀에 의한「점현관」, (3)인욕忍辱바라밀에 의한「점현관」, (4)정진精進바라밀에 의한「점현관」, (5)선禪바라밀에 의한「점현관」 (6)반야般若바라밀에 의한「점현관」, (7)불수념佛隨念 (8)법수념法隨念, (9)승수념僧隨念 (10)계수념戒隨念, (11)사수념捨隨念, (12)제천수념諸天隨念 (13)일체법무자성을 알아차리는「점현관」.

이라는 13의義로 나누어집니다. 그리고 이것들은「칠십의七十義」에서는 50부터 62까지에 해당합니다.

중생은 발심하고 나서「삼대아승지겁」이라는 무한에 가까운 시간을 걸려 복덕·지혜 두 자량을 쌓고 법신法身을 성취합니다. 즉 깨달음을 얻게 됩니다. 그래서 반야학에서는, 이 수행과정에 대응하는「사가행四加行」가운데 Ⅳ「일체상현등각」과 Ⅴ「정현관頂現觀」을「의처依處」(원드차와)라 하고, Ⅵ「점현관漸現觀」과 Ⅶ「일찰나현등각」을「견고堅固」(텐빠)라 부르며, 양쪽 모두에 인·과가 있으므로

사가행四加行이 된다고 생각합니다. (본 책 제11장 〈표〉1 참조)

◈ 『이만오천송반야경』에서의 「점현관漸現觀」

　『이만오천송반야경』에서 Ⅵ「점현관漸現觀」에 대응하는 부분은, 네팔에 전하는 산스크리트어본 원전에서는 키무라木村高尉 교정본에서 14쪽 정도, 티베트어 역에서도 20쪽 정도이고, 사가행四加行을 구성하는 4장 중에서도 가장 짧게 되어 있습니다.

　한편 『이만오천송반야경』에 상응하는 현장玄奘 역 『대반야바라밀다경』「제2분」에서는 『점차품』 제73의 2부터 「무상품」 도중까지에 대응한다고 합니다. 또한 한역의 장·절의 나누는 방법은 『현관장엄론』에 근거한 해석학과는 반드시 일치하지는 않지만, 여기에서는 「점현관漸現觀」에 대응하는 부분이 「점차품漸次品」이라는 이름으로 일치하고 있는 것을 볼 수 있습니다.

　『이만오천송반야경』의 Ⅵ「점현관漸現觀」에 상응하는 부분의 첫 부분에는 다음과 같이 설하고 있습니다.

수보리가 붓다께 말씀드렸다. (중략) "세존이시여, 만약 일체법이 모두 무성無性으로써 자성自性으로 삼는다면, 어찌하여 보살마하살에게 점차업漸次業, 점차학漸次學, 점차행漸次行이 있으며, 이 점차업, 점차학, 점차행에 따라 무상정등보리를 증득하는 것입니까?"

그리고 티베트 반야학에서는 이 경문이 Ⅵ「점현관漸現觀」의 총설이라 해석하고 있습니다.

🏵 13가지 「점현관漸現觀」에 대해서

그리고 『현관장엄론』은 이 이후 『이만오천송반야경』의 경문을 13단으로 나누고 있습니다.

또한 이들은 ⑴~⑹「육바라밀 점현관」, ⑺~⑿「육수념 점현관」, ⒀「일체법무자성을 알아차리는 점현관」의 3종류로 나누어져 있습니다. 더구나 이 13단이 산스크리트어 본 원전과 티베트어 역 어디에 어떻게 상응하는지 하나하나 설명하면 번거로우므로 아래의 〈표〉를 참조하길 바랍니다.

十三種의 漸現觀	티베트語(七十義)	『이만오천송반야경』	
		키무라 校訂 梵本	『깐규르』
總說	spyir gsuṅs pa	1-5~2-6	Vol.51-459-17~461-21
①布施波羅蜜에 의한 漸現觀	[50] sbyin pa'i pha rol tu phyin pa'i mthar gyis pa'i mṅon par rtogs pa	2-7~3-2	462-1~463-10
②戒波羅蜜에 의한 漸現觀	[51] tshul khrims kyi pha rol tu phyin pa'i mthar gyis pa'i mṅon par rtogs pa	3-3~3-20	463-11~464-17
③忍辱波羅蜜에 의한 漸現觀	[52]bzod pa'i pha rol tu phyin pa'i mthar gyis pa'i mṅon par rtogs pa	3-21~4-11	464-18~466-2
④精進波羅蜜에 의한 漸現觀	[53] brtson 'grus kyi pha rol tu phyin pa'i mthar gyis pa'i mṅon par rtogs pa	4-12~5-1	466-3~467-7
⑤禪波羅蜜에 의한 漸現觀	[54] bsam gtan gyi pha rol tu phyin pa'i mthar gyis pa'i mṅon par rtogs pa	5-2~5-21	467-8~468-15
⑥般若波羅蜜에 의한 漸現觀	[55] śes rab kyi pha rol tu phyin pa'i mthar gyis pa'i mṅon par rtogs pa	5-22~6-12	468-16~470-3
⑦佛隨念	[56] saṅs rgyas rjes su dran pa	6-13~8-7	470-4~474-1
⑧法隨念	[57] chos rjes su dran pa	8-8~8-22	474-2~475-2
⑨僧隨念	[58] dge 'dun rjes su dran pa	8-23~9-5	475-3~475-20
⑩戒隨念	[59] tshul khrims rjes su dran pa	9-6~9-17	476-1~476-18
⑪捨隨念	[60] gtoṅ ba rjes su dran pa	9-18~9-30	476-19~477-19
⑫諸天隨念	[61] lha rjes su dran pa	10-1~10-15	477-20~479-1
⑬一切法無自性을 아는 漸現觀	[62] chos thams cad dṅos po med pa'i ṅo bo ñid du śes pa'i mthar gyis pa'i mṅon par rtogs pa	10-16~14-27	479-2~488-18

그리고 이하에서는 약뛴·상계빨의 『현관장엄론주』
와 다르마린첸의 「남세·님뽀겐」에 따라 그 개요를 보
기로 하겠습니다. 우선 『이만오천송반야경』의

수보리여, 보살마하살은 초발심으로 보시바라밀을 수행할 때 마땅히 스스로 보시를 하고, 또 남에게 보시하도록 권하며, 보시의 공덕을 칭찬하고 현시顯示하느니라.

이하의 경문이 13가지 「점현관漸現觀」의 ⑴보시바라밀에 의한 「점현관」에 해당합니다. 그 아래는 ⑹반야바라밀에 의한 「점현관漸現觀」에 해당합니다.

수보리여, 보살마하살은 초발심으로 스스로 반야바라밀을 행하면서 보시를 하고, 계를 수지하고, 인욕을 성취하고, 정진에 힘쓰고, 선정을 닦고, 반야를 행하느니라.

여기까지가 육바라밀에 의한 「점현관」을 명확하게 한 경문이라 합니다.

더구나 티베트 반야학에서는 깨달음을 얻기 위해서는 10바라밀이 필요하며 이것이 보살의 십지十地에 대응한다고 하는데, 여기에서는 ⑹「반야바라밀에 의한 점현관」

의 반야바라밀에 나머지 방편方便 · 원願 · 역力 · 지智의 4
바라밀을 더하게 한다고 하고 있습니다.

다음으로,

> 또 수보리여, 보살마하살은「점차업漸次業」을 하고,
> 「점차학漸次學」을 닦고,「점차행漸次行」을 행할 때, 초
> 발심으로「일체상지一切相智」에 상응하는 작의作意를 하
> 며, 제법무성諸法無性으로써 그 자성自性으로 삼는다고
> 믿고 이해[信解]하며「불수념佛隨念」을 닦느니라.

라고 하는 경문이 ⑺「불수념佛隨念」에 해당한다고 합니
다. 또,

> 다시 수보리여, 보살마하살이 반야바라밀을 수행
> 할 때,「점차업漸次業」을 짓고,「점차학漸次學」을 닦고
> 「점차행漸次行」을 행하는 것을 원만히 하기를 원하므
> 로 초발심 이래로「일체상지一切相智」에 상응하는 작의
> 를 하고, 제법 무성無性으로써 그 자성自性으로 삼는다
> 고 믿고 이해하며「내공內空」을 닦느니라.

라고 하는 경문이 마지막 일체법의 무자성無自性을 알아차리는「점현관漸現觀」에 상응한다고 합니다.

✤ 「점현관漸現觀」의 의미

티베트 반야학에서는, Ⅴ「정현관頂現觀」 뒤에 Ⅵ「점현관漸現觀」을 설한 것은, Ⅴ「정현관頂現觀」을 얻은 최후유最後有(균타) 이하의 보살은 Ⅰ「일체상지」Ⅱ「도종지」Ⅲ「일체지」라는 개별의 삼지三智와, 이것을 정리하여 익히는 Ⅳ「일체상현등각」과 Ⅴ「정현관頂現觀」에서 깨닫게 된 여러 의義를 순서대로 견고하게 수행해야만 하므로 Ⅵ「점현관漸現觀」을 설할 필요가 있다고 생각합니다.

그리고 이 Ⅵ「점현관漸現觀」은 다음 장에서 다루는 Ⅶ「일찰나현등각」의 전 단계이므로 Ⅵ「점현관漸現觀」과 Ⅶ「일찰나현등각」은 인과因果의 관계에 있습니다.

이것이 Ⅵ「점현관漸現觀」과 Ⅶ「일찰나현등각」을 반야학에서 「견고堅固한 인과因果」라고 이름한 이유입니다.

그리고 Ⅵ「점현관漸現觀」은 대승의 자량도資糧道에서 보

살의 최후유最後有에까지 존재한다고 합니다.

붓다의 깨달음은 한순간에 열리는 것인가(頓悟), 아니면 삼대아승지겁에 걸쳐 수행의 결과로서 단계적으로 깨닫는 것인가(漸悟) 하는 문제는, 티베트에 불교가 수용될 초기에 인도계통의 불교와 중국계통의 불교 대표가 삼예사에서 종론宗論에 대해 치열하게 논쟁한 이래, 티베트불교의 중요한 주제가 되어 왔습니다.

그리고 반야학에서 Ⅵ「점현관漸現觀」과 Ⅶ「일찰나현등각」의 관계는 티베트불교가 이 문제를 어떻게 생각해 왔는가를 알기 위한 중요한 실마리가 될 것으로 생각합니다.

VII.

일찰나현등각

一 刹 那 現 等 覺

제19장

「일찰나현등각」에 대하여

앞장에서는 『현관장엄론』의 「팔현관八現觀 칠십의七十 義」의 체계에서 「사가행四加行」의 세 번째인 Ⅵ「점현관漸現 觀」을 살펴보았는데, 본 장에서는 네 번째인 Ⅶ「일찰나현 등각—刹那現等覺」에 대해서 살펴보겠습니다.

✤ 『현관장엄론』에서 「일찰나현등각—刹那現等覺」의 위치

제2장에서 보았듯이 반야학에서는 『현관장엄론』의 팔현관八現觀이 Ⅰ「일체상지」 Ⅱ「도종지」 Ⅲ「일체지」의

「삼지三智」를 밝힌 제1부와, Ⅳ「일체상현등각」 Ⅴ「정현관」 Ⅵ「점현관」 Ⅶ「일찰나현등각」의 「사가행四加行」을 설한 제2부, 그리고 Ⅷ「법신」을 설한 제3부의 세 가지로 정리되어 있고, 이 세 부가 「기초 · 도 · 과」(시 · 람 · 데)라는 티베트불교의 전통적 개념에 근거하여 해석되었다고 서술하였습니다.

그리고 「일찰나현등각一刹那現等覺」은 이 가운데 제2부의 마지막을 장식하는 장으로 그 내용은 다시,

⑴「**미숙일체무루법**未熟一切無漏法**의 일찰나현등각**」, ⑵「**이숙**異熟 **일체무루법의 일찰나현등각**」, ⑶「**무상**無相 **일체법의 일찰나현등각**」, ⑷「**불이상**不二相 **일체법의 일찰나현등각**」

이라고 하는 4의義로 나누어집니다. 그리고 이것은 「칠십의七十義」에서는 제63에서 제66까지에 상응합니다.

중생은 발심하고 나서 삼대아승지겁이라는 무한에 가까운 시간 동안 복덕 · 지혜의 자량을 쌓고 법신法身을

성취하는, 즉 깨달음을 얻게 됩니다. 그리고 사가행四加行의 마지막에 놓여진 「일찰나현등각一刹那現等覺」이야말로 수행을 완성시켜 성불成佛하는 「최후유最後有 보살」의 깨달음의 순간에 무엇이 일어나는가 하는 불교에서 가장 중요한 논제를 다루고 있는 것입니다.

❈ 『이만오천송반야경』에서 「일찰나현등각一刹那現等覺」

『이만오천송반야경』에서 Ⅶ「일찰나현등각一刹那現等覺」에 대응하는 부분은, 네팔에 전하는 산스크리트어본 원전에서는 키무라木村高尉 교정본에서 26쪽 정도, 티베트어 역에서도 60쪽으로 그다지 길지는 않습니다.

한편 『이만오천송반야경』에 대응하는 현장玄奘 역『대반야바라밀다경』 제2분에서는 「무상품無相品」의 중간에서부터 「무잡품無雜品」의 마지막까지에 대응한다고 하는데, 한역의 장·절 나누는 방법은 『현관장엄론』에 근거한 반야학과는 반드시 일치하지는 않습니다. 또한 『이만오천송반야경』의 「일찰나현등각」에 상응하는 부분의 모두에는, 다음과 같이 설하고 있습니다.

> 그때 수보리가 붓다께 말씀드렸다. "세존이시여, 어떤 것이 보살마하살이 반야바라밀을 수행할 때, 일심으로 육바라밀을 갖추는 것이나이까? 또 능히 사정려四靜慮·사무량四無量·사념처四念處·사무색정四無色定·(중략)·삼십이상三十二相·팔십종호八十種好를 갖추는 것이나이까?"

그리고 반야학에서는 이 경문이 Ⅶ「일찰나현등각一剎那現等覺」의 총설이라고 해석하고 있는 것입니다.

✤ 4가지 「일찰나현등각一剎那現等覺」에 대해서

그리고 『현관장엄론』은 이 이후의 『이만오천송반야경』의 경문을 4단으로 나누고, 그것을 네 가지 「일찰나현등각一剎那現等覺」에 배당합니다.
또한 이 네 가지 「일찰나현등각」이 『이만오천송반야

경』의 원전과 티베트어 역의 어디에 해당하는가를 하나 하나 설명하면 번거로우므로 아래의 〈표〉를 참조하길 바랍니다.

•• 〈표〉『現觀莊嚴論』 ⅶ「一刹那現等覺」과『이만오천송반야경』

	티베트語(七十義)	『이만오천송반야경』	
		키무라 校訂 梵本	『깐규르』
(總說)	spyir gsuṅs pa	15-1~15-16	Vol.51-488-19~489-17
1. 未熟一切無漏法一刹那現等覺	[63] ṅam smin ma yin pa'i skad cig sbyor	15-17~27-8	489-18~517-10
2. 異熟一切無漏法一刹那現等覺	[64] ṅam par smin pa'i skad sbyor	27-9~29-7	517-11~522-8
3. 無相一切法一刹那現等覺	[65] mtshan ñid med pa'i skad cig sbyor	29-8~38-22	522-9~542-7
4. 不二無相一切法一刹那現等覺	[66] gñis su med pa'i skad cig sbyor	38-23~41-13	542-8~548-3

이 4가지 「일찰나현등각一刹那現等覺」은 다른 논서에서는 거의 볼 수 없고, 동아시아 불교권의 전통적 불교학에도 알려져 있지 않습니다. 여기에서는 다르마린첸의 「남세 · 닝뽀겐」에 의지하면서 개요를 살펴보겠습니다.

우선『이만오천송반야경』의

수보리여, 보살마하살은 이처럼 반야바라밀을 행

하는 것에 일심一心을 일으키면 육바라밀을 원만히 하
느니라.

라는 경문은 4가지 「일찰나현등각」의 ⑴「미숙未熟일체
무루법 일찰나현등각」에 상응합니다. 즉, 많음이 하나를
거두어들일 뿐만 아니라 하나도 많음을 거두어들인다는
대승불교 논리에 의해, 하나의 무루법이 일체의 무루법
을 겸하기 때문에 「최후유最後有의 보살」은 일찰나의 일
심으로 일체의 무루법을 깨달을現證 수 있습니다. 이것
을 『현관장엄론』 본송 「일찰나현등각」 제2게송은 사람
이 물레방아水車의 한 부분을 움직이면 전체가 함께 움
직이는 것에 비유하고 있습니다. 다음으로

이 (보살마하살)은 이숙법異熟法인 보리菩提 속에 머
물면서 육바라밀을 원만히 하느니라.

이 경문이 ⑵「이숙異熟 일체무루법 일찰나현등각」에
상응한다고 합니다. 무량겁에 걸쳐 반야바라밀의 수습
으로 「번뇌장」·「소지장」의 두 장애가 제거되고, 무루

인 이숙異熟의 지혜가 생기기 때문입니다. 이것을 『현관장엄론』은 두 장애의 운무雲霧가 걷히고 맑고 깨끗한 가을 달이 나타나는 것에 비유합니다. 또,

> 보살마하살은 반야바라밀을 행할 때, 꿈 같은 오취온五取蘊 속에 안주하여 보시를 행하느니라.

에서,

> 반야를 닦느니라.

라고 하는 부분까지의 경문이 (3)「무상일체법 일찰나현등각」에 상응한다고 합니다. 또한

> 보살마하살이 반야바라밀을 수행할 때, 꿈을 꾸지 않으며, 꿈을 꾸는 자를 보지 않느니라.

라고 하는 경문이 마지막 (4)「불이상不二相 일체법 일찰나현등각」에 상응합니다. 여기에서 「불이不二」라는 것은

「소취」·「능취」의 두 가지, 즉 주관·객관의 이원 대립
이 존재하지 않는다는 의미입니다.

위의 경문에서는 꿈이 소취(객관), 꿈을 꾸는 자가 능취
(주관)에 해당합니다. 다르마린첸에 의하면, 소취·능취
가 둘이 아니라는 제법의 진실을 바로 일찰나에 현전하
는 것이 궁극의 가행이며, 최후유最後有의 보살은 소취·
능취의 이원 대립이라는 습기에서 완전히 벗어났으므로
이처럼 깨달을 수 있다고 합니다.

✤ 「일찰나현등각—刹那現等覺」의 의미

반야학에서는 이 4가지 「일찰나현등각」은 모두 「최후
유(균타)」 즉, 깨달음을 얻기 직전의 보살의 심상속에만
존재한다고 여기고 있습니다. 따라서 4종류 「일찰나현
등각—刹那現等覺」은 (1)「미숙未熟 일체무루법의 일찰나현등
각」을 닦고 나서 (2)「이숙異熟 일체무루법의 일찰나현등
각」을 닦는다는 것이 아니라, 본질적으로 동일한 「일찰
나현등각」을 4종류로 펼친 것에 지나지 않습니다.

그리고 「최후유最後有」 다음 찰나에 보살은 깨달음을 얻어 법신法身을 현증現證하게 되기 때문에, 「일찰나현등각」은 바로 중생에서 붓다로의 극적인 전환점이라 할 수 있습니다.

붓다는 어떻게 깨달음을 얻은 것일까? 많은 불교자가 다양한 시점에서 이 문제에 답해 왔지만, 「일찰나현등각」은 『반야경』에 근거한 대승불교 교리의 체계화라는 『현관장엄론』의 입장에서 이 문제를 해명한 것이라 할 수 있습니다.

그리고, 여기에서 주어진 답은, 삼대아승지겁에 걸쳐 수행한 결과로 「번뇌장」·「소지장」의 두 장애가 완전히 제거되면 한순간에 모든 무루법을 깨달을 수 있다는 것입니다.

그리고 일체법은 꿈같이 무상無相이며, 소취·능취 두 가지를 벗어난 불이不二라는 것입니다. 소취·능취의 불이不二는 『현관장엄론』만이 아니라 다른 유식계의 논서나 티베트 밀교에서도 아주 중요한 사상인데, 「붓다는 『반야경』에서 일체법의 공·무자성을 설할 때, 사리불의 얼굴을 보지 못했던 것일까?」라는 질문이 티베트에서도 행해질 만큼 난해하고 다양한 오해도 받아 왔습니다.

이 문제에 대해서는 조만간 다른 저작에서 다시 논하고자 합니다.

<반야학> 입문
미륵보살이 반야경을 해설한
「현관장엄론」

VIII.

법 신
法　身

제20장

「무루지無漏智」에 대하여

　앞 장에서는 『현관장엄론』「팔현관八現觀 칠십의七十義」의 체계에서 「사가행四加行」의 마지막을 장식하는 Ⅶ「일찰나현등각一刹那現等覺」을 간략히 살펴보았습니다. 본 장부터는 드디어 『현관장엄론』의 마지막 장이 되는 Ⅷ「법신法身」을 살펴보겠습니다.

　본 장에서는 그 가운데 Ⅷ「법신」의 ⑴자성신自性身을 설하는 「21가지 무루지無漏智」에 대해 소개하겠습니다.

💠 『현관장엄론』에서 21가지 「무루지無漏智」의 위치

지금까지 보아 왔듯이 반야학에서는 『현관장엄론』의 팔현관八現觀이 Ⅰ「일체상지」 Ⅱ「도종지」 Ⅲ「일체지」의 「삼지三智」를 명확히 한 제1부, Ⅳ「일체상현등각」 Ⅴ「정현관」 Ⅵ「점현관」 Ⅶ「일찰나현등각」의 「사가행四加行」을 설한 제2부, 그리고 Ⅷ「법신」을 설한 제3부의 세 가지로 정리되어, 이 3부가 「기초·도·과」(시·람·데)라는 티베트불교의 전통적 개념에 근거하여 해석됩니다.

『현관장엄론』에서 Ⅶ「일찰나현등각」 뒤에 Ⅷ「법신」을 설한 것은 Ⅶ「일찰나현등각」 다음 순간에 Ⅷ「법신」을 깨닫기現證 때문입니다.

그리고 『현관장엄론』 본송에서는 Ⅷ「법신」의 제2게송부터 제6게송까지 21가지 「무루지無漏智」를 설하고 있습니다.

그렇지만 뒤에 설명하듯이 반야학에서는 이 21가지 무루지를 지법신智法身으로 별립別立시키는 「사신설四身說」과 「자성신自性身」이라는 「삼신설三身說」이 있습니다. 한편 「칠십의七十義」의 체계에서는 「자성신自性身」과 「지

법신智法身」은 함께 제67의 「자성신自性身」에 포함되어 있습니다. (〈표〉1참조)

•• 〈표1〉『이만오천송반야경』에서 法身에 대응하는 부분

四身과 事業	「七十義」	『이만오천송반야경』		
		키무라 校訂 梵本	『깐규르』	北京 No.5188
自性身	[67]自性身	43-6～43-10	Vol.51-548-4～548-10	ca, 258b1-258b4
智法身		43-11～43-21	548-10～549-6	ca, 258b4-259a1
報身	[68]報身	43-22～43-29	549-7～549-17	ca, 259a2-259a5
應身	[69]應身	43-30～44-4	549-18～550-6	ca, 259a6-259a8
事業	[70]事業	44-5～179-25	550-7～847-18	ca, 259a8-402b4

🌸 『이만오천송반야경』에서 21가지의 「무루지無漏智」

『이만오천송반야경』에서 『현관장엄론』의 21가지 「무루지無漏智」에 대응하는 부분은, 네팔에 전하는 산스크리트어본 원전에서는 키무라木村高尉 교정본 제6분책의 43쪽 11행부터 21행까지에 해당합니다.

또 티베트어 역에서는 제51권의 548쪽 제10행부터 549쪽의 제6행까지에 해당합니다.

한편 한역에서는 구마라집 역 『대품반야경』은 물론,

현행 산스크리트어본 원전에 비교적 가까운 현장玄奘 역
『대반야바라밀다경』「제2분」에도 대응하는 경문을 찾을
수가 없습니다. 이 사실은 『이만오천송반야경』의 제21
가지 「무루지」에 상응하는 경문이 『현관장엄론』에 근거
한 「칠십의七+義」의 체계가 성립되고 난 후 그것과 일치
하도록 삽입된 것을 시사하고 있습니다.

그렇다면 『이만오천송반야경』에서 21가지 무루지無漏
智에 대응하는 경문의 전문을 이하에 인용해 보겠습니
다. 해당 부분의 한역이 존재하지 않지만, 여기에서는
다른 경문의 것을 비교해서 번역한 것입니다.

수보리가 말씀드렸다. "세존이시여. 어떻게 하면
무루의 일체법이 됩니까?" 붓다께서 수보리에게 말
씀하셨다. "이른바 삼십칠보리분법三十七菩提分法, 사무
량四無量, 팔해탈八解脫, 구차제정九次第定, 십편처十遍處,
팔승처八勝處, 무쟁삼매無諍三昧, 원지願智, 육신통六神
通, 사무애四無□, 사종일체상청정四種一切相淸淨, 십자재
十自在, 십력十力, 사무외四無畏, 삼무호三無護, 삼념처三
念處, 삼무망실법無忘失法, 발제습기拔除習氣, 대비大悲,

일체상지성一切相智性, 도종지성道種智性, 일체지성一切智性, 이것들을 무루無漏의 일체법이라 이름하느니라."

•• 〈표2〉 21가지 무루법

『二萬五千頌般若』	『現觀莊嚴論』	『大般若經』「初分菩薩品」
1.三十七菩提分法	1.三十七菩提分法	4.四念住 四正斷 四神足 五根 五力 七等覺支 八聖道支
2.四無量	2.四無量	2.四無量
3.八解脫	3.八解脫	
4.九次第定	4.九次第定	1.出世間四靜慮 3.四無色定
5.十遍處	5.十遍處	
6.八勝處	6.八勝處	
7.無諍三昧	7.無諍三昧	
		5.三解脫門
		6.六到彼岸
		7.五眼
8.願智	8.願智	
9.六神通	9.六神通	8.六神通
10.四無碍	10.四無碍	11.四無礙解
11.四種一切相淸淨	11.四種一切相淸淨	
12.十自在	12.十自在	
13.十力	13.十力	9.佛十力
14.四無畏	14.四無畏	10.四無所畏
15.三無護	15.三無護	
16.三念處	16.三念處	
17.三無忘失法	17.三無忘失法	
18.拔除習氣	18.拔除習氣	
19.大悲	19.大悲	12.大慈大悲大喜大捨
	20.十八不共佛法	13.十八佛不共法
20.一切相智性	21.一切相智性	16.一切相智
21.道種智性		15.道相智
22.一切智性		14.一切智

이 한 절節은 한역에서는 볼 수 없지만 『현관장엄론』에서는 I「일체상지」에 해당하는 『대품반야경』「구의품句義品」과 『대반야바라밀다경』 초분 「보살품菩薩品」이나 제2분 「비유품譬喻品」에 붓다께서 수보리의 질문에 답하시며, 무루법을 열거하는 경문을 볼 수 있습니다. 무루법의 배열은 완전히 일치하지는 않지만, 이와 같은 경문이 『현관장엄론』이 성립된 후 이것과 일치하도록 삽입시켰다고 생각할 수 있습니다. (앞 쪽 〈표〉2 참조)

◈ 『현관장엄론』에서 21가지의 「무루지無漏智」

한편 『현관장엄론』에서는 VIII「법신」 가운데 ⑴자성신에 상응하는 제2게송부터 제6게송까지에 21가지의 무루법無漏智을 열거하고 있습니다.

삼십칠보리분법과 사무량四無量과 팔해탈八解脫,
아홉 가지 사마디[九次第定], 열 가지의 변처遍處와,(제2게)

세밀하게 수승처를 분류한 여덟 가지[八勝處]와,

무쟁無靜과 원지願智와,

육신통과 사무애지[四無礙智]와, (제3게)

네 가지의 청정[四種一切相淸淨]과 십자재十自在와 십력十力과

두려움이 없는 네 가지[四無畏],

보호하지 않는 세 가지[三無護], (제4게)

세 가지의 염주[三念處]와 불망실의 법성[三無忘失法]과

습기들의 완전한 단멸[拔除習氣],

유정들에 대한 대연민[大悲], (제5게)

부처님에게만 갖춰진 불공법의 열여덟 가지[十八不共法],

일체상을 아는 지혜[一切相智性] 등

이것들을 법신法身이라 말하네. (제6게)

또한 『이만오천송반야경』과 『현관장엄론』을 비교하면 『현관장엄론』에는 전자에는 없는 십팔불공불법十八不共佛法이 더해지며, 전자에는 후자에 없는 「도종지성道種智性」과 「일체지성一切智性」이 포함되어 있습니다. 그러나

『이만오천송반야경』에만 설해지는「도종지성」과「일체지성」은『현관장엄론』「일체상지성—切相智性」에 대신하는 것이라 할 수 있습니다.

🏵 21가지 무루지와 삼신설 · 사신설三身說 · 四身說

앞에 게재한『현관장엄론』Ⅷ「법신」의 제6계송에 의하면, 이「21가지 무루법無漏法」이「여래如來의 법신法身」이라 하고 있습니다.

또한 21가지 무루지의 첫머리에 내세우는「삼십칠보리분법」은 붓다께서 입멸에 앞서 일대—代 교법의 총괄로써 설하였다고 하고 있습니다. 한편「사무량四無量」이하는 유식계 논서에서「불공덕법佛功德法」즉,「붓다의 덕성을 나타내는 다르마」라고 불린 것에 해당합니다.

그래서 티베트 반야학에서는 21가지 무루법의 집합체인「법신法身」을 Ⅷ「법신」의 주제인「삼신三身」혹은「사신四身」의 총체와 구별하기 위해「지법신智法身」이라 부르고 있습니다. 그리고 이 21가지 무루법은 지법신智法身의 구성요소이므로 「21가지 무루지無漏智」(사크메에서 · 데촌넬칙뾔)라고 불리게 되었습니다.

티베트 반야학에서는 Ⅷ「법신」으로 설하는 불신佛身은, 자성신 · 보신 · 응신의 「삼신三身」인가, 아니면 여기에 「지법신智法身」을 더한 「사신四身」인가에 관해 오랫동안 논쟁을 해왔습니다.

여기에는 복잡한 경위가 있지만 요약하면, 위에 서술한 21가지 무루지를 「자성신自性身」이라 하는가, 「지법신智法身」이라 하는가의 차이라고 생각해도 좋습니다.

예를 들면, 삼신설三身說을 채택하는 「성 해탈군」 논사는 『이만광명』(니티남와)에서 앞에 든 Ⅷ「법신」의 제6게송에 나타나는 「법신」이란 말은 「법성신法性身」으로 풀이해야 하며, 21가지 무루법을 「법신」이라 하면 자성신의 「자성自性」과 모순되며, 21가지 무루법에는 수행의 요소가 있기 때문에 「유위有爲」가 되고, 인위적으로 만들어진 것이 아닌 「무위無爲」라는 자성신自性身의 정의에도 반하게 된다고 서술하고 있습니다.

❀ 정리

티베트불교에서 『현관장엄론』의 Ⅷ「법신」에 관해 전개된 의론은 동아시아 불교권에서 「불신론佛身論」이라 불리는 것과 상응합니다. 동아시아 불교권에서 「법신」이란, 불교의 진리(다르마) 자체를 불격화佛格化한 것이라고 해석되는 경우가 많았습니다. 그렇지만 법신에는 특정한 다르마의 집합체라는 또 하나의 해석이 존재한다는 것이 지적되고 있습니다. 이것은 법신의 「신身」에 해당하는 산스크리트어 「까야kaya」에 「신체」뿐 아니라 「집적集積」・「집합체」라는 의미가 있기 때문입니다. 21가지 무루지를 법신의 구성요소라 하는 『현관장엄론』의 설정은, 특정한 다르마의 집합체를 「법신」이라 생각하는 사상에 근거한 것이라 할 수 있을 것입니다.

이에 비해 동아시아 불교권에서는 「사신설四身說」보다는 법신・보신(受用身)・응신(變化身)의 「삼신설三身說」이 일반적이었습니다. 또 「사신四身」을 내세우는 경우도, 보신報身을 자수용自受用・타수용他受用의 두 가지로 나누는 설이나, 응신應身을 변화신變化身과 등류신等流身으로 나누는

설 등이 있어서, 티베트 반야학과는 다릅니다.

티베트처럼 「법신」을 두 가지로 나누는 사상으로는, 「법신」을 「이법신理法身」과 「지법신智法身」으로 나누는 진언밀교眞言密敎의 설이 있는데, 이 경우에도 동아시아 불교권에서는 「이법신理法身」을 「자성신自性身」이라고는 부르지 않고, 「자성신自性身」은 「법신法身」의 다른 이름이라 생각하는 경우가 많습니다.

이에 비해, 티베트 반야학에서 「지법신智法身」을 내세우는 것은 『현관장엄론』에서 붓다의 「삼신三身」 혹은 「사신四身」을 설한 제8장 전체가 Ⅷ「법신」이라 불리지 않았기 때문이라 생각합니다. 그 때문에 「삼신三身」 혹은 「사신四身」의 총체인 「법신」과 「일반적인 법신」을 구별하기 위해, 「일반적인 법신」을 「자성신自性身」이라 부르고, 이것과는 별개로 「지법신智法身」을 내세웠다고도 생각할 수 있습니다.

이처럼 『현관장엄론』에서 전개하고 있는 Ⅷ「법신」에 관한 논의는 일반적인 삼신설三身說보다 좀 더 깊고 넓게 설명하고 있습니다. 따라서 이 문제에 대해서는 다음 장에서 상세하게 설명하도록 하겠습니다.

제21장

「자성신自性身」에 대하여

앞장에서는 『현관장엄론』의 Ⅷ「법신」에서 「21가지 무루지無漏智」를 살펴보았습니다. 이 논제는 「칠십의七十義」에서는 Ⅷ「법신」의 ⑴자성신自性身에 포함되지만, 앞 장에서 보았듯이 그 해석을 둘러싸고 옛날부터 많은 의론이 있었습니다. 그래서 본 장에서는 앞 장의 의론을 근거로 하여 Ⅷ「법신」 중에 ⑴자성신自性身에 대해 해설해 보겠습니다.

『현관장엄론』에서 「자성신自性身」의 위치

지금까지 보아왔듯이 티베트 반야학에서는 『현관장엄론』의 팔현관八現觀이 Ⅰ「일체상지」 Ⅱ「도종지」 Ⅲ「일체지」의 「삼지三智」를 명확히 한 제1부와, Ⅳ「일체상현등각」 Ⅴ「정현관」 Ⅵ「점현관」, Ⅶ「일찰나현등각」의 「사가행四加行」을 설한 제2부, 그리고 Ⅷ「법신」을 설한 제3부로 정리되어, 이 3부가 「기초·도·과」(시·람·데)라는 티베트불교의 전통적 개념에 근거하여 해석됩니다.

　그리고 ⑴자성신自性身은 이 가운데 Ⅷ「법신」을 구성하는 4가지 논제의 첫 번째라 하고, 『현관장엄론』 본송에서는 Ⅷ「법신」의 첫 번째 게송이 자성신自性身을 설한 것이라 하고 있습니다.

　그렇지만 앞 장에서 보았듯이, 반야학에서는 자성신自性身과 지법신智法身을 별도로 분리하지 않는 「삼신설三身說」도 있습니다. 그 경우는 지법신智法身을 설하는 제2게송부터 제11게송까지가 자성신自性身에 포함되게 됩니다. 「칠십의七十義」의 체계에서도 자성신自性身과 지법신智法身은 함께 제67의 「자성신自性身」에 포함되어 있습니다.

◈ 『이만오천송반야경』에서의 자성신自性身

『이만오천송반야경』에서 『현관장엄론』의 Ⅷ「법신」의 (1)자성신自性身에 대응하는 부분은, 네팔에 전하는 산스 크리트어본 원전에서는 키무라木村高尉 교정본 제6분책 43쪽 첫머리부터 10행까지를 차지하고 있습니다. 또한 앞서 서술하였듯이 자성신自性身과 지법신智法身을 별도 로 분리하지 않는 「삼신설三身說」에 의하면, 지법신智法身 에 배당되는 같은 쪽 21행까지가 자성신自性身을 설한 부 분이 됩니다.

또 티베트어 역에서는 제51권의 548쪽의 제4행부터 10행(삼신설에서는 549쪽의 제6행)까지에 해당합니다.

한편 한역에서는 구마라집 역『대품반야경』은 물론, 현행 산스크리트어본 원전에 비교적 가까운 현장玄奘 역 『대품반야바라밀다경』「제2분」에도 대응하는 경문을 찾 을 수가 없습니다.

이 사실은 『이만오천송반야경』의 Ⅷ「법신」의 자성신自 性身부터 응신에 상응하는 경문이 『현관장엄론』에 근거 한 「칠십의七十義」의 체계가 성립하고 나서 그것에 일치하도록 삽입된 것을 시사하고 있습니다.

그런 사정을 고려하며 『이만오천송반야경』에서 자성신自性身에 대응한다고 여기는 경문의 전문을 아래에 인용해 보겠습니다. 해당 부분에는 한역漢譯이 존재하지 않지만, 여기에서는 다른 경문과 비교해서 읽은 번역문입니다.

또 다음으로 수보리여, 꿈처럼 무실無實하여 무성無性을 성性으로 하고, 자상공自相空이면서 일체상청정이며, 무루無漏인 일체법의 자성自性은 일상一相이면서 곧 무상無相이 되나니, 이것을 여래 · 응공 · 정등각자라고 알아야 하느니라. 수보리여, 보살마하살은 반야바라밀에 있어 이처럼 배워야 하느니라.

또한 이 뒤에는 앞 장에서 인용한 「21가지 무루지」를 설한 경문이 이어지고 있습니다. 「삼신설三身說」을 택한 경우는 여기까지가 「자성신自性身」에 대응하는 경문이 됩니다.

❁ 『현관장엄론』에서의 자성신自性身

다음으로 『현관장엄론』에서 자성신自性身을 설한다고
여기는 Ⅷ「법신」의 제1게송을 살펴보겠습니다.

무루의 제법이 일체상에 있어 청정해진 것,
그 자성의 상相이 모니牟尼의「자성신自性身」이니라.

그리고 나머지 삼신三身 즉, 지법신智法身 · 보신報身 ·
응신應身은 승의勝義에서는 법성法性의 모습인 것이, 각각
붓다(智法身) · 보살(報身) · 성문(應身) 등의 행경行境에 따라
세속제世俗諦로서 화현한 것이라고 합니다.

❁ 「자성신自性身」의 특상特相

약튄 · 상게뺄의 『현관장엄론주』에 의하면, 「자성신自
性身」이란 단 · 증斷證(팡톡)을 본성으로 하는 「붓다의 불생
不生의 자성自性」입니다. 그것은 인위적 노력에 의해 만

들어진 것이 아니기 때문에 「자성신自性身」이라 불립니다. 이 가운데 단斷(팡)이란 번뇌장·소지장의 두 장애가 습기와 함께 완전히 깨끗해지는 것, 증證(톡)은 염처念處 등의 출세간지出世間智 즉, 앞 장에서 소개한 21가지 무루지의 본체인 「법계法界 자성自性의 무루無漏」라 하고 있습니다.

한편 다르마린첸의 『남세·닝뽀겐』에서는, 이와 같은 「자성신自性身」에 3가지 특상特相이 있다고 합니다. 그중 하나는 「구유具有의 특상ldan pa'i khyad par」으로서 염처念處 등 21가지 무루법無漏法을 갖추는 것. 두 번째는 「염리厭離의 특상bral ba'i khyad par」으로, 번뇌장·소지장의 두 장애가 습기와 함께 완전히 깨끗해진 것. 세 번째의 「자성自性의 특상no ba'i khyad par」으로, 그 무루지의 자성自性이 제공諦空의 상相을 가져서 번뇌장·소지장의 두 장애가 완전히 깨끗해진 불신佛身인 것이라 하고 있습니다.

이 설명은 앞에서 서술한 『현관장엄광명』과 『소주小註』가 더해진 산문 해설의 내용을 정리한 것으로 생각됩니다.

✿ 「삼신설三身說」과 「사신설四身說」의 차이

티베트 반야학에서는 Ⅷ「법신」으로 설해지는 불신佛身
은 자성신自性身 · 보신報身 · 응신應身의 「삼신三身」인가,
이것에 「지법신智法身」을 더한 「사신四身」인가에 관해 오
랫동안 논쟁이 행해져 왔습니다.

이것은 『현관장엄론』의 내용을 정리한 「뤼남샥」lus
rnam bzag이 다음과 같이 설하고 있기 때문입니다.

자성과 보신과 응신과 그리고 다른 것.
행업行業을 동반하는
법신法身의 4가지를 설하였다.(序 제17게)

위의 게송에서는 첫 번째 구句에 자성신自性身과 보신報
身, 두 번째 구에 응신應身을 설하고 있으며, 삼신설三身說
에서는 세 번째 구에 설해지는 「행업行業을 동반하는 법
신」을 「칠십의七十義」의 마지막 논제인 ⑷「법신」의 행업行
業을 명확히 한 것이라 해석합니다.

만약 「행업行業을 동반하는 법신法身」의 「법신」이 지법

신智法身을 의미하는 것이라면, 「자성신自性身」과 「보신報身」의 사이에 설하는 것이 당연하다는 것입니다.

이에 비해 「사신설四身說」에서는 「행업行業을 동반하는 법신」의 「법신」을 「삼신三身」의 총체로서의 「법신」이 아니라 네 번째 「불신佛身」이라고 해석합니다. 그래서 반야학에서는 이 「법신」을 「삼신三身」 혹은 「사신四身」의 총체인 「법신」과 구별하여 「지법신智法身」이라 부르는 것입니다.

◈ 삼신설三身說과 사신설四身說의 계통

인도에서는 『현관장엄론』에 근거한 『이만오천송반야경』을 주석한 「성 해탈군」 논사가 삼신설三身說을 채택하였던 것이 알려졌지만, 그 후 반야학의 대성자이신 「하리바드라」 논사가 사신설四身說을 주장하였습니다. 그 후 「라트나카라샨티」와 「아바야카라굽타」가 「하리바드라」의 사신설四身說을 비판하였지만, 그의 『현관장엄광명』과 『소주小註』의 영향력을 약화시키지는 못하였습니다.

한편 티베트에서는 약뛴·상계뺄, 냐운·꾼가뺄이 하리바드라의 사신설四身說을 지지하였습니다. 그리고 쫑카빠 대사도 삼신설三身說을 비판하고 사신설四身說을 주장하였으므로, 티베트불교 겔룩파에서는 사신설四身說이 널리 행해지게 되었습니다.

이에 비해 삼신설三身說은 론툰이나 코람빠 등 사캬파의 학장들 사이에서 행해졌습니다. 그러나 사캬파 반야학의 시조 약뛴이 사신설四身說을 지지한 것에서도 알 수 있듯이, 쫑카빠 대사 이후 사캬파의 삼신설三身說은 일종의 종파적인 강한 특색의 반영이라 볼 수 있고, 까르마 까규파의 미꾀도르제는 삼신설三身說과 사신설四身說은 늘이거나 합한開合 것의 차이에 지나지 않는다는 견해도 말하고 있습니다.

🏵 정리

티베트에서 『현관장엄론』의 Ⅷ「법신」으로 전개된 삼신설三身說과 사신설四身說의 논쟁은 동아시아 불교권에서「불신론佛身論」이라 불리는 것에 해당합니다.

앞서 서술한 약뜻은 『현관장엄론』 머리말의 17게송으로, 지법신智法身이 자성신自性身과 보신報身 사이에 설해지지 않은 것은 운율상의 사정에 의한 것이며,「법신」이 행업行業과 함께 설해진 것은「법신의 22가지 행업行業」(본 책 마지막 장 참조)이「법신의 중생구제 기능」에 지나지 않는다는 것을 나타낸 것이라 서술하고 있습니다.

티베트불교에서는 추상적 이법理法인 법신法身이 중생이익이라는 기능을 가지는가가 자주 논의되어왔습니다.

21가지 무루지의 첫머리에 들었던 삼십칠보리분법은 붓다가 일생 교화의 총괄로써 설한 교법인데, 이것이 붓다 입멸 후에도 중생을 이익되게 한다는 것은 티베트에서도 널리 인지되고 있습니다.

한편 사무량四無量 이하의「불공덕법佛功德法」(앞장 참조)이 중생구제의 기능을 가진다는 것은『아비달마집론』에 명확하게 정리되어 있습니다. 따라서「21가지 무루지無漏智」를「지법신智法身」이라 하면,「지법신智法身」의 정의라고도 할 수 있는「중생구제의 행업行業을 동반한 법신法身」의 요건을 충족하고 있다고 할 수 있는 것입니다.

또 「지법신智法身」의 체계라고 하는 21가지 무루지 가운데 「삼무호三無護」, 「삼념처三念處」, 「대비大悲」 등은 붓다가 중생에게 대하는 모습이므로, 「색신불色身佛」의 존재를 전제로 하고 있습니다. 그러나 「삼십칠보리분법」, 「십편처十遍處」, 「팔승처八勝處」들은 붓다가 설한 수행 방법이며, 응신불應身佛의 입멸 후에도 그것을 실천하는 중생이 이익을 얻을 수 있습니다. 따라서 「21가지 무루법」을 중생구제의 기능을 가진 「지법신」이라 내세우는 것은, 법신法身의 중생구제가 끊임없으며, 붓다의 입멸 후에도 중생들에게 영향을 준다(본 책 마지막 장 참조)는 관점에서도 타당하게 됩니다.

티베트에서 사신설四身說이 지지받은 것은 구제자론救濟者論 soteriology이라는 관점에서 티베트인의 심성에 일치하는 것이 있었기 때문이라고도 볼 수 있습니다.

어느 쪽이든 『현관장엄론』의 Ⅷ「법신」에서 전개되고 있는 논의는 대승불교의 불신론佛身論이라는 입장에서 참고가 될 논점이 많고, 다음 연구의 발전이 기대되는 분야라 할 수 있습니다.

제22장

「보신報身」의 「오결정五決定」

앞 장에서는 『현관장엄론』 Ⅷ「법신」 가운데 ⑴자성신自性身에 대해 살펴보았습니다. 이 논제는 Ⅷ「법신」 가운데 ⑴자성신自性身이고, 「칠십의七十義」에서는 제67이 됩니다. 본 장에서는 앞 장에 이어서, Ⅷ법신 가운데 ⑵「보신報身」에 대해 살펴보겠습니다.

❖ 『현관장엄론』에서 「보신報身」의 위치

지금까지 보아왔듯이 반야학에서는 『현관장엄론』의

팔현관八現觀이 Ⅰ「일체상지」 Ⅱ「도종지」 Ⅲ「일체지」의 「삼지三智」를 명확히 한 제1부, Ⅳ「일체상현등각」 Ⅴ「정현관」 Ⅵ「점현관」 Ⅶ「일찰나현등각」의 「사가행四加行」을 설한 제2부, 그리고 Ⅷ「법신」을 설한 제3부의 세 가지로 정리되어 있는데, 이 3부가 「기초·도·과」(시·람·데)라는 티베트불교의 전통적 개념에 근거하여 해설되었습니다.

그리고 「보신報身」은 이 가운데 Ⅷ「법신」을 구성하는 4가지 논제의 두 번째로, 『현관장엄론』 본송에서는 Ⅷ「법신」의 제12게송부터 32게송까지가 보신報身을 설한 것이라 하고 있습니다.

사신설四身說을 채택할 경우, 보신報身은 세 번째인 불신佛身이 되는데, 「칠십의七十義」에서는 자성신自性身과 지법신智法身이 함께 (1)자성신自性身에 포함되므로, 「칠십의七十義」에서는 (2)보신報身은 (1)자성신自性身 다음의 제68이 됩니다. (〈표〉 참조)

『이만오천송반야경』에서의 「보신報身」

『이만오천송반야경』에 있어『현관장엄론』의 Ⅷ「법신」
의 ⑵보신報身에 대응하는 부분은, 네팔에 전하는 산스크
리트어본 원전에서는 키무라木村高尉 교정본 제6분 책 43
쪽의 22행부터 29행까지를 차지하고 있습니다.

또 티베트어 역에서는 제51권의 549쪽의 7행부터 17
행까지에 상응합니다.

한편 한역에서는 구마라집역『대품반야경』은 물론,
현행의 산스크리트어본 원전에 비교적 가까운 현장玄奘
역『대반야바라밀다경』「제2분」에도 대응하는 경문을
찾을 수가 없습니다.

『이만오천송반야경』에서 보신報身에 대응한다는 경문
의 전문을 아래에 인용해 보겠습니다. 여전히 해당 부분
에는 한역이 존재하지 않지만, 여기에서는 다른 경문과
비교하여 번역한 것입니다.

또 다음으로 수보리여, 반야바라밀을 배우고, 그
일체법을 증득하고, 무상정등보리를 현등각現等覺하
고, 일체의 삼십이상·팔십종호로 몸을 엄정嚴淨한 여
래·응공·정등각자가 되어, 여러 보살마하살의 쾌

락과 환희를 수용하기 위해, 위없는 대승법大乘法을 선
설하느니라. 수보리여, 보살마하살은 반야바라밀에
서 이처럼 배워야 하느니라.

❖ 『현관장엄론』에서의 「보신報身」

한편 『현관장엄론』 본송에서는 Ⅷ「법신」의 제12게송
에 다음과 같이 보신報身을 총괄하고 있습니다.

> 삼십이상과 팔십종호를 자성自性으로 하는 그것이,
> 대승大乘의 수용이기 때문에
> 모니牟尼의 「보신報身」이라 설하여진다.

그리고 제13게송부터 17게송까지에 삼십이상三十二相,
제21게송부터 31게송까지에 팔십종호八十種好가 열거되
어 있습니다. 그 사이의 제18게송부터 20게송까지에는
어떤 선행善行에 의해 붓다가 삼십이상三十二相을 성취하
는가를 설하며, 「경經에 설하듯이」라 말하고 있습니다.

또한 『대반야바라밀다경』 「제2분 중덕상품衆德相品」에
도 삼십이상·팔십종호를 열거하는데, 이 한 구절은
Ⅷ「법신」 가운데 ⑵보신報身이 아니고, ⑷「법신法身의 행업
行業」에 해당한다고 합니다.

◈ 보신報身의 「오결정五決定」

「보신報身」의 「오결정五決定 lons sku'i nes pa lna」이란, 반야
학에서 여래의 「보신報身」이 가진다고 하는 5가지 특성
을 의미합니다. 「오결정五決定」이라는 것이 동아시아 불
교권에는 익숙하지 않은 표현인데, 티베트에서는 사전
에 항목이 있을 만큼 널리 알려져 있습니다.

「오결정五決定」의 순서는 일정하지 않은데, 약튄의 『현
관장엄론주』에 의하면 아래와 같습니다.

① 처處결정 – 주처住處는 색구경천色究竟天의 상층에 있는
　대자재천大自在天의 주처에만 머문다.

② 신身결정 – 신체身體는 명징明澄하고 완전한 삼십이상三
　十二相과 팔십종호八十種好로 장엄된다.

③ 권속眷屬결정 – 십지十地의 보살 권속만으로 둘러싸인다.

④ 법法결정 – 그들에게 대승大乘의 법만을 설한다.

⑤ 시時결정 – 항상 끊임없이 존재한다.

◈ 「오결정五決定」의 전거典據

티베트불교 겔룩파의 학장學匠으로, 「세라사원 체빠 학당學堂」의 초대학장이라고 하는 세라·제춘은 그의 『현관장엄주해』에서 다음과 같이 서술하고 있습니다.

「오결정五決定」이라 하는 것은 몇 가지 경·론에서 설하고 있는 것을 정리한 것인데, 이것을 하나로 정리해서 설하는 권위 있는 원전은 없다. 『렉세·셀텡』에도, '여기에서 오결정五決定을 가진다는 것은, 『섭의등攝義燈』(뙨드돈메)에「결정決定은 4가지이며, 권속과 처處와 교주와 법」이라 하고 있고, 다른 곳에는 보이지 않으므로 이것으로는 근거로 삼을 수 없다. (중략)'라고 하고 있기 때문이다.

또한 『렉세·셀텡』은 쫑카빠 대사가 저술한 『현관장엄론』의 주석인데, 그가 같은 책에서 인용한 『섭의등攝義燈』은 아티샤 존자가 저술한 『반야경』의 강요서綱要書입니다. 이 인용 부분만으로는 같은 책에 설하여진 사결정四決定의 내용까지는 알 수 없으므로, 여기에 이어지는 부분을 아래에 소개합니다.

결정은 4가지이며, ①권속과 ②장소와 ③교주와 ④법이다. 이것으로 인해, 원하는 대로 향수享受하고 누리기 때문에 수용신(報身)이며, 권속眷屬의 지평地의 결정은 십지十地 뿐이라고 「하리바드라」는 말하고 있는데, 「라트나카라· 샹티」는 견도見道 이상의 보살이라 하고 있다. 장소[處]는 색구경천色究竟天이며, 그 법法은 대승大乘의 법이고, 교주敎主는 삼십이상三十二相· 팔십종호八十種好로 장엄한 모습임이 틀림없다.

이처럼 아티샤 존자는, 권속眷屬의 보살이 머무는 지평[地]에 대해서는 「하리바드라」와 「라트나카라샹티」의 의견이 다르다고 하였고, '장소[處]는 색구경천, 법은 대승의 법'이며, '교주는 상·호로 장엄된 모습임에 틀림 없다.'라고 서술하고 있습니다.

따라서 『섭의등攝義燈』의 사결정四決定 가운데 유일하게 명칭이 일치하지 않았던 「교주결정敎主決定」은 「오결정」의 신身결정과 같다는 것을 알 수 있습니다. 〈표〉 참조)

•• 〈표〉「보신報身」의 「오결정五決定」

약튄	『攝義燈』	内 容	『二萬五千頌般若經』	『現觀莊嚴論』
①處決定	2.處決定	色究竟天에만 머문다		
②身決定	3.敎主決定	三十二相·八十種好로 莊嚴된다		○
③眷屬決定	1.眷屬決定	十地 菩薩의 권속으로만 圍繞된다	○	
④法決定	4.法決定	그들에게 大乘法만 설한다	○	
⑤時決定		항상 끊임없이 존재한다		

◈ 정리

앞에서 서술하였듯이 『현관장엄론』 본송 Ⅷ「법신」 가운데 ⑵보신報身에 대한 내용의 대부분은 붓다의 신체적 특징인 삼십이상三十二相·팔십종호八十種好에 관한 것입니다.

대체로 「보신報身」이라는 것은 붓다가 과거에 행한 선행善行의 과보果報로 이루어진 몸이며, 삼십이상三十二相·

팔십종호八十種好의 하나하나는 각각 특정한 선행의 과보로써 갖추어진 것이라 하고 있습니다. 따라서 「보신報身」의 신身결정으로서 삼십이상三十二相·팔십종호八十種好를 설한 것으로 보입니다.

한편 『이만오천송반야경』의 앞에서 게재한 부분에 「여러 보살마하살의 쾌락과 환희의 수용을 위해 위없는 대승법大乘法을 선설한다.」에서, 권속은 높은 단계의 보살들이고, 법은 대승의 가르침뿐이라고 하는 「권속 결정」과 「법결정」이 정리되었다고 생각됩니다.

또한 동아시아 불교권의 불신론佛身論에서는 「보신報身」을 종종 「자수용신自受用身」과 「타수용신他受用身」으로 나누는데, 붓다께서 스스로 대승大乘의 법락法樂을 향수享受하는 것이 「자수용自受用」, 권속인 보살들에게 법락法樂을 주는 것이 「타수용他受用」에 상당합니다.

또 「보신報身」이 항상 끊임없이 존재한다는 「시時결정」은 동아시아 불교권에서 「보신報身」을 유시무종有始無終, 즉 붓다가 깨달음을 여는 순간에 출현하지만, 「응신應身」이 열반에 들어가도 소멸하는 일이 없다는 것과 통한다고 할 수 있습니다.

이에 비해「장소[處]결정」은 인도 찬술撰述의 다른 원전에서는 볼 수 없는데, 아티샤 존자가 티베트에 반야학을 가지고 온 이후에 그것을 볼 있습니다. 그러나 필자가 『성性과 죽음死의 밀교』(春秋社)에서 논하였듯이, 보신報身의 「장소處결정」은 붓다의 「색구경천色究竟天 성불설成佛說」을 따르는 사상이며, 대승불교大乘佛敎부터 밀교密敎로 이어지는 긴 역사적 배경을 가지고 있습니다.

또한 약륀은 색구경천色究竟天을 대자재천大自在天이 사는 가장 높은 천상天上과 동일시하고 있는데, 뒤의 반야학에서는 『밀엄경密嚴經』에서 설하는 「밀엄정토密嚴淨土」, 『대일경大日經』에서 설하는 「법계궁전法界宮殿」 등과 동일시하고 하고 있기 때문에, 단순히 색계色界의 가장 높은 곳을 말하는 것은 아니라는 설이 유력해졌습니다.

어느 쪽이든 『현관장엄론』 Ⅷ「법신」 가운데 ⑵보신報身으로 전개된 「오결정五決定」에 관한 의론에는 대승의 불신론佛身論을 생각할 때 참고가 될 논점이 많고, 흥미 깊은 논제라 할 수 있습니다. 또 이 문제에 대해서 필자는 다른 책에서 논하고 있으므로 상세한 것은 그것을 참고하길 바랍니다.

제23장

「응신應身」에 대하여

앞 장에서는 『현관장엄론』 Ⅷ「법신」 가운데 ⑵보신報身에 대해서 살펴보았습니다. 본 장에서는 앞 장에 이어서 Ⅷ「법신」 가운데 ⑶응신應身에 대해서 살펴보겠습니다. 「사신설四身說」을 채택할 경우, 응신應身은 네 번째의 불신佛身이 되는데, 「칠십의七十義」에서는 「자성신自性身」과 「지법신智法身」이 함께 ⑴자성신自性身에 포함되기 때문에 ⑶응신應身은 제69가 됩니다.

❖ 『현관장엄론』에서 응신應身의 위치

　지금까지 보아왔듯이, 반야학에서는 『현관장엄론』의 팔현관八現觀이 Ⅰ「일체상지」Ⅱ「도종지」Ⅲ「일체지」의 「삼지三智」를 명확히 한 제1부, Ⅳ「일체상현등각」Ⅴ「정현관」Ⅵ「점현관」Ⅶ「일찰나현등각」의 「사가행四加行」을 설한 제2부, 그리고 Ⅷ「법신」을 설한 제3부의 세 가지로 정리되어, 이 세 부가 「기초·도·과」(시·람·데)라는 티베트불교의 전통적 개념에 근거하여 해석됩니다.

　그리고 「응신應身」은 이 가운데 Ⅷ「법신」을 구성하는 4가지 논제의 세 번째로 『현관장엄론』 본송에서는 Ⅷ「법신」의 제33게송 만이 「응신應身」을 설한 것이라 합니다.

❖ 『이만오천송반야경』에서의 응신應身

　『이만오천송반야경』에 있어 『현관장엄론』의 Ⅷ「법신」 가운데 ⑶응신應身에 대응하는 부분은, 네팔에 전하는 산스크리트어본 원전에서는 키무라木村高尉 교정본 제6분

책 43쪽의 30행부터 44쪽의 4행까지를 차지하고 있습니다.

또 티베트어 역에서는 제51권의 549쪽의 18행부터 550쪽 6행까지에 상응합니다.

한편 한역에서는, 구마라집 역 『대품반야경』은 물론, 현행 산스크리트어본 원전에 비교적 가까운 현장玄奘 역 『대반야바라밀다경』 「제2분」에서도 대응하는 경문을 찾을 수가 없습니다.

『이만오천송반야경』에서 「응신」에 대응한다고 여겨지는 경문의 전문을 아래에 인용해 보겠습니다. 해당 부분에는 한역이 존재하지 않는데, 여기에서는 다른 경문과 비교해서 번역한 것입니다.

또 다음으로 수보리여, 반야바라밀을 배우고, 저일체법을 증득하고, 무상정등보리를 깨닫고[現等覺], 시방 무량 무변의 일체 세계에서 일체시一切時에 구름 같은 가지가지 화신化身으로 일체중생의 이익을 행하느니라. 수보리여, 보살마하살은 반야바라밀에 있어 이처럼 배워야 하느니라.

❀ 『현관장엄론』에서의 「응신應身」

한편 『현관장엄론』 본송에서는 Ⅷ「법신」의 제33계송에 다음과 같이 「응신應身」을 총괄하고 있습니다.

이로 인해 세간에 가지가지 이익을 평등하게 하기 위해 저 모니牟尼의 「응신」은 윤회가 다 할 때까지 끊이지 않느니라.

❀ 「응신應身」의 분류

「응신應身」에 대해서는 『현관장엄론』 본송의 대응 부분이 한 계송에 지나지 않고, 「하리바드라」의 『현관장엄광명』의 해설도 단어 의미의 해석만을 간결하게 하고 있습니다. 그 때문에 반야학에서도 크게 다루지 않는 예가 많습니다. 그러나 약튄의 『현관장엄론 주』는 「응신應身」을 다음과 같이 세 종류로 분류하고 있고, 이 설은 후대의 주석가에게도 계승되고 있습니다.

1) 최고最高 응신mchog gi sprul sku – 12행업行業의 관점에서 중
   생을 이익되게 한다.
2) 화작化作 응신bzoïsprul sku – (『아바다나카르빠라타』 제
   80이야기에서) 건달바왕乾闥婆王인 「스프리야」를 조복하
   기 위해 건달바의 모습을 시현示現한다.
3) 발생發生 응신skye ba'i sprul sku – 산이나 저택, 축생(동물)
   등으로 화현한다.

동아시아 불교권에서는 「산천초목이 모두 성불한다山
川草木悉皆成佛」라고 하며, 중생 이외의 불국토佛國土도 붓
다, 혹은 성불成佛의 가능성이 있다고 설합니다. 이 사상
은 인도 불교의 정통에서 벗어났다고 비판을 받아왔지
만, 티베트에도 중생이 아닌 산山이나 저택, 다리橋 등이
붓다의 화신이 될 수 있다는 관념이 전해지고 있는 것은
주목할 만합니다.

✦ 「최고 응신應身」의 12행업行業

앞서 서술한 3가지 가운데 「최고 응신」이 동아시아

불교권에서 통상 「응신應身」이라 불리는 것에 해당합니다. 그 특징은 「12행업行業의 관점에서 중생을 이익되게 한다.」라고 합니다. 티베트에서는 일반적으로 붓다의 탄생부터 열반까지의 사적事跡을 12가지로 정리하고, 「12행업行業」(제빠―츄니)이라 합니다. 그 헤아리는 방법은 『보성론寶性論』의 「보리품菩提品」에 따라 ①도솔천에서 내려옴降兜率 ②입태入胎 ③출태出胎 ④유희遊戲 ⑤기예技藝 ⑥출가出家 ⑦고행苦行 ⑧보리도량에 나아감詣菩提場 ⑨항마降魔 ⑩성도成道 ⑪전법륜轉法輪 ⑫입열반入涅槃이라 하는데, 헤아리는 방법에 대해서는 다른 설도 있습니다.

이 외에 『티베트대장경』에는 「나가르주나」가 지었다고 하는 『십이행업찬十二行業讚』이 수록되어 있고 상용독송 경전의 하나로 헤아려지는데, 「나가르주나」의 진짜 작품인가에 대해서는 의문이 제기되고 있습니다.

🏵 정리

이상 붓다의 삼신三身 혹은 사신四身의 하나라고 하는

「응신應身」에 대해 반야학의 해석을 살펴보았습니다. 붓다가 탄생했을 때, 부친인 정반왕(숫도다나)이 아시타 선인仙人에게 왕자의 장래를 점치게 하였는데, 삼십이상三十二相·팔십종호八十種好를 완전하게 갖추고 있으므로 장래 반드시 붓다가 된다고 예언하였다고 합니다. 이처럼 삼십이상·팔십종호는 「응신應身」의 특징이라 생각되는 부분이 많습니다. 그렇지만 『현관장엄론』에서는 삼십이상·팔십종호는 또 하나의 색신色身이라는 「보신報身」의 특징이라 여기고 있었습니다. 그래서 티베트에서는 「응신應身」에도 삼십이상·팔십종호가 있지만 「보신報身」만큼 명징明澄하지 않다고 하면서, 양쪽 설의 회통會通을 시도하고 있습니다.

이것에 비해 반야학에서 「응신應身」의 특징이라 하는 「십이행업十二行業」은 『이만오천송반야경』·『현관장엄론 본송』 양쪽에서도 설하지 않은 것이었습니다. 이것은 『보성론寶性論』을 전거로 하고 있으며, 반야학에 있어 「미륵 오법五法」의 중요성을 다시 한번 인식시키는 것이라 할 수 있습니다.

그리고 「일체시에 구름같은 가지가지 화신化身으로

일체중생의 이익을 이룬다.」는 이익利益의 내용이 『현관
장엄론』「칠십의七十義」의 마지막 논제가 되는 ⑷「법신의
행업行業」이 되는 것입니다.

제24장

「법신의 행업行業」에 대하여

앞 장에서는 『현관장엄론』의 「팔현관八現觀 칠십의七十義」의 체계에 있어 「칠십의七十義」의 제69에 해당하는 「응신應身」을 살펴보았는데, 본 장에서는 「칠십의七十義」의 마지막에 해당하는 「법신의 행업行業」에 대해서 살펴보겠습니다.

『현관장엄론』에서 「법신의 행업行業」 위치

본 책 제2장에서는 반야학에서는 『현관장엄론』의 팔

현관八現觀이, I「일체상지」 II「도종지」 III「일체지」의「삼지三智」를 명확히 한 제1부, IV「일체상현등각」 V「정현관」 VI「점현관」 VII「일찰나현등각」의「사가행四加行」을 설한 제2부, 그리고 VIII「법신」을 설한 제3부의 세 가지로 정리되어, 이 3부가「기초 · 도 · 과」(시 · 람 · 데)라는 티베트불교의 전통적 개념에 근거하여 해석되었다고 서술하였습니다.

그리고「법신의 행업」은 이 가운데 제3부의 마지막을 장식하는 논제로 되어 있습니다. 즉, 중생은 발심한 후, 삼대아승지겁이라는 무한에 가까운 시간 동안 복덕 · 지혜의 두 가지 자량資糧을 쌓아 법신法身을 성취하는 즉, 깨달음을 얻게 되는데, 그 목적은 다른 중생을 구제하는 것에 있습니다. 그리고 그「붓다의 중생구제 기능을 설한 것」이야말로『현관장엄론』의 마지막 논제인「법신의 행업」임에 틀림없습니다.

❀ 『이만오천송반야경』에서「법신의 행업行業」

『이만오천송반야경』에서 Ⅷ「법신」에 대응하는 부분은, 네팔에 전하는 산스크리트어본 원전, 티베트어 역이 함께 「칠십의七十義」의 제67에 해당하는 ⑴「자성신自性身」이 첫머리의 2절, 제68과 제69에 상응하고 ⑵「보신報身」, ⑶「응신應身」은 1절인데 비해, ⑷「법신의 행업」은 키무라 木村高尉 교정본에서 삼신三身에 해당하는 부분의 100배 이상에 달하는 136쪽의 많은 분량을 차지하고 있습니다.

그러나 『이만오천송반야경』에 상응하는 현장玄奘 역 『대반야바라밀다경』 「제2분 중덕상품衆德相品」 이하에는 자성신自性身·보신報身·응신應身에 대응하는 부분이 나타나지 않고, 이 이후의 전문全文이 ⑷「법신의 행업行業」에 상응하는 경문으로 되어 있습니다. 이런 것에서 『이만오천송반야경』의 「삼신三身」에 해당하는 부분은 『현관장엄론』에 근거한 『반야경』의 해석학이 일반화되고 나서 새롭게 편입되었을 가능성을 생각할 수 있는 것입니다.

❖ 27가지 「법신의 행업行業」에 대해서

그리고 『현관장엄론』에서는 『이만오천송반야경』 「법신의 행업」에 상응하는 경문을 다시 한번 27단으로 나누고, 그 하나하나를 27가지 「법신의 행업」에 배당하고 있습니다. 그리고 이 「27가지 법신의 행업」은 교화의 대상인 중생의 수행단계에 있어, 자량도資糧道부터 불지佛地까지에 대응한다고 합니다. (다음 쪽 〈표〉 참조)

•• 〈표〉 『現觀莊嚴論』에서 法身의 27가지 事業

修道階梯		二十七種의 事業	『現觀莊嚴論』 (산스크리트어)	『이만오천송반야경』	
				키무라 校訂 梵本	『깐규르』
總説				44–5~49–13	Vol.51–550–7~562–10
因에安立	資糧道	①諸趣의 寂靜	gatīnāṃ śamanṃ	49–14~55–23	562–11~577–9
		②四攝을 建立	saṃgrahe ca caturvi= dhe	欠	577–10~605–15
		③煩惱가 있는 것에 浄化를 理解하는 것	niveśanaṃ sasaṃkleśe vyavadānāvabodhane	55–24~85–8	605–15~644–3
		④衆生의 願에 응한 利益	sattvānām arthayathā= tmye	85–9~86–18	644–4~647–4
	加行道	⑤六波羅蜜	ṣaṭsu pāramitāsu ca	86–19~87–5	647–5~648–5
		⑥佛道	buddhamārge	87–6~88–22	648–6~651–2
		⑦本性空性	prakṛtyaiva śūnyatāyāī	88–23~97–17	651–3~670–17

	見道	⑧二種顯現 消滅	dvayakṣaye	97–18~104–9	670–18~689–16
	二三	⑨表	saṅkete	104–10~105–21	689–17~692–20
	四六	⑩無所縁	anupalambhe	105–22~109–2	693–1~701–6
	七地	⑪衆生의 成熟	paripāke ca dehināṃ	109–3~112–4	701–7~707–7
		⑫菩薩의 道	bodhisattvasya mārge	112–5~120–18	707–8~727–17
因에 安立	修道 八地	⑬執着의 遮止	abhiniveśasya nivāra=ṇe	120–19~123–18	72/–18~734–8
		⑭菩提의 獲得	bodhiprāptau	123–19~124–26	734–9~736–10
		⑮佛国土清浄	jinakṣetraviśuddhau	124–27~130–22	736–11~746–21
	九地	⑯決定	niyatiṃ prati	130–23~133–29	747–1~752–5
		⑰無量한 衆生利益	aprameye ca sattvā=rthe	133–30~134–21	752–6~753–19
	十地	⑱佛供奉等의 功德	buddhasevādike guṇe	134–22~139–17	753–20~766–13
		⑲菩提의 諸支分	bodher aṅgeṣu	139–18~140–26	766–14~769–21
		⑳業用의 不壊	anāśe ca karmāṇāṃ	140–27~143–20	770–1~774–5
		㉑諦를 보는 일	satyadarśane	143–21~145–27	774–6~778–7
		㉒顛倒의 除去	viparyāsaprahāṇe	145–28~159–21	778–8~805–7
		㉓그 実事가 아닌 일의 이치	tadavastukatānaye	159–22~163–9	805–8~813–18
		㉔浄化	vyavadāne	163–10~168–17	813–19~814–20
		㉕資糧이 있는 일	sasambhāre	168–18~176–2	815–1~835–2
		㉖有爲와 無爲에 각각 차별을 遍知하게 하는 일	saṃskṛtāsaṃskṛte pra=ti vyatibhedāparijñāne	176–3~177–23	835–3~844–14
果에 安立		㉗涅槃에서의 建立	nirvāṇe ca niveśanam	177–24~179–18	844–15~847–18

즉, 〈표〉의 ①부터 ③까지는 발심한 후 복덕과 지혜를 쌓는 「자량도資糧道」, ④부터 ⑦까지는 보살의 십지十地에 들어가는 전 단계인 「가행도加行道」, ⑧은 사제四諦를 명확하게 이해하는 지혜를 갖추는 「견도見道」, ⑨부터 ㉖까지는 보살의 「십지十地」, 마지막 ㉗은 궁극의 「불지佛地」로 배당되어 있습니다.

이 가운데 자량도資糧道는 ①제취諸趣의 적정寂靜, ②사섭四攝에서의 건립, ③번뇌 있는 것에 정화淨化를 이해하는 일 등이라 하고 있습니다. 즉,

사리불이여, 내가 붓다의 눈으로 세상을 관찰함에, 동방 항하사의 세계에서 보살마하살은 사원思願 때문에 대지옥 등에 들어가서 대지옥 중생의 극심한 고통을 멸제滅除하며, 신변神變을 나투어 인도하고[神變示導], 기설記說을 나투어 인도하고[記說示導], 교계教誡를 나투어 인도[教誡示導]하는 세 종류의 나투어 인도함[示導]으로 그 지옥의 중생에게 법을 설하느니라.

라는 경문은 ①「제취諸趣의 적정寂靜」 가운데 「지옥의

적정」에 해당하고, 그 이후 축생·아귀·천天·인간의 적정寂靜에 해당하는 경문이 이어지므로 이 전체가 ①「제취諸趣의 적정」이라 불리는 것입니다. 한편 경전 말미 가까이에서,

"그곳에서 생生이 없고, 멸滅이 없는 법을 비화非化라고 이름하느니라." 수보리가 말씀드렸다. "어떤 법이 비화非化입니까?" "(생멸하는 제법諸法과) 같지 않고 허광虛誑하지 않는 열반涅槃이야말로 비화非化이니라."

의 경문이, 「27가지 법신의 행업」 마지막을 장식하는 열반에 대한 건립 즉, 중생을 궁극적 불과佛果인 무주처無住處 열반으로 안립安立하는 행업에 상응한다고 하는 것입니다.

이 「27가지 법신의 행업」 하나하나가 『이만오천송반야경』의 어느 경문에 상응하고, 보살 수행단계의 어디에 대응하는가 하는 것을 하나하나 설명하면 번잡스러우므로 앞의 〈표〉를 참조하길 바랍니다. 그리고 「법신의 행

업」과 수행단계의 대응에 대해서는 다양한 이설異說이 있지만, 본 책에서는 다르마린첸의 『남세 · 닝뽀겐』에 따라 〈표〉를 만들었습니다. 한편 『이만오천송반야경』의 대응 부분은 「중국장학연구소」편 『깐규르』수록 본의 쪽頁과 줄行을 따르고 있습니다.

❀ 27가지 「법신의 행업行業」의 의미

이처럼 『현관장엄론』에서는 『이만오천송반야경』 말미 부분의 경문을 나누어 27가지 「법신의 행업」에 배당하고 있습니다.

본 책 제6장에서 보았듯이 「칠십의七十義」의 첫 번째인 「보살의 발심」은 일체중생을 무여열반無餘涅槃에 이르게 하기 위해 무상보리無上菩提를 향한 마음을 일으키는 것인데, 그 교화의 대상對象에는 무지한 범부凡夫에서부터 높은 계위의 보살까지 다양한 단계의 중생이 포함됩니다. 그리고 다양한 중생의 기질과 수행단계에 맞게 보살은 여러 가지 방편을 베풀어서, 그들을 궁극의 불과佛果

로 이끌어야만 합니다. 그것이 중생의 수행단계에 맞게 「22가지 발심」을 세운 이유라고 생각할 수 있습니다.

한편 보살이 그 서원誓願을 성취하여 불과佛果를 증명하면 드디어 법신의 중생구제를 설할 수 있지만, 그 교화 대상에게도 지옥에 떨어진 자부터 높은 계위의 보살까지 다양한 단계의 중생이 포함됩니다. 그래서 「법신의 행업」도 이 교화대상인 중생에 맞게 27가지가 세워진 것입니다.

본 책 제6장에서 보았듯이 『현관장엄론』 「칠십의七十義」 중에서 1의義에 수행단계의 전 단계를 포함하는 것은 첫 번째인 「보리심을 일으키는 것發心」과 마지막의 「법신의 행업」 두 가지뿐입니다. 그 이유에 대해서는 티베트에서도 여러 가지 설을 볼 수 있는데, 필자는 다음과 같이 생각하고 있습니다.

보살이 일체중생을 구제하기 위해 무상보리無上菩提를 향해 「보리심을 일으키는 발심發心」을 하는데, 마침내 삼아승지겁에 걸쳐 수행을 완성하여 성불成佛하면 그 서원에 근거하여 일체중생을 자유자재로 구제하게 됩니다. 그러나 이러한 응신불應身佛의 중생 구제도 끊임없이 연속하는 「법신의 행업」 이외에 따로 없습니다. 이처럼 『현관장엄론』의 첫 번째 논제인 「보리심을 일으키는 발심發心」과 마지막 논제인 「법신의 행업」은 처음과 끝이 호응하고 있으며, 양쪽이 보살의 전 수행단계를 포함하는 것에 의해 대승불교의 수도론修道論과 구제론救濟論을 설한 『현관장엄론』의 체계가 완결되는 것입니다.

❖ 전체의 총설

이상, 티베트불교의 근본 교리인 「반야학」의 입문, 『현관장엄론』의 해설은 본 장으로 일단 마치게 되었습니다.

티베트 반야학에서는 여러 갈래에 걸쳐 다양한 의론을 다루어 왔으므로, 본 책의 한정된 지면으로는 충분히 논하지 못한 문제도 있었습니다. 그러나 너무 방대하게 되면, 입문이나 개론으로서의 성격을 잃어버리게 되고, 오히려 본 책 간행의 목적에서 벗어나게 되므로 이쯤에서 마치도록 하겠습니다.

– 본 책의 간행으로 동아시아 불교권에서는 잘 알려지지 않았던 반야학의 사상에 대한 이해가 크게 확대되기를 기대합니다.

〈반야학〉 입문

미륵보살이 반야경을 해설한
『현관장엄론』

부록

현관장엄론
現 觀 莊 嚴 論

미륵보살 지음

현관장엄론
現 觀 莊 嚴 論

1. 서 품(序品)

敬禮一切諸佛菩薩

모든 불보살佛菩薩님께 예경하나이다.

[歸敬偈]

求寂聲聞由遍智　引導令趣最寂滅

諸樂饒益眾生者　道智令成世間利

諸佛由具種相智　宣此種種眾相法

具為聲聞菩薩佛　四聖眾母我敬禮

적멸 추구하는 성문들을 변지遍智:基智로써

열반으로 인도하시고,

중생을 위해 이타를 수행하는 이들을
도지道智[道相智]로써 세간 이익 성취하게 하시며,
원만 구족하신 부처님들께서
갖가지의 일체상一切相[一切種智]을 설하실 수 있게 하시니,
성문 · 연각 · 보살과 함께 부처님의 어머니이신
반야바라밀에 예경하나이다.

[품 번호 : 품의 게송 : 전체 번호]

1:1:1 大師於此說　一切相智道　非餘所能領　於十法行性
부처님이 설하신 일체상一切相을 아는 도道,
다른 이가 경험할 수 없나니 10법행 본질本質[十法行性]의

1:2:2 經義住正念　具慧者能見　為令易解故　是造論所為
경전의 뜻을 바르게 기억하고서
지혜로운 이들이 십법행十法行을 보고
쉽게 이해할 수 있도록 하려는 것이
이 논論을 짓는 목적이라네.

1:3:3 般若波羅蜜　以八事正說　遍相智道智　次一切智性
반야바라밀般若波羅蜜은
팔현관八現觀[八事]으로 올바르게 설명되나니,

①변상지遍相智[基智], ②도지道智와

그다음은 ③일체지성一切智性이며,

1:4:4 一切相現觀　至頂及漸次　剎那證菩提　及法身爲八

④일체상현등각一切相現等覺, ⑤정현관頂現觀, ⑥점현관漸現觀,

⑦한 찰나剎那에 보리菩提를 현증現證하는 것[一剎那現等覺]과

⑧법신法身 등의 여덟 가지네.

　　　[相智]

1:5:5 發心與敎授　四種決擇分　正行之所依　謂法界自性

발심[發菩提心]과 교계敎誡와, 네 가지의 순결택분順決擇分,

수행修行들의 기반이 되는 법계성품法界性品의 자성自性,

1:6:6 諸所緣所爲　甲鎧趣入事　資糧及出生　是佛遍相智

소연所緣들과 구경究竟 목표와,

피갑행被甲行[甲鎧]과 취입행趣入行,

자량행資糧行과 출생행出生行 등은

부처님의 변상지성遍相智性[一切種智性]이라네.

　　　[道智]

1:7:7 令其隱闇等　弟子麟喩道　此及他功德　大勝利見道

어둡게 하는 것들과

제자[聲聞]와 독각獨覺[麟喩]의 두 가지 도道,

지금과 후생의 공덕에 의해 이익이 큰 「견도見道」와,

1:8:8 作用及勝解　讚事并稱揚　迴向與隨喜　無上作意等

수도修道 안에 속하는 작용들과 승해勝解, 찬탄과 칭송,

회향과 수희 등의 위 없는 마음가짐들[無上作意]과

1:9:9 引發最清淨　是名為修道　諸聰智菩薩　如是說道智

성취와 지극한 청정[畢竟清淨]이라 부르는

이 11가지를 수도修道라 하고,

이것은 모든 보살 · 현자들의 것이라고

「도지道智」를 설명한다네.

[事智]

1:10:10 智不住諸有　悲不滯涅槃　非方便則遠　方便即非遙

앎에 의해 유有에 머물지 않고,

대비大悲로써 적멸寂滅에도 머물지 않고,

방편 없음으로 인해 먼 것과 방편으로 인해 가까운 것과,

1:11:11 所治能治品　加行平等性　聲聞等見道　一切智如是

소대치所對治와 능대치能對治의 두 가지,
가행加行과 그 가행의 평등성平等性,
성문 견도見道의 9가지는 「일체지一切智」라네.

[相等覺 加行]

1:12:12 行相諸加行　德失及性相　順解脫決擇　有學不退衆
행상行相, 가행加行, 공덕과 과실過失, 성상性相,
순해탈분順解脫分, 순결택분順決擇分의 두 가지,
유학有學의 불퇴전不退轉 보살 대중과

1:13:13 有寂靜平等　無上淸淨刹　滿證一切相　此具善方便
유有와 적정寂靜의 평등성平等性,
위 없는 국토의 청정함,
탁월한 방편들,
이 11가지는 「일체상현등각一切相現等覺」이라네.

[頂加行]

1:14:14 此相及增長　堅穩心遍住　見道修道中
표징標徵, 복덕의 증장과 견고, 마음의 편주遍住,
견도見道, 수도修道 각각의 단계들에 포함된

1:15:15 各有四分別　四種能對治　無間三摩地　並諸邪執著
　　　　是為頂現觀

네 가지의 분별의 네 가지의 대치와

무간삼매無間三昧와 전도행顚倒行,

이 8가지를「정현관頂現觀」이라 하네.

[次第加行] [一刹那加行]

1:16:16 漸次現觀中　有十三種法　刹那證菩提　由相分四種

「점차현관漸次現觀」법들에는 13가지가 있고,

「일찰나현등각一刹那現等覺」은

성·상性相에 따라 네 가지가 있다네.

[法身의 몸]

1:17:17 自性圓滿報　如是餘化身　法身并事業　四相正宣說

「자성신自性身」과「보신報身[受用身]」,

「화신化身[變化身]」과 작용作用을 가진「지법신智法身」이라는

이러한 네 가지 몸으로「법신法身」을 올바르게 설하네.

2. 일체상지품(一切相智品:一切種智)

[第1義. 大乘發心] [發心의 定義]

2:1:18 發心為利他　求正等菩提　彼彼如經中　略廣門宣說

발심發心[發菩提心]이란 이타利他를 위해

정등각正等覺을 추구하는 것이라,

그 보리菩提와 이타利他의 두 가지는 경전 속에서

정리하여 상세한 형태로 설하고 있다네.

[分類]

2:2:19 如地金月火　藏寶源大海　金剛山藥友　如意寶日歌

땅과 황금, 달[月]과 불,

보배 곳간[寶庫]과 보석의 광맥,

바다와 금강, 산山과 약藥,

선지식과 여의주, 해[日]와 노래,

2:3:20 王庫及大路　車乘與泉水　雅聲河流雲　分二十二種

왕王, 곳간[藏], 큰길, 탈 것[車乘], 샘물,

기쁜 말[樂器], 강, 구름 등

발심發心에는 스물두 가지가 있다네.

[第2義. 大乘修行教授] [敎誡 전반의 분류]

2:4:21 修行及諸諦 佛陀等三寶 不耽著不疲 周遍攝持道

대승행大乘行과 사성제四聖諦,

부처님 · 가르침 · 승가의 삼보三寶와

무탐착無貪著과 지침 없음과 도道의 철저한 호지護持,

2:5:22 五眼六通德 見道並修道 應知此即是 十敎授體性

다섯 가지 눈[五眼]들과 육신통六神通,

견도見道와 수도修道 등에 대한

열 가지 교계敎誡들을 알아야 하네.

[僧寶의 種類]

2:6:23 諸鈍根利根 信見至家家 一間中生般 行無行究竟

예리하고, 둔한 근기의 두 가지,

신해信解와 견지見至의 두 가지와 두 개의 집들[家],

한 칸[一間], 중中반열반般涅槃, 생生반열반과 유행有行반열반과

무행無行반열반, 색구경천色究竟天에 이르는 세 가지 초월超越,

2:7:24 超往有頂 壞色貪現法 寂滅及身證 麟喩共二十

유정有頂의 극처에 이르러 색탐色貪을 벗어난 현법現法적멸,

신증身證, 그리고 인유독각麟喩獨覺을

20가지 「승보僧寶」라 하네.

[順決擇分]
2:8:25　所緣及行相　因緣幷攝持　菩薩救世者　如煖等體性
소연所緣, 행상行相, 인연과 전면호지全面護持에 의해
보살들을 구호해 주는 난위煖位 등의 본질을 따라서

2:9:26　依具四分別　分下中上品　勝出諸聲聞　及以諸麟喻
네 가지의 분별 대하는 대 · 중 · 소의 수행은
모든 성문聲聞이나 인유독각獨覺 보다 수승殊勝하다네.

[第3義. 四順抉擇分] [煖位]
2:10:27　所緣無常等　是四諦等相　行相破著等　是得三乘因
사성제四聖諦를 바탕으로 한 무상無常 등을 소연所緣으로 하고,
행상行相은 집착 등을 배격하며,
삼승三乘을 전부 성취하는 원인이 되네.

[頂位]
2:11:28　色等離聚散　住假立無說　色等不安住　其體無自性
색법色法 등의 집산集散,
머묾과 머묾 없음[住 · 無住], 가립假立, 불가설不可說,

색色의 자성自性 없는 까닭에 그것들에 머묾이 없고,

2:12:29 彼等自性一　不住無常等　彼等彼性空　彼等自性一
그것들의 본성本性은 같으며, 무상無常 등에 머물지 않고,
그것들의 자성自性은 공空하고, 그것들의 본성本性은 같으며

2:13:30 不執著諸法　不見彼相故　智慧所觀察　一切無所得
일체법을 붙들지 않고, 상相을 보지 않기 때문에,
지혜로써 철저하게 알아서, 일체법에 대할 것이 없다네.

　　　[忍位]
2:14:31 色等無自性　彼無即為性　無生無出離　清淨及無相
색법色法 등의 자성自性 없음과
그 무자성無自性의 자성自性과
무생無生, 무출리無出離와 정화淨化,
그것들의 무상無相과,

　　　[世第一法位]
2:15:32 由不依彼相　非勝解無想　正定定作用　授記盡執著
상相에 의지하지 않는 까닭에
무승해無勝解와 무작의無作意,

삼매三昧와 그 작용作用, 수기授記, 교만憍慢 없음,

2:16:33 三互為一性　正定不分別　是順決擇分　下中上三品
세 가지의 동일한 본성, 삼매의 무분별無分別,
「가행도加行道」는 이상과 같은 대 · 중 · 소로 이루어졌다네.

[所取分別]

2:17:34 由所依對治　二所取分別　由愚蘊等別　彼各有九種
기반과 그 대치에 따라
소취 · 분별所取 · 分別의 두 가지가 있으며
미혹과 온蘊의 구분에 따라
그것들에 각각 아홉 가지가 있다네.

[能取分別]

2:18:35 由實有假有　能取亦分二　自在我等體　蘊等依亦爾
실유實有와 가유假有의 기반 따라서
능취能取에도 두 가지가 있으며,
자재아自在我를 본성이라 하는 것에 의해,
온蘊 등을 소의所依라 하는 것에서
소취분별과 마찬가지로 각각 9가지가 있다네.

2:19:36 心不驚怖等　宣說無性等　棄捨所治品　應知為攝持

공성空性에 대해 마음이 놀라거나 두려워하지 않는 것 등과

일체법一切法의 무자성無自性 등을 설시說示하고,

그것들의 반대쪽[所對治分]을 벗어나는 것이

모든 점에서 가행도加行道 보살의 섭취攝取이라네.

[第4義. 大乘修行所依] [種姓 行의 所依]

2:20:37 通達有六法　對治與斷除　彼等皆永盡　具智慧悲愍

여섯 가지 증득법證得法,

대치행對治行과 능단행能斷行,

소단영진所斷永盡의 행行과

지혜와 자비[智·悲] 쌍운雙運의 행行과,

2:21:38 不共諸弟子　利他漸次行　智無功用轉　所依名種性

불공유학不共有學의 행行과

이타利他를 차제로 행하는 것,

애씀 없는 지혜, 행行의 기반 되는 것이 「종성種性」이라네.

[論難의 斷]

2:22:39 法界無差別　種性不應異　由能依法異　故說彼差別

법성法性에는 차별 없는데

종성種性에 어찌 차별 있는가 하면,
의지하는 법의 구별 따라서
종성種性에도 종류를 말할 수 있다네.

[第5義. 大乘修行所緣]
2:23:40 所緣一切法　此復為善等　若世間所知　及諸出世間
소연所緣하는 것은 일체법一切法이니
이를테면 선·악善惡 등을 비롯해
세간도世間道의 증득證得과 출세간出世間의 추구와,

2:24:41 有漏無漏法　諸有為無為　若共弟子法　及佛不共法
유루법有漏法과 무루법無漏法,
유위법有爲法과 무위법無爲法,
유학有學들 공통共通의 법과
모니牟尼의 불공법不共法이라네.

[第6義. 大乘修行所为]
2:25:42 勝諸有情心　及斷智為三　當知此三大　自覺所為事
일체중생 중의 최고 마음과
단멸斷滅, 증득證得 등의
세 가지 대성大性에 의해서

자존자自存者들의 이 소기所期를 알아야 하네.

[第7義. 披甲正行][被鎧行]

2:26:43　由彼等別別　皆攝施等六　故披甲修行　六六如經說

육바라밀 각각에 보시布施 등의

여섯 가지를 수렴收斂해서

갑옷 수행修行은 여섯 쌍씩

여섯 조條로 설명한다네.

[第8義. 大乘加行道趣入正行] [發趣行]

2:27:44　靜慮無色定　施等道慈等　成就無所得　三輪善淸淨

사선정四禪定과 무색정無色定, 보시바라밀과 도道와 무량심無量心,

무소연無所緣을 갖춘 것, 삼륜三輪의 청정과,

2:28:45　所爲及六通　於一切相智　能趣入正行　當知昇大乘

구경의 목표[所期], 육신통六神通,

일체상一切相을 아는 지혜에 들어가는 행은

대승도大乘道에서 향상向上되어 가는 것이라네.

[第9義. 大乘資粮正行] [資糧行]

2:29:46　悲及施等六　並修止觀道　及以雙運道　諸善權方便

커다란 연민憐愍과 보시 등의 육바라밀,
사마타止와 위빠사나觀의 명상과
그것을 결합해서 닦는 길, 방편들의 탁월함,

2:30:47　智福與諸道　陀羅尼十地　能對治當知　資糧行次第
지혜자량智慧資糧, 복덕자량福德資糧과
도道와 다라니陀羅尼와 열 가지 지평[十地]과
능대치能對治 등은 「자량資糧의 수행 차제」임을 알아야 하네.

　　　　[地의 자량 분류 : 初地]
2:31:48　由十種修治　當能得初地　意樂饒益事　有情平等心
열 가지의 수행修行을 의지해 초지初地를 성취하나니
의락意樂, 자리이타自利利他와 유정有情들에 대한 평등심平等心,

2:32:49　能捨近善友　求正法所緣　常發出家心　愛樂見佛身
일체 소유所有의 베풂, 선지식을 의지함, 바른 법의 추구와
변함없는 출리出離의 마음, 불신佛身을 향한 애락愛樂,

2:33:50　開闡正法教　諦語為第十　彼性不可得　當知名修治
설법說法, 진실한 말 등 이와 같은 열 가지들을
자성自性을 소연所緣하지 않는 것부터

완전한 정화淨化라고 하는 것을 알아야 하네.

[제2지]

2:34:51　戒報恩安忍　極喜及大悲　承事敬師聞　第八勤施等

계율, 보은報恩, 인욕과 환희심과 커다란 연민과
섬김[恭敬]과 스승을 공경하고 따르기,
보시 등의 바라밀에 애쓰기[精進]가 여덟 번째이라네.

[제3지]

2:35:52　多聞無厭足　無染行法施　嚴淨成佛刹　不厭倦眷屬

만족할 줄 모르는 다문多聞, 보답 바라지 않는 법시法施,
불국토佛國土의 정화淨化와 윤회계輪廻界에 있어 지치지 않는 것,

2:36:53　及有慚有愧　五種無著性　住林少欲足　杜多正律儀

참괴慚·愧 등 다섯 가지 자만自慢 없는 자성의 것이
제3지를 획득하게 하네.

[제4지]

제4지는 10가지에 의해 획득되나니,
숲에 머묾, 소욕少欲, 지족知足과
두타행頭陀行을 철저하게 지키며,

2:37:54 不捨諸學處　訶厭諸欲樂 寂滅捨眾物　不沒無顧戀

학처學處를 결코 버리지 않고,

욕락欲樂의 대상들을 하찮게 보며,

적정寂靜[涅槃], 모든 재물 베풀고, 위축되지 않음과

관대觀待[顧戀]하지 않는 것이라네.

[제5지]

2:38:55 親識及慳家　樂猥雜而住 自讚及毀他　十不善業道

이득利得을 위한 친교親交, 재가자에 탐착과

산만하게 하는 장소에 가는 것,

자찬自讚, 남을 업신여김과 열 가지 불선업不善業,

2:39:56 憍慢與顛倒　惡慧忍煩惱 遠離此十事　證得第五地

교만심憍慢心과 오만傲慢, 전도견顛倒見,

의심疑心[惡慧], 번뇌의 수용受用 등

이 열 가지를 끊고 제거하면 5지五地 올바르게 성취한다네.

[제6지]

2:40:57 施戒忍精進　靜慮慧圓滿 於弟子麟喻　捨喜捨怖心

보시, 지계, 인욕, 정진과

선정, 지혜 등을 구족함에 의해서

제자[聲聞]와 독각[麟喻]의 도道에 대해서
애호심愛好心과 두려움을 버리고,

2:41:58 見求無愁感　盡捨無憂悔　雖貪不厭求　證得第六地
걸식할 때 위축됨 없고, 베풀 때 싫은 마음 없으며,
빈곤해도 베풂을 거절하지 않음으로써
6지六地를 바르게 성취한다네.

[제7지]

2:42:59 執我及有情　命與數取趣　斷常及相因　蘊界幷諸處
아我와 중생의 집취執取,
생명生命과 개아個我와 단멸斷滅,
상주常住와 표상標相과 원인原因과
5온蘊과 18계界와 12처處에 대한 집취執取와

2:43:60 住三界貪著　其心遍怯退　於三寶尸羅　起彼見執著
삼계 안에 거주하는 것, 탐착과 위축되는 마음[惛沉心]과
삼보三寶와 계율戒律에 대해서
그것들을 보는 것에의 집착執著과,

2:44:61 諍論於空性　遠空性過失　由離此二十　便得第七地

공성空性에 대한 쟁론諍論과

그 공성空性에 어긋나는 과실過失 등

이와 같은 스무 가지 끊으면

그로 인해 제7지地 성취한다네.

2:45:62 知三解脫門　三輪皆淸淨　大悲無執著　法平等一理

삼해탈문三解脫門에 대한 지각知覺과

삼륜三輪의 청정성淸淨性, 연민, 교만하지 않음과

평등성과 하나의 도리를 아는 것,

2:46:63 知無生知忍　說諸法一相　滅除諸分別　離想見煩惱

무생無生의 인忍과 지혜,

제법諸法을 대승이라는 하나의 형태로 설하고,

모든 분별 부수고, 상想과 견見과 번뇌를 여의고,

2:47:64 奢摩他定思　善毘鉢舍那　內心善調伏　一切無礙智

지止를 확고하게 사유思惟하고, 관觀을 능숙하게 익히고,

마음의 제어制御[調伏], 일체에 걸림 없는 지혜와,

2:48:65 非貪地隨欲　等遊諸佛土　一切善現身　共爲二十種

탐착의 대상 아님을 알고,

다른 불국토佛國土에 자유롭게 다니고,
모든 곳에 자신의 몸을 나타내는 등의 스무 가지가
그 더러움들의 능대치能對治이라네.

[제8지]

2:49:66　知諸有情意　遊戲諸神通　修微妙佛刹　觀故親近佛
일체중생 마음을 알고, 신통력으로 유희하는 것,
불국토의 청정의 완성,
깊은 고찰을 위해 부처님께 친근하고,

2:50:67　知根淨佛土　安住如幻事　故思受三有　說此八種業
근기를 알고[天眼智], 불국토의 청정, 환幻과 같이 머물고,
생각하는 대로 윤회의 생을 받는 등 여덟 가지가
제8지를 위한 행업들이네.

[제9지]

2:51:68　無邊諸誓願　了知天等語　辯說如懸河　入胎最第一
한량없는 서원誓願과 천신天神 등의 언어를 알고,
유수流水 같은 언변言辯과 최상위最上位의 입태入胎와,

2:52:69　種姓族圓滿　眷屬及生身　出家菩提樹　圓滿諸功德

종족, 가문, 모계 혈통과 권속들과 출생과
출가出家와 보리수菩提樹, 공덕을 원만하게 갖추기의
12가지에 의해 제9지가 획득된다네.

[제10지]

2:53:70 超過九地已　若智住佛地　應知此即是　菩薩第十地
제9지地를 넘어 지혜가 불지佛地까지 이르면
이는 보살 단계 중에서 열 번째로 알아야 하네.

[能對治의 資糧]

2:54:71 見修諸道中　所能取分別　由滅除彼故　說八種對治
견도見道, 수도修道의 단계에
소취所取, 능취能取의 분별을 적멸寂滅하기 위해서
여덟 가지 능대치能對治를 알아야 한다네.

[第10義. 決定出生正行] [出離行]

2:55:72 所爲及平等　利有情無用　超二邊出生　證得相出生
구경究竟의 목표[所期], 평등성,
중생 위함, 애씀 없음[無功用의 成就]과
양변 벗어나는 출리出離와
삼승三乘의 증득을 상相으로 한 출리出離,

2:56:73 一切相智性　道有境出生　當知此八種　是出生正行

모든 것을 아는 지혜[一切相智]와

도道를 행경行境으로 한 출리出離 등

이와 같은 여덟 가지를 출리행出離行으로 알아야 하네.

3. 도상지품(道相智品:道智)

[第11義. 道相智之支分]

3:1:74 調伏諸天故　放光令隱闇　境決定普遍　本性及事業

천신들이 적합하도록 광명으로 압도하시는 등과

대상의 확정, (대승종성으로) 편충遍充되어 있는 것[普遍]과

이타를 성취한다는 본연성本然性과

그것의 작용[事業]이라네.

[第12義. 聲聞道智之道相智] [聲聞道의 自性]

3:2:75 道相智理中　由諸四聖諦　行相不可得　當知聲聞道

도지道智 그 자신의 방식 안에서

사성제四聖諦의 모든 행상을 소연所緣함이 없는 상태로

성문聲聞의 길을 알아야 하네.

3:3:76 聖聲聞道中　由色等空故　空無別為煖　由彼無所得

성문聲聞 성자聖者들의 길에는 색법色法 등이 공空하고

공성空性에는 차별 없는 까닭에 난위煖位가 되며,

무소연無所緣에 의해서

3:4:77 許為至頂位　忍位於色等　破住常等理　依於十地等

정위頂位가 되는 것으로 보네.

상주常住 등에 머묾을 배격함으로써 인위忍位가 되고,

십지十地들을 대상으로 하여

3:5:78 由廣說無住　即名第一法　由佛以現智　不見諸法故

그곳에 무주無住하는 광설廣說로 인해서

세제일법위世第一法位을 말하나니

왜냐하면, 부처님은 깨달은 후

어떠한 법도 보지 않기 때문이라네.

[第13義. 獨覺道智之道相智] [獨覺道의 自性]

3:6:79 自覺自證故　亦不依他教　是故當宣說　麟喻智甚深

자립자自立者들은 스스로에 의해 지각知覺하므로

남의 가르침[說示]도 필요가 없고,

독각獨覺들의 지혜는 성문聲聞들보다는
좀 더 심오하다고 말하네.

3:7:80　若誰於何義　欲聞如何說　於彼彼彼義　無聲如是現
각각의 사람에게 각각의 의미에 대해
각각의 형태로 듣고 싶다는 소망이 있으면,
그들 각각에게는 각각의 의미가
음성이 없긴 하지만, 각각의 형태로 나타난다네.

3:8:81　遠所取分別　未離能取故　當知由所依　攝為麟喻道
소취所取 경계境의 분별을 끊고 있음에서,
능취能取 식識의 분별을 끊지 않는 것에서,
그리고 소의所依라는 것에서,
무소와 같은 도[獨覺]는 정리된다고 알아야 하네.

3:9:82　開闡假法性　無違相為煖　頂由達色等　無減等所顯
가설假說은 법성法性과 모순되지 않음을
나타내는 행상行相이 난위煖位이며,
정위頂位는 색色 등의 무감퇴無減退 등의 수습修習이며,

3:10:83　忍由內空等　不執色等故　色等無生等　相為第一法

내內의 공성空性 등에 의해
색色 등을 취하지 않는 것이 인위忍位가 있으며,
색色의 무생無生 등의 행상行相에 의해
세제일법위世第一法位가 있다네.

[第14義. 菩薩道智之道相智] [菩薩道의 自性]

3:11:84   由諦與諦上　忍智四刹那　說此道相智　見道具功德
각각의 제諦에 대한 네 가지 인忍과 지智의 찰나에 의해
도지자道智者의 성性에 이 공덕을 가진 견도見道를 설명하네.

3:12:85   真如與諸智　無互能所依　故不許差別　廣大無能量
능의能依와 소의所依는 존재하지 않으므로 진여眞如와
불타佛陀의 지智에는 서로 존재한다고 용인하지 않는 것,
색色 등이 법계法界를 자성自性으로 하는 것으로 위대한 것,
색 등을 승의勝義로 헤아리는 인식 기준이 없는 것,
색 등은 허공과 같이 무량하다는 것,
이것이 고제苦諦의 법인法忍 내지 유지類智의 4가행加行이며,

3:13:86   無量無二邊　住彼於色等　執為佛自性　無取無捨等
상常과 단斷의 두 가지 변邊이 없는 것,
색色 등은 제공諦空으로서 바르게 결택하는 것,

그 불위佛位에 머무는 자의 일체법을
취사取・捨하지 않는 것 등,

3:14:87 慈等及空性　證得佛陀性　遍攝諸淨法　除遺諸苦病
승의勝義로서 무자성無自性이라고 승해勝解하는 것이
선행되는 자비慈悲 등의 네 가지 사무량심無量心,
이것이 집제集諦의 법인法忍 내지 유지類智의 4행상行相이고,
공성空性, 불위佛位의 획득, 일체 청정의 섭취攝取,
일체 고뇌苦惱와 병病의 적멸寂滅,
이것이 멸제滅諦의 법인法忍 내지 유지類智의 4행상行相이며,

3:15:88 滅除涅槃執　諸佛守護等　不殺害生等　一切相智理
열반으로의 취착取著을 적멸寂滅하는 것,
불타佛陀들에 의한 보호保護 등,
살생殺生하지 않는 등의 선업善業과
일체상지一切相智 등의 이치에

3:16:89 自住立有情　所修布施等　迴向大菩提　是道智刹那
스스로 머물고, 유정들을 머물게 하는 것,
그리고 보시 등을 등각等覺으로 회향하는 것,
이런 것이 도제道諦의 법인法忍 내지 유지類智의 4가행加行이며,

이상이 도지道智 자성의 견도見道 찰나이라네.

[第15義. 大乘修道之作用] [大乘修道]

3:17:90 遍息敬一切　能勝諸煩惱　怨敵不能害　菩提供養依

수도修道의 작사作事는 완전히 마음을 제어制御하는 것,

일체로 귀의[恭敬]하는 것, 번뇌에 승리하는 것과

해악을 입지 않는 것과 보리菩提,

반야바라밀의 의처를 공양하는 것이라네.

[第16義. 大乘胜解修道]

3:18:91 勝解謂自利　俱利及利他　當知此三種　各有下中上

승해勝解의 수도修道에는 자리自利와 자리이타自利利他,

이타利他 등의 세 가지가 있고,

이것은 또다시 하·중·상품이 있어

각각이 세 종류라고 생각할 수 있다네.

3:19:92 別別為三品　又以下下等　復各分為三　共二十七種

거듭 하하품下下品으로 분류됨으로 인해

그것은 또 세 종류라네.

그와 같이 하면 27가지라고 생각할 수 있다네.

[第17義. 勝解修道之勝利]

3:20:93　般若波羅蜜　於諸勝解位　由三種九聚　讚事及稱揚

반야바라밀에 대해서 승해勝解하는 단계에 대해

불타와 보살들에 의한 칭찬 · 칭양 · 찬탄이 있으며,

그 세 가지가 각각 9가지 있다고 생각할 수 있다네.

[第18義. 回向修道] [迴向作意]

3:21:94　殊勝遍迴向　其作用最勝　無所得行相　不顛倒體性

수승한 회향, 그 회향의 작용은 최상이라네.

그것은 불가득不可得의 행상行相을 가진 것,

전도顚倒되지 않는 상相이 있는 것,

3:22:95　遠離佛福品　自性念行境　有方便無相　諸佛所隨喜

원리遠離한 것, 부처님의 복덕福德 자량資糧인

자성의 억념을 행경行境이라 하는 것,

방편을 가진 것, 무상無相의 것,

부처님에 의해 수희隨喜된 것,

3:23:96　不繫於三界　下中及上品　是餘三迴向　生大福為性

삼계三界 안에 속하지 않는 것,

그리고 대복덕大福德을 생기게 하는

본성을 가진 하 · 중 · 상품下 · 中 · 上品의 세 종류 회향이라네.

[第19義. 隨喜修道]

3:24:97   由方便無得   隨喜諸善根   是此中所說   修隨喜作意

방편과 불가득不可得의 지혜 두 가지에 의해

선근善根을 수희隨喜하는 것이 수희隨喜하는 작의作意를

수도修道하는 것이라고 말하네.

[第20義. 引發修道] [無漏의 修道 – 成就行(成就修道)]

3:25:98   此自性殊勝   一切無作行   立法不可得   是大義利性

성취행成就行은 그것의 자성과 과果의 수승함,

모든 것이 조작이 아니라는 것,

제법諸法이 불가득不可得에 의해 설정되는 것,

구경究竟의 과과인 대이익성大利益性이라네.

[第21義. 最清净修道] [畢竟清淨(淸淨修道)]

3:26:99   依佛及施等   善巧諸方便   此是勝解因   諸法衰損因

부처님께 의지함, 육바라밀,

선교善巧한 모든 방편方便 등이

이 청정수도에 대한 승해勝解의 원인들이라네.

법의 파괴[장애] 원인은,

3:27:100 謂魔所魅著　不信解深法　執著五蘊等　惡友所攝持

마魔의 힘에 눌리는 것,

심오한 법성法性을 신해信解하지 않는 것,

오온五蘊 등에 집착하는 것,

악한 벗과 친한 것 등이라네.

3:28:101 果法清淨性　即色等清淨　以彼二無異　不可分故淨

과과果의 청정은 마땅히 그 대경對境인 색色 등의 청정이라네.

왜냐하면 그 두 가지는 다른 것이 아니고

나눌 수가 없으므로 청정淸淨이라 하셨네.

3:29:102 惑所知三道　斷故為弟子　麟喻佛子淨　佛一切最淨

번뇌와 소지所知의 일부와 삼도三道의 장애를 끊음에 의해

순차적으로 제자[聲聞]와 무소와 같은 자[獨覺]와

승자의 아들[菩薩]들의 청정함이 있다네.

한편, 부처님의 청정은 모든 면에서 지극히 청정한 것이라네.

3:30:103 對治九地中　上上等諸垢　謂由下下等　諸道能清淨

삼계의 아홉 가지 영역[地]들의 대치 가운데

상상품上上品과 같은 모든 오염[垢]은

대치법이 되는 하하품下下品 등으로 해서

모든 도道가 청정하게 된다네.

3:31:104 由斷靜門中 道能量所量 由是平等性 遍對治三界

보살의 수도修道는 그 장애를 끊음으로 인해,

능량能量과 소량所量이 평등하며,

삼계의 능대치能對治라고 생각할 수 있다네.

4. 일체지품(一切智品·基智)

[第22義. 由智慧不住諸有][不住輪廻] [第23義. 由悲心不住涅槃][不住涅槃]

4:1:105 非此岸彼岸 不住其中間 知三世平等 故名般若度

삼시三時 제법諸法의 평등성을 알아차리는 것에서

이 세상에도, 저 세상에도, 양쪽의 중간에도

머무르지 않는 것이 「반야바라밀」이라네.

[第24義. 无方便遥远之体智] [第25義. 有方便邻近之体智]

4:2:106 彼由緣相門 非方便故遠 由善巧方便 即說爲鄰近

그 반야바라밀은 사물을 유상有相으로 이해하는 것으로

무방편無方便인 것에 의해 성문聲聞들에게는 멀고,

보살은 방편에 선교善巧한 것에 의해
그 반야바라밀에 훨씬 가깝다고 한다네.

[第26義. 所治品之体智] [所對治]

4:3:107 色蘊等空性　三世所繫法　施等菩提分　行想所治品
색色 등의 온蘊은 인아人我로서 공성空性이라는 것에 대한 상想과
삼시三時의 제법諸法과 보시布施 등의 보리분菩提分에 대해
제諦로서의 행行이라고 하는 상상想은 소대치所對治이라네.

[第27義. 能治品之体智] [能對治]

4:4:108 施等無我執　於此令他行　此滅貪著邊　執佛等微細
능대치能對治는 보시布施 등에 있어 아집我執이 없는 것,
다른 사람들을 그 아집我執이 없는 것에 결부시키는 것,
그 제諦로서 집착하는 변邊을 막는 것이니,
능대치能對治임과 동시에 소대치所對治이기도 한 것이
승자勝者들에 대한 귀경歸敬 등에 수반隨伴되는
미세微細한 집착執著이라네.

4:5:109 法道最甚深　自性遠離故　知諸法性一　故能斷貪著
법의 도道는 자성自性이 비어있는 까닭으로 깊나니,
일체법이 하나의 본성本性이라고 알아차리는 것은

과果에 대한 집착의 끊음이라네.

4:6:110 由遣除見等　故說難通達　色等不可知　故為不思議
그 본성本性은 보이는 것[見] 등을 부정否定하므로
이해하기 어렵다고 말하고
색色 등으로서 알 수 없기 때문에
그 본성本性은 부사의不思議하다고 주장한다네.

4:7:111 如是一切智　所治能治品　無餘諸差別　當知如經說
그와 같이 일체지一切智의 교의敎義 안에서
소대치所對治와 능대치能對治 그 모든 구별이
경전에 설해진 대로 남김없이 여기에서 이해해야 한다네.

[第28義. 体智加行] [事智의 加行]

4:8:112 色等無常等　未圓滿圓滿　及於無貪性　破實行加行
색色 등에 대한, 그것의 무상無常 등에 대한,
그것의 원만과 원만하지 않음에 대한,
그것의 무집착無執着에 대한
행行의 제집諦執을 가로막는 것에서 「가행加行」이 있다네.

4:9:113 不變無造者　三難行加行　如根性得果 故許為有果

그 가행은 불변不變, 행위자行爲者의 부재성不在性,
세 가지 난행難行의 가행加行이며,
인연 따라 결과를 성취하는 것에
결과가 없지 않다고 인정된다네.

[第29義. 加行平等性]

4:10:114 不依仗於他　證知七現事　不執著色等　四種平等性
그리고 다른 것에 의존하지 않는 것,
7가지 현현에 의한 능립[이유]이 가행加行이라네.
그 가행의 평등성은 색色 등의 자성과
행상行相과 구별區別과 식識에 대해
네 가지 사유하지 않는 것이라고 할 수 있다네.

[第30義. 見道] [加行의 果]

4:11:115 苦等諸聖諦　法智及類智　忍智刹那性　一切智見道
고제苦諦 등의 사제四諦에 법지法智 · 유지類智의
인忍 · 지智의 16찰나를 본성으로 하는 것이
일체지一切智의 도리에서 견도見道가 된다네.

4:12:116 色非常無常　出二邊淸淨　無生無滅等　如虛空離貪
색色은 상常도 아니고, 무상無常도 아닌 것,

양변兩邊을 벗어나 있는 것,
자성自性으로서의 청정과 불생불멸不生不滅 등이
고제苦諦의 행상行相이라네.
허공과 같은 것, 더러움을 끊는 것,

4:13:117 脫離諸攝持　自性不可說　由宣說此義　不能惠施他
취득을 벗어나 있는 것, 자성으로서의 불가언설이
집제集諦의 행상行相이라네.
그러므로 그것의 의미는 말에 의해
다른 사람에게 전해지지 않는 것,

4:14:118 皆悉不可得　畢竟淨無病　斷除諸惡趣　證果無分別
불가득不可得의 행行, 필경청정畢竟淸淨,
재화災禍의 불생不生[無病]이 멸제滅諦의 행상行相이라네.
모든 악취惡趣를 끊는 것,
과果를 현전화現前化하는 것에 대해 분별하지 않는 것,

4:15:119 不繫屬諸相　於義名二種　其識無有生　一切智刹那
제성諦成의 상相에 얽매이지 않는 것,
대상과 명칭 두 가지에 대해서
지智가 생기지 않는 것이 도제道諦의 행상行相이니,

이상이 일체지一切智의 찰나들이네.

4:16:120 如是此及此　又此三段文　當知即顯示　此三品圓滿

이상이 변지遍智[一切相智]와 도지道智,

일체지一切智의 삼종지三種智이니,

이와 같은 세 가지[三章]를 통해 모두 설해 마쳤네.

5. 일체상현등각(圓滿一切相現觀品:圓滿加行)

[第31義. 广释四加行]

5:1:121 一切智差別　行相為能相　由三種智故　許行相為三

행상行相이란 근본사根本事vastu를 아는 지혜의 양상이라는 것이

여기에서 행상行相의 정의定義이라네.

일체지一切智에 세 가지가 있으니

행상行相 역시 세 가지로 본다네.

5:2:122 始從無邊相　乃至無動相　三諦各有四　道中說十五

사지事智의 행상은 반야바라밀의 무無의 행상行相

내지 부동不動의 행상이며,

이것은 앞의 삼제三諦[苦·集·滅諦]에 대해 각각 4개씩 있으며,
도제道諦에는 15가지 행상이 있다고 말하네.

5:3:123 於因道及苦　滅中如次第　說彼有八七　五及十六相
도지道智의 행상은 원인原因[集]과 도제道諦와

고제苦諦와 멸제滅諦 등의 것이며,

이것들은 순차적으로 8행상行相과 7행상行相,

5행상行相과 16행상行相이 있다네.

5:4:124 始從四念住　究竟諸佛相　道諦隨順中　由三智分別
상지相智의 행상은 사념주四念住를 처음으로 하고

불위佛位의 행상을 마지막으로 하는데,

도제道諦에 수순하여 성문·보살·불타의

세 가지 일체지一切智로 분류하는 것에 의해

5:5:125 弟子及菩薩　諸佛如次第　許爲三十七　卅四三十九
그들의 행상은 제자[聲聞]들, 보살들, 불타佛陀들에 관해서

순차적으로 37, 34, 39의 행상으로 판단할 수 있다네.

[第32義. 大乘能修加行] [善根을 積集하는 所依]
5:6:126 昔承事諸佛　佛所種善根　善知識攝受　是聞此法器

부처님들을 공양하고, 그 부처님들께 선근善根을 쌓고,
선지식들에게 보호받는 이들은
이 반야바라밀般若波羅蜜의 법法을 듣는 그릇이라네.

5:7:127　親近佛問答　及行施戒等　諸勝者許此　是受持等器
부처님을 친근親近하는 것, 의의意義를 묻는 것,
보시布施와 지계持戒 등의 행에 의해
반야바라밀의 말을 받아들여 수지受持하는 등의 그릇으로,
뛰어난 성자聖者들은 인정한다네.

5:8:128　不住色等故　遍彼加行故　彼真如深故　此等難測故
그 가행加行은, 색법色法 등에 머물지 않음으로,
그 색色 등에 대한 부주不住 가행의 제집諸執을 차단하는 것에서,
그 색色 등의 진여真如의 심심甚深함에서,
그 색色 등은 난해難解하다는 것에서,

5:9:129　此等無量故　劬勞久證故　授記不退轉　出離及無間
그 색色 등의 한량없음에서
오래도록 애써 증득證得하기 때문에,
수기授記 받기 때문에, 불퇴전不退轉에 대해,
출리出離에 대해, 무간無間에 대해,

5:10:130 近菩提速疾　利他無增減　不見法非法　色等不思議
보리菩提에 가까움과 멀어지는 것에 대해,
이타利他에 대해, 무증무감無增無減이라는 것에서,
법法과 비법非法을 보지 않는 것에 대해,
색법色法 등의 부사의不思議를 보지 않는 것에 대해,

5:11:131 色等諸行相　自性無分別　能與珍寶果　清淨及結界
그리고 색色과 그 인상因相과 그 본성本性을 분별하지 않는 것,
과과인 보배[聖果]를 대여貸與하는 것,
청정한 것, 한계가 있는 것이라 한다네.

[第33義. 大乘加行功德] [第34義. 大乘加行過失]
5:12:132 摧伏魔力等　十四種功德　當知諸過失　有四十六種
가행의 공덕功德은 마魔의 위력을 파괴하는 등 14가지가 있고
가행의 과실過失[障礙]은 46가지가 있다는 것 알아야 하네.

[第35義. 大乘加行性相] [加行의 相]
5:13:133 由何相當知　即性相分三　謂智勝作用　自性亦所相
가행加行의 특성特性을 부여하는
그 상相 lakṣaṇa을 알아야 하나니,
그것은 지智와 수별殊別과 작용作用의 세 가지라네.

그리고 그 상相에 의해 특성이 부여되는
자성自性을 알아야 한다네.

[智의 相] [一切智者性의 相]

5:14:134 知如來出現　世界無壞性　有情諸心行　心略及外散
부처님의 출현出現과, 이 세상의 불괴성不壞性,
유정有情들의 마음의 작용을 알아차리는 것,
인무아人無我로 그 마음을 집중하는 것,
마음이 밖으로 향하는 것,

5:15:135 知無盡行相　有貪等及無　廣大無量心　識無見無對
마음의 다함 없는 성・상性相과,
마음이 탐착貪著 등을 가지는 것,
마음이 광대한 것, 마음이 위대한 것, 마음이 무량한 것,
식識에 관하여 마음이 나타내지 않는 것,

5:16:136 及心不可見　了知心出等　除此等所餘　知真如行相
마음은 볼 수 없다[不可視]고 아는 것[邪見],
활동의 개시開始(動搖) 등의 상상,
그 위에 진여眞如의 행상에 의해
그 개시開始 등의 상相을 알아차리는 것,

5:17:137 能仁證真如　復爲他開示　是攝一切智　品中諸智相

모니[能仁]께서 진여眞如를 깨닫는 것과

그것을 남에게 설명하는 것,

이것이 일체지一切智의 가행加行의

지상智相들을 정리한 것이라네.

[道智者性의 相]

5:18:138 空性及無相　并捨棄諸願　無生無滅等　法性無破壞

공성空性, 무인상無因相의 것,

철저하게 원願을 벗어나 있는 것과

무생無生·무멸無滅 등의 성상性相들,

법성法性에는 잡란 없음과,

5:19:139 無作無分別　差別無性相　道相智品中　許爲諸智相

무조작無造作과 상相과 구체적 사물의 무분별無分別,

분류分類와 성상性相 없음 등에 대해

이것들을 도지道智 가행加行의 지상智相으로 본다네.

[一相智者性의 相]

5:20:140 依真如法住　恭敬善知識　尊重及承事　供養無作用

여래 자신의 법 의지해 머무는 것,

저 여래께 귀경歸敬하는 것,

존중尊重하는 것, 공경恭敬하는 것,

그를 공양供養하는 것, 승의勝義로서 무작위無作爲인 것,

5:21:141　及了知遍行　能示現無見　世間眞空相　說知及現見

일체처一切處에서 활동하는 지智,

승의勝義로서는 볼 수 없다고 나타내는 것,

세간世間 공성空性의 행상行相, 그 행상行相을 나타내는 것,

알리는 것, 현증現證하는 것,

5:22:142　不思議寂靜　世間滅想滅　一切相智中　是說諸智相

제법諸法은 불가사의不可思議이고,

희론戱論 적멸寂滅이라고 설하는 것,

세간의 생각을 멸하는 것이 지智의 상相이라고 하는 것은

일체상지一切相智의 본연의 모습에 대해 말한 것이라네.

[殊勝의 相]

5:23:143　由難思等別　勝進諦行境　十六刹那心　說名殊勝相

부사의不思議와 같은 특성을 통해

수승殊勝하다고 여겨지는 제諦를 행경行境으로 하는

16찰나에 의해서 수승의 상相은 설명된다네.

5:24:144 不思議無等　超越諸量數　攝聖智者了　證知諸不共

고제苦諦를 대경對境으로 삼는 4가지인 불가사의不可思議한 것,

같지 않은 것, 소량所量과 수數를 넘은 것과

집제集諦를 대경對境으로 삼는 4가지인

일체 성자聖者의 공덕을 받아들이고 있는 것,

현자賢者에 의해 마땅히 알려지는 것,

불공不共한 것을 아는 것, 빨리 아는 것,

5:25:145 通疾無增減　修行及正行　所緣與所依　一切并攝受

멸제滅諦를 대경對境으로 하는 4가지인 일체법一切法의

감소減少도 충만充滿도 하지 않는 것, 육바라밀을 완성하는 것,

공덕과 지혜를 성취하는 것, 일체법을 소연所緣으로 삼는 것과

도제道諦를 대경으로 삼는 4가지인 종성種姓을 동반同伴하는

소의所依를 가지는 것, 자량資糧을 동반同伴한 원인原因이 완전한 것,

방편으로 섭취하는 것,

5:26:146 及無味當知　十六殊勝性　由此勝餘道　故名殊勝道

제집諦執의 미味를 수용하지 않는 것,

이상 16가지 가행의 수별殊別을 알아야 한다네.

그것들에 의해 승진도勝進道가

다른 성문聲聞 · 독각獨覺의 도道보다 뛰어나다고 한다네.

5:27:147 作利樂濟拔　諸人歸依處　宅舍示究竟　洲渚及導師

해탈解脫이라는 미래의 이익利益,

괴로움과 근심의 적멸寂滅이라는 현재의 즐거움[安樂],

윤회의 괴로움에서의 구제救濟라는

세 가지는 사지事智에 관한 것이며,

사람들의 열반涅槃이라는 피난처[歸依處],

괴로움의 원인을 지식止息한 안식처,

윤회와 열반의 평등이라는 목적지,

갈애渴愛라는 습기를 벗어난 해탈解脫이라는 섬[洲渚],

지도자[導師:佛陀]라는 생각,

5:28:148 并任運所作　不證三乘果　最後作所依　此即作用相

유정有情의 이익에 대한 무공용無功用,

때에 맞지 않게 삼승三乘에 의한

과위果位를 현전화現前化하지 않는 것 등의

일곱 가지는 도지道智에 관한 것이고,

마지막 세간의 작용은 상지相智에 관한 것이니

이것이 가행加行의 작용 상相이라네.

[自性의 相]

5:29:149 離煩惱狀貌　障品及對治　難性與決定　所為無所得

사지事智 가행의 자성은, 번뇌와 그것의 상징과 인상因相과
소대치所對治 · 능대치能對治를 벗어나 있는 것이라네.
도지道智 가행의 자성은,
무량한 유정을 열반에 들게 한다는 것은 지난至難하다는 것,
성불成佛에 한결같다는 것, 최고의 목적,
승의勝義로서 불가득不可得인 것,

5:30:150 破一切執著　及名有所緣　不順無障礙　無跡無去生
집착이 차단되어있는 것이라네.
상지相智 가행의 자성은 사물事物과
도道를 소연所緣으로 삼는 상想,
범부와는 반대인 것, 색色 등의 무애無礙인 것,
기체基體가 없는 것,
어디에도 향해 가지 않는 것, 색色 등이 불생不生인 것,

5:31:151 真如不可得　此十六自性　由如所相事　許為第四相
진여眞如의 불가득不可得인 것이며,
합해서 자성은 열여섯 가지라네.
이상으로 가행加行은 표장標章 lakṣman과 같이
특성 지어진 것이므로
제4의 자성自性의 상相으로 본다네.

5:32:152 無相善施等　正行而善巧　一切相品中　謂順解脫分
무인상無因相의 지혜에 의해 보시바라밀 등의
성취행으로 선교善巧가 되는 것이,
이 일체상현등각一切相現等覺에 대한
순해탈분順解脫分이라 한다네.

5:33:153 緣佛等淨信　精進行施等　意樂圓滿念　無分別等持
믿음에 대한 선교善巧는 부처님 등에 대한 신심이라네.
보시 등을 행경이라 생각하는 정진精進과
의락을 원만하게 하는 억념憶念과
무분별無分別의 삼매[사마디]와

5:34:154 知一切諸法　智慧共為五　利易證菩提　許鈍根難證
일체 제법을 일체상이라 알아차리는 반야[지혜] 등의
다섯 가지가 선교善巧의 기준인데,
근기 수승한 자는 원만한 보리의 성취하기 쉽고
근기가 둔한 이는 증득하기가 어렵다네.

[第37義. 順決擇分] [順決擇分]
5:35:155 此煖等所緣　讚一切此情　緣彼心平等　說有十種相

여기에서 난위煖位의 소연所緣은 일체 중생이라고 교시되는데,
난위煖의 행상行相은 그들 같은 유정에 대한
심평등心平等 등의 10가지로 설명한다네.

5:36:156 自滅除諸惡　安住布施等　亦令他住彼　讚同法爲頂
정頂에 다다른 것은 소연所緣의 난위煖과 마찬가지이며,
행상은 스스로 악惡에서 물러나 보시布施 등에 머무는 자가
다른 자들을 이 두 가지에 결부시키는 것,
칭송하는 것과 바람직하다고 하는 것이라네.

5:37:157 如是當知忍　自他住聖諦　如是第一法　成熟有情等
그와 같이 인위忍位는, 소연所緣은 난위煖과 같고
행상은 자타自他를 의처依處로 생각하는 사제四諦의 지智이며,
세제일법世第一法은, 소연所緣은 난위煖과 같고,
행상은 유정들을 성숙시키는 등으로 이해한다네.

[第38義. 有学不退转轉菩薩僧] [不退菩薩衆]

5:38:158 從順抉擇分　見修諸道中　所住諸菩薩　是此不退衆
순결택분順決擇分의 지분支分에 의해
견도見道·수도修道 등의 단계에
머무르는 보살이 불퇴전不退轉의 보살 대중이라네.

5:39:159 由說於色等　轉等二十相　即住決擇分　所有不退相
색色 등에서의 원리遠離 등 20가지 징상徵相으로 말하는 것에,
순결택분順決擇分에 머무는 이근利根의 유정에게
이 불퇴전不退轉의 성상性相이 있다네.

5:40:160 由於色等轉　盡疑惑無暇　自安住善法　亦令他安住
색色 등을 원리遠離하는 것,
의심疑心과 8무가無暇가 멸하는 것,
자기 자신이 선善에 머물러 타인他人을
그 선업善業으로 이끄는 것,

5:41:161 於他行施等　深義無猶豫　身等修慈行　不共五蓋住
타인他人을 의처依處라고 생각하는 보시 등,
깊은 뜻에 대해서도 의심疑心하지 않는 것,
자비심慈悲心으로 가득찬 신업身業 등,
오개五蓋에 친근하지 않는 것,

5:42:162 摧伏諸隨眠　具正念正知　衣等恆潔淨　身不生諸蟲
모든 수면隨眠[習氣]을 끊는 것,
억념憶念[正念]과 살핌[正知]을 갖추고,
청정한 의복衣服과 몸에 벌레 생기지 않는 것,

5:43:163 心無曲杜多　及無慳吝等　成就法性行　利他求地獄

교활함이 없는 마음과 두타행頭陀行을 봉지奉持하는 것,

인색하지 않는 것, 법성法性과 함께 가는 것,

중생을 위해 지옥地獄을 바라는 것,

5:44:164 非他能牽引　魔開顯似道　了知彼是魔　諸佛歡喜行

다른 사람들에게 교화教化되지 않는 것,

다른 길로 인도引導하는 마군魔軍을 마군魔軍으로 알아차리고,

부처님에 의해 수희隨喜되는 행위行爲 등

5:45:165 由此二十相　諸住煖頂忍　世第一法眾　不退大菩提

이 20가지 징상徵相에 의해 난위煖位, 정위頂位,

인위忍位와 세제일법위世第一法位에 머무는 이는

원만한 보리菩提[等覺]에서 퇴전退轉하지 않는다네.

[見道에 머무는 者의 不退]

5:46:166 見道中忍智　十六刹那心　當知此即是　菩薩不退相

견도見道에서 인忍과 지智의 16찰나가

중근中根 보살의 불퇴전不退轉 행상行相으로 알아야 하네.

5:47:167 遣除色等想　心堅退小乘　永盡靜慮等　所有諸支分

색色 등 상상想의 원리遠離, 보리심菩提心이 견고한 것,
소승도小乘道에서의 원리遠離, 정려靜慮 등의 지분支分을
완전하게 고갈시키는 것이 고제苦諦의 행상行相이고,

5:48:168 身心輕利性　巧便行諸欲　常修淨梵行　善淸淨正命
몸과 마음의 경안輕安,
욕망에 따라 선교善巧한 방편을 가지고 있는 것,
언제나 범행자梵行者인 것,
생계生計가 청정한 것이 집제集諦의 행상行相이고,

5:49:169 蘊等諸留難　資糧及根等　戰事慳吝等　加行及隨行
오온五蘊 등에 있어서, 장애障礙에 있어서,
자량資糧에 있어서의
근根 등의 소단所斷과 그것의 능대치能對治가
전투戰鬪에 있어서의
제집諦執인 결結과 수결隨結이 머무는 것을
가로 막는 것이 멸제滅諦의 행상行相이며,

5:50:170 破彼所依處　不得塵許法　安住三地中　於自地決定
인색吝嗇 등에서 결結과 수결隨結이 머무는 것을 가로막는 것과
법法을 미진微塵만큼도 이해하지 못하는 것,

삼지자성三智者性 자신自身의 지위를 결택하는
삼지三地에 머무는 것,

5:51:171 爲法捨身命　此十六刹那　是住見道位　智者不退相
법을 위해 목숨을 버리는 것들이 도제道諦의 행상行相이니,
이상 이들 16찰나가 견도見道에 머무는
현자賢者의 불퇴전不退轉의 징상徵相이라네.

[修道에 머무는 자의 不退]
5:52:172 修道謂甚深　其深空性等　甚深離增益　及損減邊際
수도修道는 심원하고 그 대상인 공성空性도 심원하나니,
심원한 것은 증익增益과 손감損減 두 가지의
변제邊際[極端]에서 벗어났기 때문이라네.

5:53:173 於順決擇分　見道修道中　有數思稱量　及觀察修道
수도修道는 순결택분順決擇分의 지분支分과
견도見道와 수도修道 그 자체에 관하여
관찰한 삼지三智의 행상을 반복해서 사유思惟하고,
헤아리고 관찰하는 것이라네.

5:54:174 此常相續故　諸下中上品　由下下等別　許爲九種相

그 수도修道는 연속連續하고 있다는 것에서,
하 · 중 · 상품下 · 中 · 上品에 다시 한번
하하下下 등의 구별이 있으므로
종류로는 모두 9가지라고 판단할 수 있다네.

[論難을 끊음]

5:55:175 經說無數等　非勝義可爾　佛許是世俗　大悲等流果
공덕이 무수無數하다고 설시說示하는 것은
승의勝義로서는 불가不可하지만,
그것들을 세속世俗으로서는 비悲의 등류等流의 것으로,
모니牟尼[能仁]께서 인정하는 곳이라네.

5:56:176 不可說性中　不可有增減　則所說修道　何斷復何得
불가언설不可言說인 수도修道의 사물事物에 관해
단멸斷滅과 증대增大는 불합리不合理하나니,
수도라는 것에 의해 무엇이 감소하고 무엇이 증대하는가?

5:57:177 如所說菩提　此辦所欲事　菩提眞如相　此亦彼爲相
깨달음[菩提]이 그러함과 마찬가지로
수도修道 역시 원願하는 뜻 이루게 하나니,
깨달음은 진여眞如를 특질로 삼지만,

이 수도修道 또한 그 진여眞如를
특질로 한다고 생각할 수 있다네.

5:58:178 初心證菩提　非理亦非後　由燈喻道理　顯八深法性
깨달음[보리]의 증득은 이전의 마음에 의지하거나
이후의 마음에 의지해서는 불합리하나니,
등잔불의 비유로써 알 수 있듯이
심원深遠한 법성法性에는 8가지가 있다네.

[不退의 特別한 徵相]

5:59:179 生滅與真如　所知及能知　正行并無二　巧便皆甚深
심원성深遠性은, 생겨남과 소멸消滅과 진여眞如,
소지所知[지각대상], 지智[앎], 행위行爲[正行],
불이不二와 선교善巧한 방편方便 등의 8가지라네.

[第39義. 生死涅槃平等加行] [法身의 因, 有와 寂滅의 平等性 加行]

5:60:180 諸法同夢故　不分別有靜　無業等問難　如經已盡答
제법은 꿈과 같은 것이므로
유有와 적멸寂滅을 분별하지 않나니,
업業이 성립하지 않는다는 파척破斥은
경전에 설해진 것과 같다네.

[第40義. 嚴淨佛土加行] [受用身의 因, 國土淸淨加行]

5:61:181 如有情世間　器世未淸淨　修治令淸淨　即嚴淨佛土

유정세간有情世間의 부정不淨함과 마찬가지로

기세간器世間의 부정不淨함,

그 부정不淨함의 청정을 초래하는 것에서

불국토佛國土의 청정이 있다네.

[第41義. 善巧方便加行] [變化身의 因, 方便善巧加行]

5:62:182 境及此加行　超過諸魔怨　無住如願力　及不共行相

대상對象들과 그것의 가행은, 적敵을 능가하는 것,

머물지 않는 것[無住], 인발引發 그대로 있는 것[서원의 위력],

공통되지 않은 상相과,

5:63:183 無著無所得　無相盡諸願　相狀與無量　十方便善巧

집착하지 않는 것[無貪着], 이해하지 않는 것,

인상因相과 원願의 멸진滅盡,

그 불퇴전不退轉의 징상徵相, 무량無量인 것의 10가지이며,

이것들이 선교善巧한 방편方便의 가행加行이라네.

6. 정현관품(頂現觀品: 頂加行)

[第42義. 煖頂加行] [煖의 頂加行]

6:1:184 夢亦於諸法 觀知如夢等 是至頂加行 所有十二相

정頂에 이른 가행加行[頂加行]의 징상徵相은,

꿈속에서도 모든 법들을

꿈과 같이 관찰하는 등의 12가지가 있다네.

[第43義. 頂頂加行] [頂의 頂加行]

6:2:185 盡瞻部有情 供佛善根等 眾多善為喻 說十六增長

남섬부주의 유정이 부처님께 공양 올리는 선근善根 등

여러 가지 비유들을 통해서 정가행頂加行의 증대增大는 16이라네.

[第44義. 忍頂加行][堅固]

6:3:186 由三智諸法 圓滿最無上 不捨利有情 說名為堅穩

삼종三種의 일체지一切智 법들의 무상無上한 원만圓滿과

유정의 이익利益을 버리지 않는 것이

정가행頂加行의 견고堅固라고 한다네.

[第45義. 世第一法頂加行][心安住]

6:4:187 四洲及小千 中大千為喻 以無量福德 宣說三摩地

사주四洲들과 소천小千, 중천中千,
대천세계大千世界의 비유譬喩를 통해
정가행頂加行의 삼매三昧는
수희隨喜의 공덕이 많음에 의해 설해진다네.

[第46義. 見道頂加行] [見道의 頂加行] [所取分別]
6:5:188 轉趣及退還   其所取分別   當知各有九   非如其境性
참여[轉趣]와 원리[退還]에 대한 소취분별所取分別은
대경對境 그대로 받아들이는 것이 아닌 것을
본성本性이라 하고
각각에 아홉 가지가 있다고 알아야 하네.

[能取分別]
6:6:189 由異生聖別   分有情實假   是能取分別   彼各有九性
실유實有 또는 가유假有로 존재存在하는 유정有情에 대한
두 가지 능취분별能取分別을 생각할 수 있으니,
그 두 가지는 범부凡夫와 성자聖者의 구별에 의해
각각 아홉 가지가 있다네.

6:7:190 若所取眞如   彼執為誰性   如是彼執著   自性空為相
만약 소취所取인 대경對境이 억압 받아 이와 같이 많다면 저 두 가지 능취能取는 무슨 능취能取라고 할 수 있는가?
따라서 능취能取의 본성本性으로서 공空인 것이
저 두 가지의 능취분별能取分別의 상相이라네.

[參與의 所取分別]

6:8:191 自性及種姓　正修行諸道　智所緣無亂　所治品能治

이 참여분參與分을 의처依處로 하는 소취분별所取分別은
대승의 도道와 과果의 자성自性,
도道의 인因인 종성種姓, 도道의 성취,
지智의 소연所緣에 착란錯亂이 없는 것,
소대치所對治와 능대치能對治,

6:9:192 自內證作用　彼業所造果　是為轉趣品　所有九分別

스스로의 증득證得, 작자作者, 그것의 작용作用,
그 행위行爲의 결과結果 등에 대해
아홉 가지라고 생각할 수 있다네.

[遠離의 所取分別]

6:10:193 墮三有寂滅　故智德下劣　無有攝受者　道相不圓滿

유有와 적정寂靜에 빠지는 것으로 증득證得이 하열下劣한 성취,
섭취가 없는 것, 이타를 성취하는 도道의 불완전不完全함,

6:11:194 由他緣而行　所爲義顚倒　少分及種種　於住行愚蒙
다른 인연因緣에 의해 해탈로 가는 것,
자신만의 해탈解脫을 원하기 때문에 소기所期가 그릇된 것,
단斷이 한정되어 있는 것, 과果가 예류預流 등 다양한 것,
머무는 것과 향해 가는 것에 대해 무지無知한 것,

6:12:195 及於隨行相　九分別體性　是所退還品　聲聞等心起
상지相智로는 일체의 뒤에 가는 것에 대한 것이라고 하는
이 아홉 가지 분별分別이 원리분遠離分을 의처依處로 하는 것이고,
성문聲聞 등의 마음에 있는 것이다.

[實有의 能取分別]
6:13:196 所取及所捨　作意與繫屬　所作意三界　安住與執著
최초의 능취 분별은 취득取得과 사리捨離,
작의作意하는 것, 삼계三界에 나타나는 것,
머무는 것, 집착하는 것,

6:14:197 法義唯假立　貪欲及對治　失壞如欲行　當知初能取
법 사물事物의 가설假說, 능대치能對治에 대한 집착,
소망대로 가는 것이 지멸하는 것에 대한
아홉 가지라고 알아야 하네.

[假說의 能取分別]

6:15:198 不如所為生　執道為非道　謂生俱有滅　具不具道性
구경목표[所期]를 추구하지 않음과
도道를 도道 아니라고 결정하는 것,
생生과 멸滅, 사물事物의 결합結合과 분리分離

6:16:199 安住壞種性　無希求無因　及緣諸敵者　是餘取分別
머무는 것, 종성種姓의 파괴破壞, 희구希求가 없는 것,
인因이 없는 것, 보리菩提의 적敵을 인식하는 것에 대한
아홉 가지 능취분별能取分別이 있다네.

[能對治의 見道]

6:17:200 為他示菩提　其因謂付囑　證彼無間因　具多福德相
타인他人에게 보리菩提로 세우는 방편을 설하는 것,
그것의 인因인 반야바라밀의 의미를 부촉하는 것,
그것을 획득하는 무간無間의 인因인 반야바라밀의 수습 등
많은 공덕을 특질로 하고 있는 것이
견도見道 정가행頂加行의 인因이라네.

[見道 加行의 果, 大菩提]

6:18:201 垢盡無生智　說為大菩提　無盡無生故　彼如次應知

보리菩提는 여러 더러움의 멸진滅盡과
불생不生의 지智라고 경전에서 말하는데,
이 두 가지는 순차적으로 멸진滅盡이 없는 것에서,
불생不生이라는 것에서 알아야 한다네.

6:19:202 無滅自性中　謂當以見道　盡何分別種　得何無生相
자성이 불멸不滅이라면 견見이라고 불리는 도道에 의해,
제성諦成의 분별 종류 가운데
무엇이 멸滅하고, 무엇이 불생不生에 이르는 것인가?

6:20:203 若有餘實法　而於所知上　說能盡諸障　吾以彼爲奇
제법諸法의 실유實有가,
그리고 스승의 소지所知에 대한 장애障礙[所知障]의 멸진滅盡이
다른 자들에 의해 설해지지만,
그것에 나[미륵]는 놀라고 있다네.

6:21:204 此中無所遣　亦無少可立　於正性正觀　正見而解脫
거기에서 없애버려야 마땅한 것은 아무것도 없고,
첨가 되어야 마땅한 것은 아무것도 없으니,
진실은 바르게 볼 수 있어야 하며
진실을 보는 자는 해탈한다네.

[見道 頂加行의 自性]

6:22:205 施等一一中　彼等互攝入　一刹那忍攝　是此中見道

보시布施 등의 각각에 그 육바라밀이 상호간에 정리한 것,

인忍으로서 정리된, 한 찰나의 그것이 여기에서

견도見道이라네.

6:23:206 次由入獅子　奮迅三摩地　觀察諸緣起　隨順及迴逆

그리고 저 견도見道한 자는

사자분신師子奮迅의 삼매에 입정하고,

연기緣起를 순차적順次的인 연기와

역차적逆次的인 연기로 관찰한다네.

[第47義. 修道頂加行] [能對治의 修道]

6:24:207 滅盡等九定　修往還二相　後以欲界攝　非定心爲界

욕계欲界에 포함되는 등지等至가 아닌 식識을 한계로 하는 것과,

멸진정滅盡定을 동반한 9차제정次第定을 행하는

두 종류가 있는데,

6:25:208 超越入諸定　超一二三四　及五六七八　至滅定不同

여러 선정에 드는 것을 초월하되,

1·2·3·4·5·6·7·8을 순서대로 건너뛰는 방식과

멸진정에 이르기까지 동일하게 가지 않는
초정超定이 있다네.

[所斷의 分別] [修道의 所取分別]
6:26:209 略標及廣釋　佛所不攝受　無三世功德　及於三妙道
첫 번째 소취분별所取分別은, 교설教說의 간략함과 상세한 것,
부처님의 가피加被 없음과
삼세三世에 관해 공덕이 없는 것,
세 가지의 훌륭한 길에 대한 것이니,

[遠離의 所取分別]
6:27:210 所取初分別　加行相行境　次許心心所　轉趣時有境
그것은 가행加行의 행상行相을 행경行境으로 한 것이라네.
두 번째는 심왕心王, 심소心所의
현행現行 대상對象이라고 할 수 있다네.

6:28:211 不發菩提心　不作意菩提　作意小乘法　不思大菩提
그것은 보리심을 내지 않음과
보리의 심수心髓[大覺]에 작의作意하지 않음과
소승도小乘道에 대한 작의作意와
대보리大菩提[等覺]에 작의作意하지 않음과,

6:29:212 有修與無修　及與彼相反　非如義分別　當知屬修道

반야바라밀의 영상影像을 수습修習하는 것과

반야바라밀을 수습하지 않음과

그 수습修習과 불수습不修習의 반대인 것,

있는 그대로의 의미가 아닌 것 등을 수도修道에서 알아야 하네.

[能取分別] [實有의 能取分別]

6:30:213 施設有情境　施設法不空　貪著簡擇性　為寂事三乘

첫 번째 능취분별은 유정으로 가립假立한 대상을

행경으로 삼는 것이며, 법의 가립假立,

비공성非空性, 집착하는 것,

간택揀擇하는 것을 본성本性으로 삼는다고 알아야 하네.

6:31:214 受供不清淨　破壞諸正行　經說是第一　能取應當知

또 그것은 사태事態가 행해지는 것, 삼승三乘,

시물施物이 부정不淨한 것, 행行이 혼란混亂해지는 것에서

첫 번째의 능취能取 분별을 이해하라 설하셨다네.

[假說의 能取分別]

6:32:215 設有情及因　由此所摧害　故是修道繫　其餘九違品

다른 능취분별能取分別 9가지는 유정有情으로 가립假立하고,

그 인因을 대경對境으로 삼는 것이며,
수도修道와 결부된 소대치所對治이니,
그것은 수도修道에 의해 파쇄되기 때문이라네.

6:33:216 如自所緣性　三智障有三　靜道真如等　相應不相應
여실하게 본성을 아는 세 가지,
일체지一切智의 세 가지 장애,
적멸도寂滅道, 진여眞如 등과
상응相應하는 것과 불상응不相應하는 것,

6:34:217 不等及苦等　諸煩惱自性　及無二愚蒙　為最後分別
같지 않은 것, 고제苦諦 등, 여러 번뇌의 본성本性,
불이不二 등에 대한 아홉 가지 미혹迷惑에서의 분별이
마지막 분별이라고 주장한다네.

[所斷을 끊는 功德]

6:35:218 如諸病痊愈　常時獲安隱　恆修眾生樂　一切勝功德
이와 같은 모든 역병疫病들이 멸滅할 때
오랜 시간 뒤에 환자病人가 회복하듯이,
모든 종류 세간世間의 선善을 성취하는
공덕의 모든 원만圓滿은,

6:36:219 任運而依附　勝果所莊嚴　上品位菩薩　如眾流歸海

일체一切가 합류合流함에 의해,

저 보살들을 많은 수승한 과果를 소유한 자로 삼나니,

많은 강이 대양大洋을

모든 과果를 소유한 것으로 삼는 것과 같다네.

[第48義. 無間道頂加行] [無間의 頂加行, 無間三昧]

6:37:220 安立三千生　聲聞麟喻德　及離生菩薩　眾善為譬喻

삼천대천세계 중생을 성문聲聞, 독각獨覺들의 원만성취와

결함 없는 보살들의 지위로 이끌어 준 선善에 비유한

6:38:221 輕以無量福　明佛無間道　無間三摩地　證一切相智

공덕의 많음에 의해, 불타佛陀의 지위를 획득하기 직전에

그 중단 없는 무간삼매無間三昧로 일체상지一切相智를

증득한다네.

[所緣·行相]

6:39:222 無性為所緣　正念為增上　寂靜為行相　愛說者常難

비존재非存在가 이 무간삼매無間三昧의 소연所緣이며

억념憶念이 증상연增上緣이라고 하거나,

적정성寂靜性이 행상行相이라고 하며

이 소연所緣과 행상行相에 대한
논난자論難者들의 반론反論이 있다네.

[第49義. 遣除邪執著] [誤認]

6:40:223 於所緣證成　及明所緣性　一切相智智　勝義世俗諦
논난자論難者들의 오인誤認은, 소연所緣들의 타당함,
그 소연 자성自性의 결정,
일체상一切相을 아는 지혜와,
승의제勝義諦와 세속제世俗諦,

6:41:224 加行與三寶　巧便佛現觀　顚倒及道性　能治所治品
가행加行들과 삼보三寶와 방편의 구족具足,
모니牟尼[能仁]의 정관正觀, 전도顚倒와 도성道性,
대치법對治法의 능能·소所 이품二品,

6:42:225 性相並修習　說者邪分別　依一切相智　說爲十六種
(자自·공共의) 성상性相, 수습修習 등에 대한
열여섯 가지이며,
일체상지一切相智를 대상對象으로 삼는 것이라
생각할 수 있다네.

7. 점차현관품(漸次現觀品·漸次加行)[堅固한 獲得을 위한 加行]

7:1:226 布施至般若　隨念於佛等　法無性自性　許為漸次行

저 차제가행次第加行은,

보시布施에서 반야般若의 육바라밀六波羅蜜,

부처님에 대한 수념隨念 등 육수념六隨念과

법法의 무자성無自性에 따라 열세 가지라고

생각할 수 있다네.

8. 찰나증대보리품刹那證大菩提品:刹那加行)[견고함의 획득]

[第63義. 非异熟刹那加行] [不異熟]

8:1:227　施等一一中　攝諸無漏法　當知即能仁　一刹那智德

모든 무루無漏의 법은 보시布施 등의

하나하나에 따라 받아들여지는 것에서

모니牟尼[能仁]의 이 일찰나등각一刹那等覺에 대해

알아야 하네.

8:2:228　猶如諸士夫　動一處水輪　一切頓轉動　刹那智亦爾

비유하면 물레방아의 한 부분을 움직이면

전체가 함께 움직이는 것처럼

그렇게 한 찰나에서의 앎[智]도

일시에 일체를 움직이게 하는 것이라네.

[第64義. 异熟刹那加行] [異熟]

8:3:229　若時起異熟　一切白法性　般若波羅蜜　即一刹那智

이숙異熟을 법성法性이라 여기는 이상적인 상태인

일체의 선법善法에서 이루어지는

반야바라밀이 생겼을 때,

일찰나一刹那에 있어서의 지智가 있다네.

[第65義. 无相剎那加行] [無相]

8:4:230 由布施等行　諸法如夢住　一剎那能證　諸法無相性

보시布施 등의 행行에 따라

제법諸法은 꿈과 같은 것에 머물고,

제법諸法은 무상無相이라고

일찰나一剎那에 알아차린다네.

[第66義. 无二剎那加行] [不二]

8:5:231 如夢與能見　不見有二相　一剎那能見　諸法無二性

꿈속의 대경對境과 그것을 보는 주체主體를

다른 두 가지로 보지 않듯이

일체법一切法은 둘 없는 도리[不二]라는 진실眞實을

일찰나一剎那에 관찰觀察한다네.

9. 법신품(法身品)

[第67義. 體性身佛之自性身] [自性身]

9:1:232 能仁自性身　得諸無漏法　一切種淸淨　彼自性爲相

부처님의 자성신自性身은 모든 형태에서 청정淸淨에 이른

무루無漏의 제법諸法인 것의 본성本性을 특질特質로 삼고
있다네.

[第68義. 受用身:佛之智法身][智法身]

9:2:233 順菩提分法　無量及解脫　九次第等至　十遍處自體
삼십칠보리분법三十七菩提分法과 사무량四無量과 팔해탈八解脫,
아홉 가지 사마디[九次第定], 열 가지의 변처遍處,

9:3:234 最為殊勝處　差別有八種　無諍與願智　神通無礙解
세밀하게 수승처를 분류한 여덟 가지[八勝處],
무쟁삼매無諍三昧와 원지願智,
육신통六神通과 사무애해四無礙解,

9:4:235 四一切清淨　十自在十力　四種無所畏　及三種不護
네 가지의 일체상청정一切相清淨과 십자재十自在와 십력十力,
두려움이 없는 네 가지[四無畏],
보호하지 않는 세 가지[三無護],

9:5:236 並三種念住　無忘失法性　永害諸隨眠　大悲諸眾生
세 가지의 념주念住[三念處]와 세 가지 무망실無忘失의 법법,
습기들의 완전한 단제斷除[拔除習氣],

유정들에 대한 커다란 연민憐愍[大悲],

9:6:237 唯佛不共法　說有十八種　及一切相智　說名為法身
부처님에게만 갖춰진 불공법不共法의 열여덟 가지[十八不共法],
일체상一切相을 아는 지혜[一切相智性] 등
이것들을 지법신智法身이라 말하네.

[智法身의 區別]
9:7:238 聲聞無靜定　離見者煩惱　佛無靜永斷　聚落等煩惱
성문聲聞들의 무쟁삼매無諍三昧는
그 성문聲聞을 보는 것에서 사람의 번뇌를 끊지만,
승자勝者의 무쟁삼매無諍三昧는 숲[마을] 등에서
그곳 사람들의 번뇌의 상속相續을 끊어버린다네.

9:8:239 佛所有願智　任運無礙著　無障礙常住　普答一切問
부처님의 원지願智는, 무공용無功用인 것, 무집착無執著인 것,
무장애無障碍인 것, 언제나 머물고 있는 것,
일체一切의 의심疑心을 제거除去하고 있는 것이라네.

[論難을 끊음]
9:9:240 若善因成熟　於彼彼所化　爾時能饒益　即於彼彼現

원인原因들이 완전히 성숙하게 되었을 때
각각의 때에 각각의 사람에게 이익利益이 행해지게 되는데,
그들 각각에 불신佛身은 나타난다네.

9:10:241　如天雖降雨　　種壞不發芽　　諸佛雖出世　　無根不獲善
왜냐하면, 하늘에서 비구름이 비를 내려도
종자種子에 어울리지 않는 것은 결코 발아發芽되지 않는 것처럼,
불타佛陀들이 출세出世하여도
인연因緣 없는 자는 현명賢明함에 이르지 못한다네.

9:11:242　如是事廣大　　故說佛為遍　　即此無盡故　　亦可說為常
그와 같이 작용이 광대하기 때문에
'부처님은 편만遍滿하다' 고도 말하고,
그 부처님 자신은 멸滅하는 일이 없으므로
'항상恒常하다' 고도 말하네.

[第69義. 化身:佛之圓滿報身] [受用身, 定義]
9:12:243　許三十二相　　八十隨好性　　受用大乘故　　名佛受用身
서른두 가지의 상相과 여든 가지 수형호隨形好를
자체로 하는 모니의 이 신체를
대승大乘을 수용受用하는 것에서 「수용신受用身[報身]」이라 한다네.

[功德, 32相]

9:13:244 手足輪相具　足底如龜腹　手足指網連

　　　　柔軟極細嫩　身七處充滿　手足指纖長

손과 발의 바퀴 무늬, 거북 같은 발,

손가락과 발가락이 막에 연결돼 있고,

손과 발의 부드럽고 유연함,

몸이 일곱 가지 윤기를 가지고 있는 것, 긴 손가락,

9:14:245 跟廣身洪直　足膝骨不突　諸毛皆上靡

　　　　踹如瑿泥耶　雙臂形長妙　陰藏密第一

넓은 발뒤꿈치, 크고 곧은 몸, 드러나지 않은 복사뼈,

위로 향한 털, 사슴 같은 종아리와 아름다운 긴 팔,

몸속으로 감추어진 남근男根,

9:15:246 皮金色細薄　孔一毛右旋　眉間毫相嚴

　　　　上身如獅子　髆圓實項豐

황금색의 얇고 부드러운 피부,

각각 오른 방향으로 선회하여 있는 털,

눈썹 사이 하얀 털과 사자 같은 상체,

둥근 어깨와 모서리와 넓고 풍만한 겨드랑이,

9:16:247 　非勝現勝昧　身量縱橫等　譬諾瞿陀樹
　　　　　頂肉髻圓顯　舌廣長梵音　兩頰如獅王

좋지 않은 맛에서도 최고의 맛 느끼고,

니그로다 나무처럼 가로세로 길이 같은 몸,

튀어나온 정수리[肉髻]와 길고 아름다운 혀,

범천과 같은 목소리와 사자 같은 뺨,

9:17:248 　齒潔白平齊　諸齒極細密　數量滿四十
　　　　　紺目牛王睫　妙相三十二

매우 희고, 가지런하고, 촘촘한 치아,

모두 합해 마흔 개를 갖추고,

청옥 같은 눈과 우왕牛王 같은 눈매 등

이것들이 부처님의 삼십이상三十二相이라네.

9:18:249 　此中此此相　所有能生因　由彼彼圓滿　能感此諸相

수용신受用身에 대한, 이와 같은 32 각각의 상相을

이뤄지게 하는 원인들을 빠짐없이

모두 갖춤으로써 완전하게 상相이 이뤄지나니

9:19:250 　迎送師長等　正受堅固住　習近四攝事　布施妙資財

스승들에게 순종順從하는 것 등,

바른 율의律儀에 견고한 것,
사섭법四攝法으로 종사하는 것과
재물財物의 아낌없는 보시布施,

9:20:251　救放所殺生　增長受善等　是能生因相　如經所宣說
생명 구해주며 살생을 멀리하는 것,
선善의 바른 실천과 증장 등이
삼십이상 얻는 원인이라고 경전에서 설하고 있다네.

　　　　　　　　　　　　　　　　　　　　　　　　－ 32相

　　　　[八十隨形好]

9:21:252　佛爪赤銅色　潤澤高諸指　圓滿而纖長　脈不現無結
부처님의 구릿빛의 손톱은 윤기 있고, 솟아올라 있으며,
손가락들은 둥글고 조밀하고 점차 가늘어지며,
핏줄 드러나지 않고, 얽힘이 없고,

9:22:253　踝隱足平隱　行步如獅象　鵝牛王右旋　妙直進堅密
돌출되지 않은 복사뼈, 불균형이 없는 두 다리,
걸음걸이는 사자, 코끼리, 새의 왕王, 우왕牛王과 같으며,
오른돌이[右旋]하며, 우아하고, 반듯하고,

9:23:254 光潔身相稱　潔淨軟清淨　眾相皆圓滿　身廣大微妙
단정하시며, 닦은 것과 같고, 균형 잡힌 몸,
청결하고, 부드럽고, 청정하시며,
원만구족한 상, 커다란 체격,

9:24:255 步庠序雙目　清淨身細嫩　身無怯充實　其身善策勵
보폭 일정하고, 맑은 눈, 살은 젊고,
몸에 야윔이 없고, 풍만하고,
지극하게 견실한 몸과 선명하게 구별되는 몸의 부분들,

9:25:256 支節善開展　顧視淨無瞖　身圓而相稱　無歪身平整
가림 없는 깨끗한 시야, 허리 둥그렇고, 가늘고,
지나치게 길지 않으며, 배는 평평하고, 배꼽은

9:26:257 臍深臍右旋　為眾所樂見　行淨身無疵　無諸黑黶點
깊고, 우측으로 돌아 있으며, 어느 방향에서 봐도 보기에 좋고,
모든 행위 청정하고, 몸에는 점과 티가 전혀 없으며,

9:27:258 手軟如木棉　手文明深長　面門不太長　唇紅如頻婆
솜과 같이 부드러운 손, 선명하고, 깊고, 기다란 손금,
너무 길지 않은 얼굴과 복숭아와 같이 붉은 입술과,

9:28:259 舌柔軟微薄　赤紅發雷音　語美妙牙圓　鋒利白平齊
부드럽고, 얇고, 붉은 혀, 우레 같고, 듣기 좋은 음성은
부드럽고, 송곳니는 둥글고, 뾰족하고, 희고, 양쪽이 같고,

9:29:260 漸細鼻高修　清淨最第一　眼廣眼睫密　猶如蓮華葉
아래쪽이 점차 가늘어지며, 높은 코는 청결하고,
두 눈은 넓고, 속눈썹은 짙으며, 연꽃잎과 같이 생긴 눈,

9:30:261 眉修長細軟　潤澤毛齊整　手長滿耳齊　耳輪無過失
길고, 부드러운 눈썹은 윤기 있고, 모든 털이 고르고,
길고 커다란 손, 동일한 두 귀, 청각에는 쇠퇴함이 없으며,

9:31:262 額部善分展　開廣頂周圓　髮紺青如蜂　稠密軟不亂
머리칼의 경계 선명한 넓은 이마, 커다란 머리,
파리처럼 검은 머리칼, 숱이 많고, 부드럽고, 엉키지 않고,

9:32:263 不澀出妙香　能奪眾生意　德紋相吉祥　是為佛隨好
거칠지 않고, 향기로워서 유정들의 마음 매혹시키며,
손과 발의 길상 문양 등
이것들을 부처님의 수형호隨形好라 한다네.

　　　　　　　　　　　　　　　　　　　－ 80隨形好

[第70義. 聖智法身:佛之変化身] [變化身]

9:33:264 若乃至三有　於眾生平等　作種種利益　佛化身無斷

윤회계輪廻界가 존재存在하는 한

유정有情들의 이익利益을 위해서

갖가지로 행하시는 끊임없는 몸을

부처님[牟尼]의 변화신變化身[化身]이라 한다네.

[智의 作用]

9:34:265 如是盡生死　此事業無斷　諸趣寂滅業　安立四攝事

그와 같이 윤회하는 한,

이 법신法身의 작용[行業] 또한 끊임이 없나니,

작용[行業]은, 여러 취趣만의 희구希求의 적멸寂滅,

사섭법四攝法으로 이끄는 것,

9:35:266 令知諸雜染　及知諸清淨　有情如證義　六波羅蜜多

잡염雜染, 청정한 증득證得,

유정들의 도리道理 그대로 도리를 증득하는 것,

육바라밀六波羅蜜,

9:36:267 佛道自性空　盡滅二戲論　假名無所得　成熟諸有情

성불成佛의 길, 자성공自性空, 이종현현二種顯現의 소멸消滅,

언설言說, 불가득不可得, 유정들의 성숙成熟,

9:37:268 及立菩薩道　遣除諸執著　得菩提嚴淨　佛土及決定
보살도菩薩道와 집착의 원리遠離, 보리菩提의 획득獲得,
불국토佛國土의 정화淨化, 결정決定,

9:38:269 無量有情利　親近佛等德　菩提分諸業　不失壞見諦
무량한 중생의 이익利益,
부처님께 의지하는 것 등의 공덕功德,
보리菩提의 지분支分, 모든 업들의 헛됨 없음,
진리의 직관直觀[見諦],

9:39:270 遠離諸顚倒　無彼根本理　淸淨及資糧　有爲與無爲
전도견顚倒見의 제거除去,
그 전도顚倒의 사태가 없는 본연本然의 모습,
청정함, 자량資糧, 유위법有爲法과 무위법無爲法들을

9:40:271 悉不知有異　安立大涅槃　許法身事業　有二十七種
다른 것이라 인식하지 않는 것, 열반으로 설정되는 것 등
이와 같은 스물일곱 가지를
법신法身의 행업行業으로 본다네.

10. 섭 품(攝品:補遺)

[의미를 여섯 가지로 모음]

10:1:272 相及彼加行　彼極彼漸次　彼竟彼異熟　餘六種略義

삼지三智의 상相, 그 상相의 가행加行,

그 가행加行의 최승성最勝性, 그 가행加行의 차제次第,

그 가행加行의 구경究竟, 그 삼지三智의 성숙成熟이라고 하는

여섯 가지가 『현관장엄론』의 다른 섭의攝義이라네.

[의미를 세 가지로 모음]

10:2:273 初境有三種　因四加行性　法身事業果　餘三種略表

세 가지의 경境, 인因인 네 가지 가행加行,

과果이며 작용作用인 법신法身이라고 하는

세 가지가 별도別途의 섭의攝義이라네.

문헌 목록

산스크리트어 原典

① 『二萬五千頌般若経』

- Dutt, Nalinaksha (ed.) : The Pañcaviṃśatisāhasrikā Prajñāpāramitā (Calcutta Oriental Series, 28), Calcutta 1934.
- Kimura, Takayasu (ed.) : Pañcaviṃśatisāhasrikā Prajñāpāramitā I-1, Tokyo 2007.
- Kimura, Takayasu (ed.) : Pañcaviṃśatisāhasrikā Prajñāpāramitā I-2, Tokyo 2009.
- Kimura, Takayasu (ed.) : Pañcaviṃśatisāhasrikā Prajñāpāramitā II · III, Tokyo 1986.
- Kimura, Takayasu (ed.) : Pañcaviṃśatisāhasrikā Prajñāpāramitā IV, Tokyo 1990.
- Kimura, Takayasu (ed.) : Pañcaviṃśatisāhasrikā Prajñāpāramitā V, Tokyo 1992.
- Kimura, Takayasu (ed.) : Pañcaviṃśatisāhasrikā Prajñāpāramitā VI-VIII, Tokyo 2006.

• Vajracharya, Vijay Raj (ed.) : Āryapañcaviṃśatisāhasrikā Prajñāpāramitā (3 vols.), Sarnath 2006.

② 『現觀莊嚴論』關係

• Wogihara, Unrai (ed.) : Abhisamayālaṃkārālokā Prajñāpāramitāvyākhyā (commentary on Aṣṭasāhasrikā-Prajñāpāramitā) : the work of Haribhadra, together with the text commented on, Tokyo 1932-35.

• Vaidya, P. L. (ed): Aṣṭasāhasrikā-Prajñāpāramitā, with Haribhadra's commentary called Āloka (Buddhist Sanskrit Texts No.4), Darbhanga 1960.

• Amano, Koei H. (ed.):Abhisamayālaṃkāra-kārikāśāstra-vṛtti, Kyoto 2000.

• Pensa, Corrado (ed.):L'Abhisamayālaṃkāravṛtti di Ārya-vimuktisena, Primo abhisamaya, Roma 1967.

티베트어 原典

(1) 까담 · 겔룩파 계통

• rÑog lo tsa ba, Blo ldan śes rab: Lo tsa ba chen po'i bsdus don, Dharamsala 1993.

- Tsoṅ kha pa, Blo bzaṅ grags pa: Legs bśad gser gyi phreṅ ba, 西寧 1986.
- rGyal tshab, Dar ma rin chen: rNam bśad sñiṅ po rgyan Varanasi 1993.
- rGyal tshab, Dar ma rin chen: rNam bśad sñiṅ po'i rgyan, 西寧 2010.
- mKhas grub dge legs dpal bzaṅ : Phar phyin rtogs dka'i snaṅ ba, 'Gar rtse dgon (甘肅省 臨夏県) 2005.
- rJe btsun, Chos kyi rgyal mtshan : rGyan 'grel spyi don rol mtsho (stod cha, smad cha), 西寧 1989.
- rJe btsun, Chos kyi rgyal mtshan : rJe btsun pa'i don bdun cu (Studia Asiatica No.6), Nagoya 1983.
- dGe bśes dpal ldan bzaṅ po: bsTan bcos mṅon par rtogs pa'i rgyan 'grel pa daṅ bcas pa'i rnam par bśad pa legs bśad gser gyi phreṅ ba'i mchan 'grel luṅ rigs nor bu'i do śal, Mundgod 2004.
- rDo rams pa snam chen: Legs bśad gser phreṅ gi sdom tshig la dogs pa dpyod pa dvaṅs byed nor bu'i byi dor, Mundgod 2004.
- mKhas grub dge 'dun bstan pa dar rgyas: Phar phyin spyi don rnam gśad sniṅ po rgyan gyi snaṅ ba (stod cha, smad cha), Bylakuppe 2005.
- 'Jam dbyaṅs bźad pa un mkhyen 'jigs med dbaṅ po: Don bdun cu'i mtha' dpyod mipham bla ma'i źal luṅ daṅ sa lam gyi rnam gźag theg gsum mdzes rgyan, grub mtha'i rnam gźag rin po che'i phreṅ ba, Mundgod 2005.
- Hal ha chos mdzad bla ma, bsTan pa'i sgron me : Kun mkhyen 'jam dbyaṅs bźad pa'i phar phyin gyi yig cha'i mchan 'grel gser gyi lde mig, Mundgod 2003.
- mDzod tshaṅ, Blo bzaṅ brtson 'grus: Phar phyin gźuṅ śiṅ ṅam dṅul gyi lde mig, 北京

(2) 샤까파 계통

- g'Yag ston saṅs rgyas dpal: Śer phyin mṅon rtogs rgyan rtsa   ba daṅ 'grel pa, 成都 1994.

- g'Yag ston saṅs rgyas dpal: Śes rab kyi pha rol tu phyin pa'i man ṅag gi bstan bcos mṅon par rtogs pa'i rgyan daṅ de'i 'grel pa don gsal ba daṅ bcas pa legs par śes pa rin chen bsam 'phel dbaṅ gi rgyal po, 北京 2004.

- Roṅ ston, sMra ba'i seṅ ge: Śes rab kyi pha rol tu phyin pa'i man ṅag gi bstan bcos mṅon par rtogs pa'i rgyan gyi 'grel pa'i rnam bśad tshig don rab tu gsal ba (西藏文献撰集 2), 京都 1988.

- Go rams pa, bSod nams seṅ ge: Śes rab kyi pha rol tu phyin pa'i man ṅag gi bstan bcos mṅon rtogs rgyan gyi gźuṅ sṅa phyi'i 'brel daṅ dka' gnas la dpyad pa sbas don zab mo'i gter gyi kha 'byed, 北京2004.

(3) 까규파 계통

- Bu ston, Rin chen grub: Śes rab kyi pha rol tu phyin pa'i man ṅag gi bstan bcos mṅon par rtogs pa'i rgyan ces bya ba'i 'grel pa'i rgya cher bśad pa luṅ gi sñe ma, The Collected Works of Bu-ston, Part 18[Tsha], New Delhi 1971.

- Karma pa, Mi bskyod rdo rje: Śes rab kyi pha rol tu phyin pa'i luṅ chos mtha' dag gi bdud rtsi'i sniṅ por gyur pa gaṅ la ldan pa'i gźi rje btsun mchog tu dgyes par ṅal gso ba'i yoṅs 'du sa brtol gyi ljon pa rgyas pa 西寧 2001.

- Źva dmar, dKon mchog yan lag:Nuṅ ṅu rnam gsal, Varanasi 2005.

(4) 닝마파 계통

• mKhan po brtson 'grus: bsTan bcos chen po mṅon rtogs rgyan gyi lus rnam bźag gi 'grel pa 'jigs med chos kyi dbaṅ po'i źal luṅ, Varanasi 1988.

(5) 조낭파 계통

• Dol po pa, Śes rab rgyal mtshan: Phar phyin mdo lugs ma, 北京 2007.

• Ña dbon, Kun dga' dpal: bsTan bcos mṅon par rtogs pa'i rgyan 'grel ba daṅ bcas pa'i rgyas 'grel bśad sbyar yid kyi mun sel(stod cha, smad cha), 北京 2007.

• Ña dbon, Kun dga' dpal: gŹi lam 'bras gsum las brtsams pa'i dris lan yid kyi mun sel, 北京 2006.

역자후기

སྨྲ་བསམ་བརྗོད་མེད་ཤེས་རབ་ཕ་རོལ་ཕྱིན།
མ་སྐྱེས་མི་འགགས་ནམ་མཁའི་ངོ་བོ་ཉིད།
སོ་སོར་རང་རིག་ཡེ་ཤེས་སྤྱོད་ཡུལ་བ།
དུས་གསུམ་རྒྱལ་བའི་ཡུམ་ལ་ཕྱག་འཚལ་ལོ།།

마쌈 죄메 셰랍 파뢸친   마꼐 마각 남캐 오오니

쏘쏘르 랑릭 예셰 쬐율와   뒤쑴 걀외 윰라 챡첼로

말할 수 없고 생각할 수도 없는 깊고 깊은 반야바라밀로

불생불멸[緣起]과 공성의 이제二諦를 깨달을지라.

반야는 안으로 깨달은 지혜[內證智]이고 이제二諦는 그 행경行境이니,

삼세의 승리자이신 부처님의 어머니

반야바라밀에 정례하나이다.

무지無知와 갈애渴愛 때문에 윤회의 고해苦海에서 헤매는 우리에게 '눈을 생기게 하고, 앎을 생기게 하며, 궁극적인 고요, 곧바른 앎, 올바른 깨달음, 열반으로 이끄는 중도(majjhimā paṭipadā)'를 바르고 원만하게 깨달으신 세존께서, 세상에는 조금밖에 오염되지 않은 뭇삶, 많이 오염된 뭇삶, 예리한 감각능력을 지닌 뭇삶, 둔한 감각능력을 지닌 뭇삶, 가르치기 쉬운 뭇삶, 가르치기 어려운 뭇삶, 그리고 내세와 죄악을 두려워하는 무리의 뭇삶들이 있는 것을 깨달은 님의 눈(佛眼)으로 보시고는 '고귀한 길, 불사不死의 문은 열렸다. 듣는 자들은 자신의 낡은 신앙을 버려라.' (『율장』마하박가)고 하시며, 흐름을 거슬러 가는 심오하고 보기 어렵고 미묘한 진리의 가르침을 설하셨습니다.

　이렇게 '훌륭하게 설해지고, 현세에 유익하고, 시간을 뛰어넘고, 와서 보라고 할 수 있고, 궁극으로 이끌고, 슬기로운 님이라면 누구나 알 수 있는 부처님 가르침'을 일컬어 마하야나mahāyana, 대승大乘에서는 「반야바라밀prajñāpāramitā」이라 하였고, 원시반야경이라고 하는 『팔천송반야경』에서, '이 「반야바라밀」은 여래를 낳는 어머니[佛母]이니, 공양 되어야 할 완전한 깨달음을 얻은 여래들은 이 반야바라밀에서 태어났다' (『팔천송반야경』제12장)고 설하고 있습니다.

초기경전에서 부처님께서는 '괴로움과 괴로움의 소멸'에 대해 말씀하셨으니, 불교 수행의 궁극적인 목적은 모든 번뇌가 소멸되고 괴로움이 지멸된 '니르바나 열반의 성취'라고 하신 것을, 대승경전에서는 「반야바라밀」은 커다란 복덕을 주며 무상정등각을 가져다준다고 표현한 것입니다.

그래서 반야경에서 '불자가 무상정등각을 깨닫고자 하거나, 온갖 유정 가운데 최고가 되고자 하거나, 일체 유정의 구제자가 되고자 하거나, 부처님의 영역에 도달하고 부처님의 사자후를 발하고 부처님의 완성에 도달하고자 한다면, 마땅히 「반야바라밀」에 대해 배워야 한다'(『팔천송반야경』제25장)고 한 것이고, '이 「반야바라밀」을 배워 수지하고 기억하고 읊고 이해하고 선포하고 교시하고 보여주고, 해설하고 독송하는 이는 현세의 복덕을 얻을 뿐만 아니라, 궁극적으로 무상정등각을 깨닫게 된다'(『팔천송반야경』제3장)고 강조하고 있는 것입니다.

그런데 대승에서 이러한 반야의 가르침을 모은 것이 반야부 경전입니다. 반야경에 대한 대표적인 주석으로, 한역漢譯에는 나가르주나(용수) 보살이 지은 『대지도론』이 있고, 티베트어 역으로는 마이뜨레야(미륵) 보살이 지은 『현관장엄론』이 전해지고 있는데, 이들은 함께 대품 반야경이라고 하는 『이만오천송반야경』을 주석한 것입니다.

특히 티베트에는 인도의 하리바드라 논사가 『현관장엄론』을 『팔천송반야경』에 대비하며 해석한 자료가 남아 있기도 하지만, 반야중관般若中觀이 티베트불교의 토대가 되어 있기 때문에 반야경·론에 관한 수많은 주석이 티베트대장경에 전해지고 있습니다.

그러나 한역漢譯에 의존해 온 우리의 반야의 가르침에 대한 이해는 구마라집 법사가 한역한 『금강경』의 주석을 모은 『오가해五家解』가 중심이 되었고, 그마저도 대승불교의 토대가 되고 있는 인도-티베트의 반야학보다 선사들의 선적禪的인 주석에 편중되어 있다고 볼 수 있습니다.

이러한 아쉬움을 조금이나마 해소하고자, 반야의 가르침을 「8현관章 70의義」로 집약하여 천명하고 있는 『현관장엄론』을 바탕으로, 대승불교의 근본인 「반야학의 전체 구조」를 「시

基礎・람道・데果」라는 체계로 잘 설명하고 있는 『반야학 입문』을 소개하게 되었습니다.

『현관장엄론』은 부처님의 일대교설을 종합한 반야의 가르침에서 그 핵심을 「8현관章 70의義」로 체계화한 논서이므로 용어나 개념이 생소하고 난해한 부분이 많은데, 이 책은 그것에 관한 자세한 설명은 생략하고 단지 입문서로서 반야학을 소개하는 정도에서 그치고 있기는 하지만, 반야의 가르침의 요체를 파악하고 이해하는 데는 많은 도움이 되리라 생각됩니다.

반야부 경전에 있는 '주呪, 주문呪文'이라는 말은 '진실하고 성스러운 말씀'[眞言], '불보살의 절대 진실한 말씀'[呪文], '불보살의 위력을 나타내는 비밀스런 말씀'[神呪]이라는 의미를 가지고 있는 범어 '만뜨라mantra'를 번역한 것인데, "위대한 주문呪文이며, 헤아릴 수 없는 주문이며, 한없는 주문이며, 위없는 주문이며, 비할 바 없는 주문이며, 지고한 주문이라고 하는 「반야바라밀」은 곧 불・세존들께서 세 단계 열두 가지 행상[三轉十二行相]을 완전히 갖춘 법의 바퀴[法輪]를 굴리시는 것이니, 스승을 대하듯이 그렇게 「반야바라밀」에 머물고, 「반야바라밀」을 사유하고, 「반야바라밀」에 귀의해야 한다."(『팔천송반야경』제7장)라고 하셨습니다.

이 입문서를 계기로 「성스러운 쁘라즈냐빠라미따, 지혜의 완성 반야바라밀」에 귀의하여 배우고 사유하고 수행하는 이라면 누구든지, 복덕과 지혜 두 가지 자량이 원만해지고, 일체지를 이루어 완전한 니르바나 열반을 성취하기 전까지는 태어나는 모든 생마다 훌륭한 스승님과 헤어지지 않고, 다르마를 잘 배워 10지地와 5도道의 공덕 원만해지고, 바즈라다라 (vajradhara) 지금강持金剛의 지위를 속히 얻게 되기를 축원합니다.

또한 이 책이 소개되기까지 직접적으로, 간접적으로 인연 지어진 모든 분들에게도 지복至福의 가피가 충만하기를 기원하며, 람림의 적정처 정족산 보리도량에서 불모佛母이신 반야바라밀에 향 사루어 올립니다.

삼세의 승리자이신 부처님의 어머니[佛母],
쁘라즈냐빠라미따 지혜의 완성
반야바라밀다에 정례하나이다.

정족산 보리도량 람림학당에서
比丘 古天 釋慧能 頂禮

찾아보기

【경론·책 이름】

대승불교의 근본

〈반야학〉입문

미륵보살이 반야경을 해설한『현관장엄론』

초 판 인 쇄 | 불기 2566(2022)년 12월 1일
초 판 발 행 | 불기 2566(2022)년 12월 15일

해   설 | Tanaka kimiaki
옮   김 | 비구 고천占天 석 혜 능釋慧能
             정족산 보리원 람림학당
             울산광역시 울주군 웅촌면 은하1길 16-3
             전화 : (052)227-4080 E-mail : vajrapani1214@gmail.com

펴 낸 이 | 김 주 환
펴 낸 곳 | 도서출판 부다가야
등   록 | 1992년 7월 8일
등 록 번 호 | 제 5-387호
주   소 | 부산광역시 부산진구 중앙대로 940(양정동)
             출판 : (051)865-4383 · 팩스 : (051)865-4821

편집디자인 | 대한기획
             전화 : (051)866-7818 · 팩스 : (051)864-7075
             E-mail : daehan5680@daum.net

ISBN   979-11-86628-47-8 (03220)

값 18,000원